BELGIUM NEW ARCHITECTURE 5

OFFICES/SHOPS
HOUSING/WORKING
PUBLIC SPACES
CULTURAL SITES/EDUCATIONAL SITES

CONTENT

**PREFACE
HOMMAGE
À JOËL CLAISSE**
PIERRE LOZE
Page 4

TERREAU FERTILE
NICOLAS GILSOUL
Page 8

Ⓐ PETITE CEINTURE, BRUSSELS
NICOLAS GILSOUL & VALENTINE ARREGUY
Page 10

Ⓑ THE URBAN PERIMETER LOI, BRUSSELS
ATELIER CHRISTIAN DE PORTZAMPARC
Page 12

Ⓒ RAILWAY STATION, BRUSSELS
ATELIERS JEAN NOUVEL
Page 16

Ⓓ LILYPAD
VINCENT CALLEBAUT ARCHITECTURES
Page 20

Ⓔ HYPERGREEN
JACQUES FERRIER ARCHITECTURES
Page 22

Ⓕ EWHA WOMEN'S UNIVERSITY
DOMINIQUE PERRAULT ARCHITECTURE
Page 24

Ⓖ OLYMPIC SCULPTURE PARK
WEISS - MANFREDI ARCHITECTURE
Page 28

Ⓗ HIGH LINE
JAMES CORNER FIELD OPERATIONS
WITH DILLER SCOFIDIO + RENFRO
Page 30

Ⓘ LE PARC DES AYGALADES
AGENCE TER & FRANCOIS LECLERCQ
Page 34

Ⓙ THE LINEAR FOREST
AGENCE TER & FRANCOIS LECLERCQ
Page 36

Ⓚ ZEEKRACHT
OMA
Page 38

Ⓛ A MULTIPOLAR LINEAR CITY
ANTOINE GRUMBACH ET ASSOCIÉS
Page 40

OFFICES/SHOPS

① OFFICES SCHYNS-GOLDSTEIN
VALENTINY & ASSOCIÉS
Page 44

**② RÉNOVATION AND CRÉATION
OF AN EXTENSION OF THE HÔTEL
'VAL D'AMBLÈVE' AT STAVELOT**
ARTAU
Page 48

③ NIKO HEAD OFFICE
CREPAIN BINST ARCHITECTURE
Page 52

④ TELENET MECHELEN
POPONCINI & LOOTENS IR. ARCHITECTEN bvba
Page 56

**⑤ PHARMACY WITH
SINGLE-FAMILY DWELLING**
OPEN ARCHITECTEN
Page 60

⑥ DESIGN HOTEL MARKE
GOVAERT & VANHOUTTE
Page 64

⑦ FRAGILE-LAB
IMPORT EXPORT ARCHITECTURE
Page 68

⑧ AÉROPOLIS II
ARCHITECTES ASSOCIÉS
Page 72

**⑨ MASTER PLAN OF AN INDUSTRIAL SITE
+ EXTENSION AND NEW INTERIOR
DESIGN FOR OFFICE BUILDING**
CONIX ARCHITECTS
Page 76

⑩ OKINAHA
AS BUILT ARCHITECTS & COAST am
Page 80

⑪ YOUTH HOSTEL
VINCENT VAN DUYSEN ARCHITECTS
Page 84

HOUSING/WORKING

12 CUB'HOUSE
ATELIER MATADOR
Page 88

13 SOCIAL DWELLINGS IN DISON
OLIVIER FOURNEAU ARCHITECTES
Page 92

14 REFUGE
WIM GOES ARCHITECTUUR
Page 96

15 HOUSE PASSERELLE
MARC VAN SCHUYLENBERGH
Page 100

16 RABBIT HOLE
LENS°ASS ARCHITECTEN
Page 104

17 HOUSE + OFFICE
SCULPT (IT)
Page 108

18 BETWEEN TWO SQUARES:
40 DWELLINGS AND
5 COMMERCIAL SPACES
BOB361 ARCHITECTEN
Page 112

19 CONSTRUCTION OF 3 APPARTMENTS
ARCHITECTENBUREAU JAN MAENHOUT
Page 116

20 LES HEURES CLAIRES
AABE (ERPICUM) sprl
Page 120

21 HOUSE SATIYA
ADN ARCHITECTURES
Page 124

22 VILLA ARRA
NFA ARCHITECTS
Page 128

23 MELKRIEK SOCIAL HOUSING
PIERRE BLONDEL ARCHITECTES
Page 132

24 ASTRONEF
CRAHAY & JAMAIGNE
Page 136

25 THE NARROW HOUSE
BASSAM EL OKEILY
Page 140

26 LE LORRAIN HOUSING COMPLEX
MDW ARCHITECTURE
Page 144

27 CONVERSION OF INDUSTRIAL
BUILDINGS INTO HOUSING
BANETON-GARRINO ARCHITECTES
Page 148

28 HOUSE STINE-GYBELS
ATELIER D'ARCHITECTURE PIERRE HEBBELINCK sa
Page 152

29 HOUSE MS
MARTIAT + DURNEZ ARCHITECTES
Page 156

30 LAGUNA
CHRISTIAN KIECKENS
Page 160

31 PROJECT RAMEN
TOMAS NOLLET EN HILDE HUYGHE ARCHITECTEN
Page 164

32 PRIVATE HOUSE
PASCAL FRANÇOIS
Page 168

33 31 HOUSING-UNITS/STUDIOS
FOR ARTISTS
L'ESCAUT-GIGOGNE am
Page 172

34 LEP 021 PENTHOUSE
URBAN PLATFORM
Page 176

35 HERTOGLOGES
PLUSOFFICE ARCHITECTS bv bvba
Page 180

36 TRIAMANT VELM CARE CAMPUS WITH
INNOVATIVE CARE CONCEPT
BURO II & ARCHI+I
Page 184

PUBLIC SPACES

37 THE CUBE
PARK ASSOCIATI
Page 188

38 REORGANIZATION OF THE FLAGEY
AND HOLY-CROSS PLAZA'S IN IXELLES
D+A INTERNATIONAL – LATZ + PARTNER am
Page 192

39 DESIGN OF THE THEATRE SQUARE
AND ITS SURROUNDINGS
STUDIO ASSOCIATO BERNARDO SECCHI
& PAOLA VIGANÒ
Page 196

40 HARBOUR OFFICE AND CLUB HOUSE
MARINA OF MONS
ARCADUS ARCHITECTE sprl
Page 200

41 CONSTRUCTION OF A BELVEDÈRE
IN KOBLENZ
DETHIER ARCHITECTURES
Page 204

42 BLOB VB3
DMVA ARCHITECTEN
Page 208

43 FOOTBRIDGE 'DE LICHTENLIJN'
NEY & PARTNERS
Page 212

44 TOWN-HALL
NERO
Page 216

45 CULTURE AND CITY REDEVELOPMENT
AND ENLARGMENT OF THE TOWNHALL
OF SCHOTEN
BILQUIN SERCK | ARCHITECTEN tv
Page 220

46 PETERBOS FOOTBRIDGE
BUREAU D'ÉTUDES GREISCH-BGROUP
Page 224

CULTURAL SITES/EDUCATIONAL SITES

47 NEW WING OF THE PHOTOGRAPHY
MUSEUM IN CHARLEROI
L'ESCAUT ARCHITECTURES
Page 228

48 GALAXIA
PHILIPPE SAMYN ET ASSOCIÉS sprl
Page 232

49 CINÉMA SAUVENIÈRE
V+, BUREAU VERS PLUS DE BIEN ÊTRE
Page 236

50 CULTURAL CENTER
ATELIER D'ARCHITECTURE ALAIN RICHARD
Page 240

51 COMMUNITY CENTRE SPIKKERELLE
DIERENDONCKBLANCKE/CALLEBAUT/
ONRAET/DESMYTER tv
Page 244

52 MUSEUM M
STEPHANE BEEL ARCHITECTEN bvba
Page 248

53 BRONKS YOUTH THEATRE
MARTINE DE MAESENEER ARCHITECTEN
Page 252

54 MAS
NEUTELINGS RIEDIJK ARCHITECTEN
Page 256

55 CAFETERIA AND DAY CARE CENTER
IN IXELLES
B612ASSOCIATES
Page 260

56 VILLA EMPAIN
MA2-METZGER & ASSOCIÉS ARCHITECTURE
Page 264

57 COLLEGE OF EUROPE
XAVEER DE GEYTER ARCHITECTEN
Page 268

58 IMELDA PSYCHIATRIC HOSPITAL
HANS VERSTUYFT ARCHITECTEN
Page 272

59 MAD-FACULTY
BOGDAN & VAN BROECK ARCHITECTS
EN LAVA ARCHITECTEN
Page 276

60 CHILDCARE BKO'T KADEEKEN
A2D ARCHITECTS & FILIP DE MULDER ARCHITECT
Page 280

61 BLUUB CHILDREN'S MOVABLE CENTER
FOR ART AND ARCHITECTURE
INES CAMACHO/ISABELLE CORNET
Page 284

HOMMAGE À JOËL CLAISSE
PIERRE LOZE

EN

Joël Claisse was a talented architect and brilliant designer, who managed to lend his hand to just about every assignment, keen to innovative and endowed with an extraordinary spirit of inquiry to seek out new and fresh approaches. Trained at la Cambre, he served as a work-placement trainee with Peter Callebaut and Willy Van der Meeren where he enjoyed an excellent modernist education. From his years in the 1970s, the years of protest, of urban action groups, and of post-modernism that marked the era, he retained a dynamic conception of the city, based on the co-existence of diversity. His architectural language, which enjoyed seeking out the confrontation with that of the past, also managed to draw on what is already there to bring a new perspective and to refresh the perception thereof. He built as well as renovated numerous buildings, and managed to create, drawing on these existing buildings, opening them up for development whilst highlighting their intrinsic features, whilst bringing new qualities that admirably reflected the aspirations of our time.

We had gotten into the habit of sitting down together to write texts for the successive editions of Belgium New architecture. Joël bringing his ideas and extraordinary enthusiasm to the table, whilst I tried to bring some sense of order to his whirlpool of views and statements, while his wife Liliane acted as our moderator, always level-headed and sensible. What a pleasure it was to be able to conjure up the last two years at these periodic meetings, trying to outline the ongoing changes and the unfolding trends. His passions, his fads, his opinions, his indignations were precious to us. The youthful spirit of the man! Joël and his wife delighted in setting out to discover the architectural and urbanistic designs as the bearers of ideas and innovations, and heralders of change, for themselves prior to publication. They would keep up with the latest developments, enjoyed travelling, and met with everybody. In fact, they had turned this into a lifestyle of their own. Joël's sense of curiosity was a charming trait. In doing so, he established lasting contacts with many architects, even abroad. He loved architecture with a passion, as he did life, which he utterly identified with the former for that matter. Falling ill, he was forced to leave a lot of this behind him. Over his lifetime, his family had expanded to include many of his fellow-architects, some of them going on to support him in the ordeal that awaited him during the last months of his life. He and Jo Crépain would phone each other, giving one another courage. Joël Claisse died in December 2009.

In him, the profession has lost a man who, beyond the accomplishment of his personal creations, was eager to maintain the spirit of brotherhood that is enkindled and nurtured in us during our time at university or college, accompanied by a sense of rivalry, which – even if it does develop into some sort of competition as we all embark on our professional careers –, maintains a due critical faculty, a sense of dialogue or confrontation, but never to the exclusion of mutual respect, friendship or assistance. With Liliane by his side, who has supported him through all his projects, through these publications he was keen to establish a tool that would do a better job of upholding the interests of our profession, whilst giving the members of the general public, the people in charge of government administrations and the politicians themselves, a better understanding of the role of the architect in the formulation of the aspirations underpinning the renewal of society, in the expression of the future and dynamic of society. He sought to ally the members of the profession across linguistic, regional or political divides, in the firm belief that architecture is a language in its own right, with its own coherence and its own logic that is understood by all who share in its practice.

FR

Joël Claisse était un architecte talentueux, brillant concepteur, sachant aborder tous les programmes, avec une volonté d'innovation et un extraordinaire esprit de recherche. Formé à la Cambre, il avait été stagiaire chez Peter Callebaut et Willy Van der Meeren et avait bénéficié auprès d'eux d'une excellente formation de moderniste. De sa traversée des années 70, celles de la contestation et des luttes urbaines et du post-modernisme qui ont marqué cette époque, il avait gardé une conception dynamique de la ville, basée sur la mixité. Son langage architectural qui aimait la confrontation avec celui du passé, savait aussi s'appuyer sur l'existant pour y apporter un nouveau regard et en rafraîchir la perception. Il a construit, mais également rénové de nombreux édifices, et su créer en s'appuyant sur ces bâtiments existants, les mettant en valeur, tout en y apportant de nouvelles qualités qui résumaient admirablement les aspirations de notre époque.

Nous avions pris l'habitude d'écrire des textes ensemble pour les éditions successives de Belgium New architecture. Lui, avec ses idées et son enthousiasme extraordinaires, moi, en mettant un peu d'ordre dans ses propos bouillonnants, Liliane, son épouse en modératrice toujours avisée. Quel plaisir d'évoquer ainsi périodiquement les deux années écoulées, d'essayer de cerner les mutations en cours, les tendances qui se dessinent. Ses engouements, ses opinions, ses indignations nous étaient précieuses. Quelle jeunesse d'esprit! Joël et son épouse se faisaient un plaisir de repérer et d'aller visiter avant de les publier les réalisations architecturales et urbanistiques porteuses d'idées et d'invention, et annonciatrices de changements. Ils s'informaient, voyageaient, et rencontraient tout le monde. Ils en avaient fait un art de vivre. La curiosité de Joël séduisait, il nouait ainsi des contacts durables avec de nombreux architectes jusqu'à l'étranger. Il aimait l'architecture avec passion, comme la vie, à laquelle il l'identifiait d'ailleurs complètement. Il a quitté l'une et l'autre à regret, emporté par une maladie. Sa famille s'élargissait à ses confrères et certains parmi ceux-ci l'ont soutenu dans l'épreuve des derniers mois. Jo Crépain et lui-même se téléphonaient pour se donner courage. Il est décédé en décembre 2009.

La profession a perdu avec lui un homme qui, au-delà de l'accomplissement de ses créations personnelles, voulait entretenir l'esprit de confraternité qui naît au moment des études, s'accompagnant d'un climat d'émulation, qui même s'il devient par la suite de la carrière de chacun une sorte de compétition, entretient une capacité de critique, de dialogue ou de confrontation, n'excluant ni l'estime réciproque, ni les amitiés, ni l'entraide. Avec Liliane qui l'a toujours suivi et épaulé dans ses projets, il souhaitait à travers ces publications créer un outil qui défende mieux la profession, et fasse mieux comprendre au public, aux responsables d'administration et aux mandataires politiques, le rôle de l'architecte dans la formulation des aspirations au renouveau qui animent la société, dans l'expression de son devenir et de son dynamisme. Il cherchait à unir la profession par delà les divisions linguistiques, régionales ou politiques, avec la conviction que l'architecture est un langage en soi qui a sa propre cohérence et sa propre logique, comprise de tous ceux qui en partagent l'exercice.

 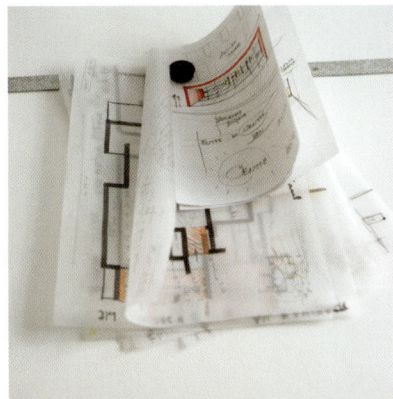  

NL Joël Claisse was een begaafd architect, een briljant ontwerper, een man die alle programma's aankon, een vernieuwer met een buitengewone onderzoekende geest. Na zijn opleiding in La Cambre liep hij stage bij Peter Callebaut en Willy Van der Meeren, die hem een voortreffelijke modernistische vorming meegaven. Uit de jaren '70, met hun contestatie, hun strijd om de stad en hun postmodernisme, bewaarde hij een dynamisch concept van de stad, gebaseerd op haar veelzijdigheid. Zijn architecturale taal hield van confrontatie met het verleden maar wist ook het bestaande te benutten om het met nieuwe ogen en een frisse perceptie te bekijken. Hij heeft gebouwd maar ook veel gerenoveerd, met creaties die bestaande gebouwen tot hun recht lieten komen en ze nieuwe kwaliteiten schonken die de ambities van onze tijd mooi illustreerden. Wij hadden de gewoonte ontwikkeld om samen teksten te schrijven voor de opeenvolgende nummers van Belgium New Architecture. Hij bracht zijn ideeën en zijn buitengewone enthousiasme aan, ik schiep een beetje orde in zijn onstuimigheid. Liliane, zijn echtgenote, bemiddelde tussen ons, altijd met kennis van zaken. Het was een echt genoegen om samen terug te blikken op de twee voorbije jaren, de veranderingen te ontcijferen, te zien welke trends zich aftekenden. Wij waardeerden zijn bevliegingen, zijn meningen, zijn momenten van verontwaardiging. Wat een jonge geest! Joël en zijn echtgenote vonden het heerlijk om architecturale en stedenbouwkundige realisaties met nieuwe ideeën en vondsten, voorboden van verandering, op te sporen, te bezoeken en erover te publiceren. Ze zochten informatie, reisden, praatten met iedereen. Ze hadden er een levenskunst van gemaakt. Joëls nieuwsgierigheid was verleidelijk, zodat hij tot in het buitenland toe contacten met een groot aantal architecten legde. Hij had een passie voor de architectuur en voor het leven, die hij trouwens als identiek beschouwde. Hij heeft ze allebei met tegenzin verlaten, weggerukt door een ziekte. Hij beschouwde zijn confraters als een deel van zijn familie en velen van hen hebben hem in de beproeving van de laatste maanden gesteund. Hij en Jo Crépain belden met elkaar om elkaar moed in te spreken. In december 2009 is hij overleden.

Ons vak verliest in hem een man die, los van de successen en zijn persoonlijke creaties, de geest van broederschap in stand wilde houden die ontstaat tijdens de studies, evolueert in een klimaat van navolging en – zelfs wanneer hij later in de loopbaan een soort rivaliteit wordt – met kritiek, dialoog en confrontatie, altijd ruimte laat voor wederzijdse achting, vriendschap en onderlinge hulp. Samen met Liliane, die hem altijd in zijn projecten is gevolgd en heeft gesteund, wilde hij met zijn publicaties een instrument scheppen dat het beroep zou verdedigen in het publiek, het bestuur en de politici een beter besef zou geven van de rol van de architect in het formuleren van het streven naar vernieuwing dat de maatschappij bezielt, in de expressie van haar wording en haar dynamisme. Over alle taalkundige, regionale of politieke verdeeldheid heen wilde hij het beroep verenigen, in de overtuiging dat de architectuur een taal op zich is, een taal met haar eigen coherentie en logica, die wordt begrepen door iedereen die ze deelt.

"This picture really shows Joël at work, bringing every effort to bear and straining every nerve to convince the audience of the pertinence of his choices for a jointly presented project."

« Ces photos représentent vraiment Joël en activité, tout à ses efforts, si efficace pour convaincre de la pertinence de ses choix, pour un projet présenté en concertation. »

"Dat is echt Joël in volle actie, iemand die zijn keuzes overtuigend kan verantwoorden voor een project dat in samenspraak wordt voorgesteld."

Frédéric Loncour

TEIN TELECOM / FRÉDERIC LONCOUR
Client / Maître d'Ouvrage / Opdrachtgever

JOËL CLAISSE ARCHITECTURES
Architect / Architecte / Architect
www.claisse-architecte.be

VÉRONIQUE BOISSACQ
Photographer / Photographe / Fotograaf

TERREAU FERTILE
NICOLAS GILSOUL

THE NEW CHALLENGES FACING THE PUBLIC SPACE

By 2050, we will be 9 billion living in our towns and cities. How many of them will be forced to entertain but dreams of nature?

Far from the romantic fantasy image of vertical megacities dreamt up by science fiction novelist H.G.Wells, today reality is showing a move towards a multitude of city archipelagos, sprawling out across ever expanding territories. Little by little, they are moving to take up the natural areas, effacing forests, tracts of farmland and hillside as we wise up to our ecological finiteness. The merest plot of land of any substance lost in this fabric becomes the object of everybody's desire. Today, Brussels is said to be Europe's greenest city. But if half of its territory – through elementary arithmetic addition – is made up of parks and gardens, the majority of them are privately owned.

Fuelled by this green desire, we have been flooded by a permanent flow of powerful images where man and nature are seen in search of new ways to live together. From this rich breeding ground, those who design our towns and cities, politicians, architects, landscape designers, derive new archetypes of nature: jungles and urban forests, suspended prairies, flower meadows for new 'déjeuners sur l'herbe', wild gardens and moving brownfields, fields filled with umbelliferae, riverside vegetation, shorelines or stream banks. The omnipresent world of the image promises us a nature that will rescue us, that is precious, fragile, seductive, and sensual.

Through these images, we are shown three future scenarios of the fertile city. The first scenario abandons the cities to their fate and dreams of paradise lost, recreated for the benefit of the happy few, of Noah's arks adrift and of protected ecological reserves. Here, public space is rare and given little consideration. The second scenario dresses the cities in a rich coat of vegetation, conquering the dense city centres, breaking up the asphalt and colonising the glass towers. At the bottom, the public gardens support the skyscrapers. The third and final scenario sees new territorial alliances, makes the most of the local stream to link the city to the sea, and in its distended mesh allows new urban stretches of nature to develop that are available to be shared by all.

Beyond the dreams and utopias, new living settings are seen to install themselves, formidable urban laboratories, sources of new know-how, new practices. They are new hybrid settings in the making where Man and Nature can jointly devise a new future.

Whereas some cities such as Nantes, Lyon and New York have taken on the challenge of enhancing their respective urban environments with a quality network of public spaces that bring people together, which path will the European capital choose to walk?

LES NOUVEAUX PARIS DE L'ESPACE PUBLIC

Nous serons 9 milliards d'habitants dans nos villes en 2050. Combien rêveront de Nature?

Loin du fantasme romantique des mégalopoles verticales imaginées par l'écrivain d'anticipation H.G.Wells, la réalité tend aujourd'hui vers une multitude de villes archipels, déployées sur des territoires toujours plus vastes. Elles couvrent peu à peu les surfaces naturelles, effacent forêts, plaines agricoles et plateaux tandis que nous prenons conscience de notre finitude écologique. La moindre parcelle foisonnante perdue dans ce tissu devient l'objet de tous les désirs. Bruxelles serait aujourd'hui la ville la plus verte d'Europe. Mais si la moitié de son territoire est constitué par adition mathématique de parcs et de jardins, la majorité est privée.

Nourris par ce vert désir, nous sommes immergés dans un flux permanent d'images fortes où l'homme et la nature cherchent de nouvelles manières de vivre ensemble. Les concepteurs de nos villes, politiques, architectes, paysagistes, urbanistes puisent dans ce riche terreau de nouveaux archétypes de nature: jungles et forêts urbaines, prairies suspendues, prés fleuris pour de nouveaux déjeuners sur l'herbe, jardins sauvages et friches en mouvement, champs d'ombellifères, ripisylves, rives et rivages. Le monde omniprésent de l'image nous promet une nature salvatrice, précieuse, fragile, séductrice, sensuelle.

A l'aide de ces images, nous sommes projetés vers trois futurs de ville fertile. Le premier abandonne les cités obscures à leur sort et rêve de paradis perdus recréés pour un petit nombre, d'arches de Noé à la dérive et de réserves écologiques sécurisées. L'espace public y est rare et peu considéré. Le second habille les villes d'une riche fourrure végétale, conquérant les centres denses, éclatant l'asphalte et colonisant les tours de verre. Au sol les jardins publics portent les gratte-ciel. Le dernier enfin, imagine de nouvelles alliances territoriales, profite d'un fleuve pour guider la ville vers le large et infiltre dans ses mailles distendues de nouvelles natures urbaines, partageables par tous.

Au-delà des rêves et des utopies, ce sont des milieux vivants qui s'installent, de formidables laboratoires urbains, sources de nouvelles connaissances, de nouvelles pratiques. Ce sont des milieux hybrides, en devenir, où l'Homme et la Nature peuvent inventer ensemble un nouvel avenir.

Si certaines villes comme Nantes, Lyon ou New York ont fait le pari d'enrichir le terreau de la ville par un réseau qualitatif d'espaces publics fédérateurs, quel avenir choisira la capitale européenne?

DE NIEUWE UITDAGINGEN VAN DE OPENBARE RUIMTE

In 2050 zullen 9 miljard mensen in steden leven. Hoeveel van die mensen zullen dromen van de natuur?

Ver van de romantische fantasie van de verticale megalopolissen die H.G. Wells, de sciencefictionschrijver, bedacht, neigt de huidige realiteit naar een veelheid van archipelsteden op een almaar groter grondgebied. Beetje bij beetje bedekken ze de natuurlijke ruimte en wissen ze bossen, akkers en vlakten uit, terwijl wij ons bewust worden van onze ecologische eindigheid. Het kleinste plekje groen wordt het voorwerp van alle begeerte. Brussel zou vandaag de groenste stad van Europa zijn. Maar hoewel de som van al haar parken en tuinen de helft van het grondgebied vertegenwoordigt, hebben de meeste mensen er geen deel aan.

In ons verlangen naar groen worden we ondergedompeld in een permanente stroom van sterke beelden waarin mens en natuur op zoek gaan naar nieuwe manieren om samen te leven. De ontwerpers van onze steden, politici, architecten, landschapsarchitecten, stedenbouwkundigen, vinden in deze rijke voedingsbodem nieuwe natuurarchetypen: stedelijke jungles en wouden, hangende grasvelden, bloemenweiden voor nieuwe Déjeuners sur l'herbe, wilde, braakliggende tuinen die altijd in beweging zijn, velden met schermbloemigen, oeverplanten, bermen en oevers. De alomtegenwoordige wereld van het beeld belooft ons een heilzame, kostbare, kwetsbare, verleidelijke en sensuele natuur.

Deze beelden nemen ons mee naar drie toekomstvisies op een vruchtbare stad. De eerste laat de donkere buurten over aan hun lot en droomt van verloren paradijzen die voor een handvol mensen weer tot leven worden gewekt, op drift geraakte arken van Noach, beveiligde ecologische reservaten. Openbare ruimten zijn er schaars en onbelangrijk. De tweede hult de stad in een rijk plantenkleed, verovert de dichtbevolkte centra, breekt het asfalt open en koloniseert de glazen torens. Wolkenkrabbers rijzen op uit parken. De derde en laatste visie streeft naar nieuwe banden met het landschap, profiteert van een rivier om de stad naar zee te leiden en schept in haar open mazen een nieuwe stedelijke natuur die iedereen kan delen.

Los van alle dromen en utopieën ontstaan levende omgevingen, machtige stedelijke laboratoria, bronnen van nieuwe kennis en nieuwe praktijken. Het zijn hybride omgevingen, omgevingen in wording waar Mens en Natuur samen een nieuwe toekomst uitvinden.

Steden als Nantes, Lyon en New York verrijken hun weefsel met een hoogwaardig netwerk van openbare ruimten die eenheid scheppen in de stad. Welke toekomst zal de Europese hoofdstad kiezen?

© GASTON BERGERET/CAPA 2011

EN

Nicolas Gilsoul is an architect, a winner of the Grand Prix de Rome and a Doctor of Science. He has been working in this field since 1997, channelling his design process around the relationship between man and place.

After regularly collaborating with the landscape architect Gilles Clément and working as project manager with Wilmotte & Associés (2001-2003) and various agencies in France and Switzerland, in 2003 he opened his own workshop in Paris. He is a past winner of the Grand Prix d'architecture Bonduelle, awarded by the Académie Royale des Arts et des Lettres in Belgium, (2006) for a linear park on the inner' Brussels ring road and of the E. Acker architecture prize (2003) for a progressive bioclimatic district project in Canada. He was also awarded the Prize of Excellence in Architecture in Busan in Korea for the Nakdong Ecomuseum (2005) and the First Landscaping Prize in Vancouver (2001) for an anemophilious public park in East Clayton.

Eager to scientifically explore the perceptive as well as the conceptual mechanisms of a scenography in a quest for a so-called emotional" and "situated" architecture, anchored in a place, and a phenomenological filter of its visitors, in 2009 he obtained the title of Doctor in Science and Landscape Architecture from the Institut des Sciences et du Vivant in Paris. Since 2002, he has been teaching, starting out with the architecture and landscape project and its mechanisms at the Ecole Polytechnique in Zürich, then at the University of British Colombia, before becoming Lecturer at the Beaux-Arts in Brussels and at the Ecole Nationale Supérieure de Paysage in Versailles. He has published widely on the subject and gives conferences in Europe and in Canada. He became a Member of the Collège Alumni des Académies Royales de Belgique in 2009. In 2011, the Cité de l'Architecture et du Patrimoine at the Palais Chaillot in Paris appointed him as curator and designer of the exhibition 'La Ville Fertile'*, whose first sequence he designed: the Object of desire.

FR

Nicolas Gilsoul est Architecte, Grand Prix de Rome et Docteur en Sciences. Il pratique le projet depuis 1997, plaçant les rapports entre l'homme et le lieu au centre de son processus de conception.

Collaborateur régulier du paysagiste Gilles Clément, chef de projet chez Wilmotte & Associés (2001-2003), et collaborateur d'agences en France et en Suisse, il ouvre ensuite son atelier à Paris en 2003. Lauréat de l'Académie Royale des Arts et des Lettres de Belgique du Grand Prix d'architecture Bonduelle (2006) pour un parc linéaire sur la petite ceinture de Bruxelles et du Prix d'architecture E. Acker (2003) pour un projet de quartier bioclimatique évolutif au Canada. Lauréat du Prix d'Excellence en architecture à Busan en Corée pour l'Ecomusée Nakdong (2005) et du Premier prix de paysage à Vancouver (2001) pour un parc public anémophile à East Clayton.

Le désir d'explorer scientifiquement les mécanismes perceptifs mais aussi conceptuels d'une scénographie au service d'une architecture dite «émotionnelle» et «située», ancrée dans un lieu et filtre phénoménologique de ses visiteurs, il obtient en 2009 le titre de Docteur en Sciences et Architecture de paysage à l'Institut des Sciences et du Vivant à Paris. Il enseigne depuis 2002 d'abord le projet d'architecture et de paysage et ses mécanismes à l'Ecole Polytechnique de Zürich, à l'Université de Colombie Britannique puis devient Professeur aux Beaux-Arts de Bruxelles et à l'Ecole Nationale Supérieure de Paysage de Versailles. Il publie de nombreux articles sur le sujet et donne des conférences en Europe et au Canada. Il devient Membre du Collège Alumni des Académies Royales de Belgique en 2009. En 2011, la Cité de l'Architecture et du Patrimoine au Palais Chaillot à Paris lui confie le commissariat et la scénographie de l'exposition 'La Ville Fertile'*, dont il va dessiner le premier volet: l'Objet du désir.

NL

Nicolas Gilsoul is architect, laureaat van de Grand Prix de Rome en doctor in de wetenschappen. Hij is actief sinds 1997 en plaatst de verhouding tussen de mens en de locatie centraal in zijn conceptueel proces.

Hij werkte tijdens de periode 2001-2003 regelmatig samen met landschapsarchitect Gilles Clément, projectleider bij Wilmotte & Associés, en met diverse kantoren in Frankrijk en Zwitserland, om vervolgens in 2003 een eigen kantoor te openen in Parijs. Laureaat van de Bonduelle-prijs voor architectuur van de Académie Royale des Arts et des Lettres de Belgique (2006) voor een lineair park aan de Brusselse Kleine Ring en van de E. Acker-prijs voor architectuur (2003) voor een project rond een evolutieve bioklimatologische wijk in Canada. Laureaat van de Prijs voor uitmuntendheid in architectuur in het Koreaanse Busan voor het Ecomuseum van Nakdong (2005) en van de Eerste prijs voor landschapsarchitectuur in Vancouver (2001) voor een anemofiel openbaar park in East Clayton.

Nicolas Gilsoul interesseert zich voor de wetenschappelijke analyse van de perceptieve en conceptuele mechanismen van een omgevingscreatie in dienst van zogenaamde emotionele en gelokaliseerde architectuur, verankerd op een bepaalde plek en fungerend als fenomenologische filter voor zijn bezoekers. In 2009 behaalt hij de titel Docteur en Sciences et Architecture de paysage aan het Parijse Institut des Sciences et du Vivant. Sinds 2002 doceert hij eerst (landschaps)architectuur en zijn mechanismen aan de Polytechnische School van Zürich en de Universiteit van British Columbia, waarna hij les geeft aan de Academie voor Schone Kunsten in Brussel en de Ecole Nationale Supérieure de Paysage van Versailles. Hij publiceert een groot aantal bijdragen over dit onderwerp en houdt lezingen in Europa en Canada. In 2009 wordt hij lid van het Collège Alumni des Académies Royales de Belgique. In 2011 aanvaardt hij in Parijs de opdracht om het eerste deel uit te tekenen van de tentoonstelling 'La Ville Fertile'* in de Cité de l'Architecture et du Patrimoine in het Palais Chaillot: 'l'Objet du désir'.

---

*"The Fertile City – towards an urban nature" is an exhibition imagined and organised by the Cité de l'architecture & du patrimoine/Institut français d'architecture, curated and designed by Nicolas Gilsoul (Part 1 – the Object of desire) and Michel Pena, with Michel Audouy (Part 2 – the Making of the Landscape).

*"Ville fertile – vers une nature urbaine" est une exposition conçue et réalisé par la Cité de l'architecture & du patrimoine/Institut français d'architecture, dont le commissariat et la scénographie était assuré par Nicolas Gilsoul (Partie 1 – l'Objet du désir) et Michel Pena, avec Michel Audouy (Partie 2 – la Fabrique du Paysage). www.citechaillot.fr

*'Ville fertile – vers une nature urbaine' is een tentoonstellingsconcept van de Cité de l'architecture & du patrimoine/het Institut français d'architecture, waarvoor een beroep werd gedaan op Nicolas Gilsoul (Deel 1 – l'Objet du désir) en Michel Pena, met Michel Audouy (Deel 2 – la Fabrique du Paysage).

TERREAU FERTILE

2004-20...
PETITE CEINTURE, BRUSSELS
NICOLAS GILSOUL & VALENTINE ARREGUY

EN
PETITE CEINTURE, BRUSSELS
A LINEAR PUBLIC GARDEN AS AN ECOLOGICAL

infrastructure "The linear garden is born out of a reflection of the redevelopment of Porte de Namur, a single stage in a system that is necessarily of greater scope: an urban ecology." Nicolas Gilsoul

Brussels is diluting its territory. The fortification ring has disappeared. The wall walk has become a bypass road that will soon be engulfed in the expansion of the city. The linear garden proposes a reconquista of this ribbon by a forward-thinking system of strips of park. Progressively involving fast-track lanes with a new type of social and ecological infrastructure, the project is mapping out a principle of scalable composition. The public space is structured by mineral and vegetable bands that brush up against each other like slates in a seam of Ardennes granite rock. Their intervals define an infinite variety of sceneries. As an unsuspected hydraulic machine for the rainwater and a breeding ground for bioengineering that is adapted to climate change, the public promenade is anchored in a forecast of things to come for our fertile towns and cities.

NL
KLEINE GORDEL, BRUSSEL
EEN LINEAIR PARK ALS ECOLOGISCHE INFRASTRUCTUUR

"Het lineaire park is ontstaan uit het denkwerk rond de heraanleg van de Naamsepoort, als een fase van een onvermijdelijk veel groter systeem: een stedelijke ecologie". Nicolas Gilsoul

Brussel verdunt zich op zijn grondgebied. De vestingring is verdwenen. De rondweg is een verkeersring geworden die snel opgaat in de uitbreiding van de stad. Het lineaire park wil dit lint heroveren met een evolutief systeem van smalle parken. Het project, dat de snelwegen beetje bij beetje met een nieuw type van sociale en ecologische infrastructuur bedekt, schetst het principe van een moduleerbare compositie. De openbare ruimte wordt gestructureerd door stroken steen en planten, die als een ader van leisteen rakelings langs elkaar lopen. De openbare wandelweg, een onvermoede hydraulische machine voor het regenwater, met een beplanting die aangepast is aan de veranderingen van het klimaat, hoort thuis in de toekomstvisie van een vruchtbare stad.

FR
PETITE CEINTURE, BRUXELLES
UN JARDIN PUBLIC LINÉAIRE COMME INFRASTRUCTURE ÉCOLOGIQUE

« Le jardin linéaire est né d'une réflexion sur le réaménagement de la Porte de Namur, simple étape dans un système nécessairement plus large : une écologie urbaine. » Nicolas Gilsoul

Bruxelles se dilue sur son territoire. L'anneau de fortification a disparu. Le chemin de ronde est devenu une route périphérique bientôt englobée dans l'extension de la ville. Le jardin linéaire propose une reconquête de ce ruban par un système évolutif de parcs en lanières. Couvrant progressivement les voies rapides avec un nouveau type d'infrastructure sociale et écologique, le projet dessine un principe de composition modulable. L'espace public est structuré par des bandes minérales et végétales qui se frôlent comme un filon d'ardoise. Leurs intervalles définissent une variété infinie de paysages. Machine hydraulique insoupçonnée pour les eaux de pluie et terreau d'un génie végétal adapté aux changements climatiques, la promenade publique s'ancre dans une prospective pour nos villes fertiles.

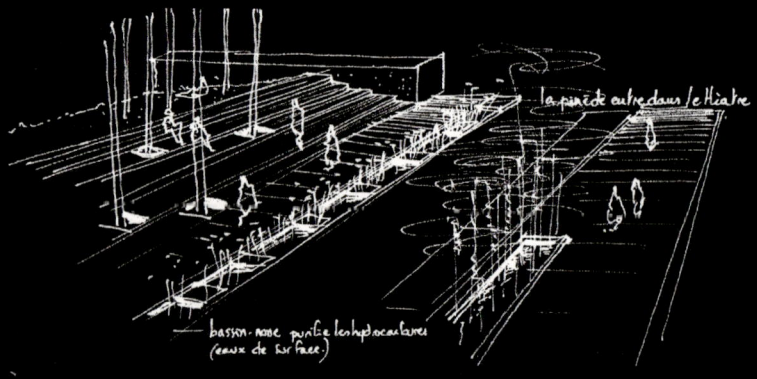

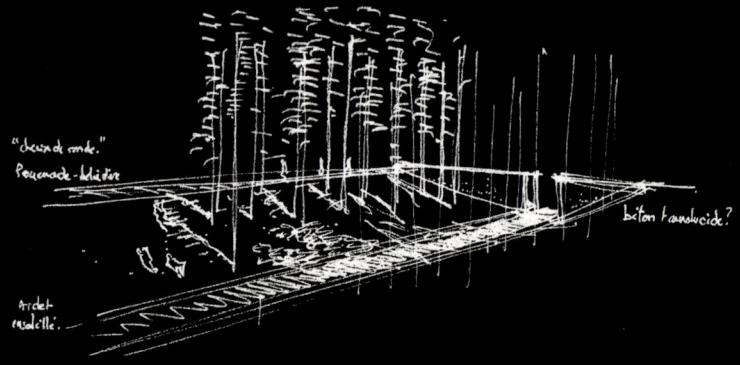

7 MAI – EXTÉRIEUR JOUR
... Le marché temporaire s'est installé le long de la promenade, ses chalands protégés de la rumeur urbaine par le bosquet de bouleaux bas. Les échanges vont bon train. La rive sud dessert les stationnements sous l'ombre des tilleuls, infiltrant le coeur de la cité.

21 JUIN
... Les terrasses de bois des cafés de la Toison d'Or se remplissent sous les parasols carrés. En face, sur le deck ensoleillé, un couple s'enlace derrière le filtre linéaire du jardin d'iris. L'herbe rejoint le couvre-sol blanc jusqu'à la treille parfumée. Un premier rideau de pins s'enracine sur le remblai alors qu'au dessous filent, silencieuses, les voitures souteraines.

12 OCTOBRE
... Le Théatre du Sous-bois murmure. Le vent dans les troncs des pins et le bruit des pas dans les herbes. Le soleil bas d'automne vient réchauffer la pente de cette micro vallée, faisant oublier un instant la cité. Dans l'axe du chemin longitudinal, la sentinelle de métal veille sur le Passage. L'eau court sous la surface. Chaque pas rapproche davantage de ses reflets glacés.

1. Trottoir
2. Stationnement longitudinal
3. Voie double
4. Stationnement en bataille
5. Passe-pied
6. Bande végétale
7. Jardin linéaire et circulation douce
8. Cépée des bouleaux
9. Voie double
10. Stationnement longitudinal
11. Promenade de la Toison d'Or
12. Pavillon des parkings souterrains
13. Pergola plantée
14. Promenade centrale
15. Théâtre du sous-bois
16. Pinède
17. Gradines en bois
18. Promenade linéaire
19. Jardin filtrant
20. Clos des cafés
21. Accès au théâtre du sous-bois

6 DÉCEMBRE

... La Mitre métallique repose sur une ardoise aux reflets de carbone. L'asphalte scintille sous le givre. La clairière de pins encadre une géométrie en équilibre, tendue entre deux axes. La texture du sous-bois accroche les faisceaux de lumière des voitures, brisures de schiste et écorces argent. À l'abri du vent, un Boecklin du XIe siècle s'éloigne sur une gradine en pente douce, le regard grave. Son chemin se poursuit...

17 JANVIER

... Sur le bassin miroir, le gel dessine une géométrie éphémère. Les quais accueillent canards affamés et familles emmitouflées. Graphiques en blanc d'argent et anthracites, les cépées de bouleaux bruissent sous les frôlements. Les ventelles horizontales des pavillons dessinent de nouvelles rayures aux chemins de pierre. Non loin, promesse d'une douce chaleur, on guette le glissement des bus à énergie propre.

17 MARS

... Mille étoiles blanches apparaissent sur la longue pelouse en ce début de printemps. Les platanes vénérables ouvrent leurs jeunes feuilles tendres au-dessus du stationnement, tandis que le microjardin filtrant dévore les hydrocarbures avant d'irriguer cette terre neuve. Un ballet d'écoliers du quartier Matongé rejoint le compas et l'équerre du Parc Royal... Le cycle se poursuit, les acteurs évoluent...

BRUXELLES, BELGIQUE
Place/Lieu/Plaats

**ACADÉMIE ROYALE DES ARTS
& DES LETTRES DE BELGIQUE**
Projet lauréat du Prix d'Architecture
Bonduelle pour le concours d'idées sur
le réaménagement de la Porte de Namur
Client/Maître d'Ouvrage/Opdrachtgever

2020
THE URBAN PERIMETER LOI, BRUSSELS
CHRISTIAN DE PORTZAMPARC

EN

RUE DE LA LOI, BRUSSELS
THE RULES OF THE GAME OF TOWN PLANNING AROUND OPEN ISLANDS

"Today, rue de la Loi stands as a shining example of what the city of tomorrow should not look like: monofunctional, grey and dehumanised." Christian de Portzamparc

The European Commission has plans to build 230.000 m² of restructured offices within the urban perimeter at the heart of Brussels between now and 2020. The planned urban perimeter elegantly skirts folding back to a status as a closed administrative city, and is setting out a mixed operation in a quarter that will be restored to life. Built around the historic axis of rue de la Loi, the current sombre corridor is progressively seen to be undergoing a metamorphosis. New towers, away from the building line, free up the available space and act to amplify the city in a vertical sense. Using the open island concept, the street becomes porous, weaving a network of squares and promenades between the northern and southern part of the quarter. The project is setting out the rules of the game of an evolving and forward-looking town planning that will allow conserved existing buildings to be combined with the future constructions against a rich backdrop of public spaces.

NL

WETSTRAAT, BRUSSEL
DE REGELS VAN EEN STEDENBOUWKUNDIG SPEL MET OPEN BLOKKEN

"De huidige Wetstraat is het voorbeeld van wat de stad van morgen niet mag zijn: monofunctioneel, grauw en ontmenselijkt."
Christian de Portzamparc

De Europese Commissie plant tegen het jaar 2020 230.000 m² optimaal in de stad geïntegreerde kantoorruimte in het hart van Brussel. De geplande stadsperimeter ontwijkt op een elegante manier het gesloten karakter van een administratieve wijk en zal dankzij een gemengd gebruik een wijk opnieuw tot leven brengen. De huidige donkere corridor rond de historische as van de Wetstraat ondergaat geleidelijk aan een metamorfose. Nieuwe torens, achter de rooilijn, maken grond vrij en verlengen de stad in de hoogte. Dankzij open blokken wordt de straat poreus en vormt ze een netwerk van pleintjes en wandelwegen tussen het noorden en het zuiden van de wijk. Het project schetst de regels van een evolutief stedenbouwkundig spel, waarbij bewaarde bestaande gebouwen worden gecombineerd met toekomstige constructies rond een rijk weefsel van openbare ruimten.

RUE DE LA LOI, BRUXELLES
LES RÈGLES DU JEU D'UN URBANISME D'ÎLOTS OUVERTS

«La rue de la Loi aujourd'hui est l'exemple de ce que ne doit pas être la ville de demain, monofonctionnelle, grise et déshumanisée.» Christian de Portzamparc

La Commission Européenne vise l'installation de 230.000 m² de bureaux restructurés dans le périmètre urbain au cœur de Bruxelles à l'horizon 2020. Le périmètre urbain imaginé évite avec élégance le repli d'une cité administrative fermée, et inscrit une opération mixte dans un quartier rendu à la vie. Articulé autour de l'axe historique de la rue de la Loi, l'actuel corridor sombre se métamorphose progressivement. De nouvelles tours, en retrait de l'alignement, libèrent le sol et amplifient la ville verticalement. Déclinant l'îlot ouvert, la rue devient poreuse et tisse un réseau de squares et de promenades entre le nord et le sud du quartier. Le projet énonce les règles du jeu d'un urbanisme évolutif permettant de combiner les immeubles existants conservés aux constructions futures sur un riche terreau d'espaces publics.

1. Les ilôts sont fermés
2. Existant = blocage = la rue corridor
3. Espaces verts non reliés et espaces publics inexistants
4. Saisir les opprtunités foncières = ilôts et rue ouverte
5. Projet = transversalité et ouverture

BRUXELLES, BELGIQUE
Place/Lieu/Plaats

RÉGION DE BRUXELLES CAPITALE/ COMMISSION EUROPÉENNE/ PROPRIÉTAIRES/PROMOTEURS PRIVÉS
Client/Maître d'Ouvrage/Opdrachtgever

ATELIER CHRISTIAN DE PORTZAMPARC
www.chdeportzamparc.com
Architects/Architectes/Architecten

MIXITÉ: LOGEMENTS-BUREAUX – COMMERCES ET ÉQUIPEMENTS/ ESPACES PUBLIC, VOIRIES – PROMENADES
Program/Programme/Programma

ÉTUDES 2010 – RÉALISATION 2020
Calendar/Calendrier/Kalender

© Atelier Christian de Portzamparc

TERREAU FERTILE

20...
RAILWAY STATION, BRUSSELS
JEAN NOUVEL

RAILWAIY STATION, BRUSSELS
A GIANT BUTTERFLY AS THE CENTRAL DRIVING FORCE OF URBAN LIFE?

"It's a venue, and a quarter, that deserves to be given greater character, so we can take greater pleasure in spending time there."
Jean Nouvel

A spectacular building unfolds its mirror wings 120 metres above the tracks of Gare du Midi in Brussels. Raising their eyes to take in this monumental periscope, travellers discover the reflection of the city skyline as the city quivers to the incessant pulse rate of the trains. This urban landmark that dreams of developing to reach the scale of the major European capitals and as the spearhead in taking up one of the new challenges facing our cities: the railway station as the driving force behind urban development. The old post office next door completes the commercial programme with urban and poetic contemporary sequences. The whole under suspended planted rooftops involving privatised greenhouses, promising microclimates and controlled ecology. The private engineering study today questions the urban development plan and by default reveals the lack of an inclusive vision tailored around the public space.

ZUIDSTATION, BRUSSEL
EEN GIGANTISCHE VLINDER ALS MOTOR VAN DE STAD?

"Dit is een plaats en een wijk die meer karakter zouden moeten krijgen, zodat het er prettiger toeven wordt." Jean Nouvel

Honderdtwintig meter boven de sporen van het Brusselse Zuidstation spreidt een spectaculair gebouw zijn spiegelvleugels uit. Wanneer hij opkijkt naar die monumentale telescoop, ontdekt de reiziger de weerkaatsing van de horizonten van de stad, op het onophoudelijke ritme van de treinen. Dit richtpunt moet in schaal niet voor de grote Europese hoofdsteden onderdoen en verwijst naar een van de nieuwe uitdagingen voor de stad: het station als motor van het stedelijke leven. Het voormalige postgebouw vult het commerciële programma aan met een eigentijdse, stedelijke en poëtische toets. Het geheel zweeft boven beplante daken en geprivatiseerde serres, beloften van microklimaten en een gecontroleerde ecologie. De privéstudie stelt het huidige schema van de stadsontwikkeling ter discussie en wijst op het gebrek aan een overkoepelende visie op de openbare ruimte.

GARE DU MIDI, BRUXELLES
UN PAPILLON GÉANT MOTEUR D'URBANITÉ ?

« C'est un endroit, et un quartier, qui mérite d'avoir davantage de caractère, afin qu'on ait plus de plaisir à y passer du temps. »
Jean Nouvel

Un bâtiment spectaculaire déploie ses ailes miroirs 120 mètres au-dessus des voies de la gare du Midi à Bruxelles. Le voyageur découvre le reflet des horizons de la ville en levant les yeux sur ce monumental périscope, tandis que la Cité suit le pouls incessant des trains. Ce repère urbain se rêve à l'échelle des grandes capitales européennes et pointe l'un des nouveaux enjeux de nos villes : la gare comme moteur d'urbanité. L'ancienne poste voisine complète le programme commercial avec des séquences contemporaines, urbaines et poétiques. L'ensemble suspend toits plantés et serres privatisées, promesse de microclimats et d'écologie contrôlée. L'étude privée questionne aujourd'hui le schéma de développement urbain et révèle par défaut le manque d'une vision fédératrice dessinée sur l'espace public.

Plan Masse

Elévation sud sur l'Avenue Fonsny

Vue depuis les qu

Vue depuis l'Esplanade de l'Europe | Le projet depuis la place de la Constitution de nuit

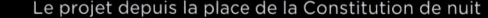

BRUXELLES – GARE DU MIDI, BELGIQUE
Place/Lieu/Plaats

TERREAU FERTILE

20..
LILYPAD
A FLOATING ECOPOLIS
VINCENT CALLEBAUT

🇬🇧 2058, A HUMAN TIDE OF ECO REFUGEES

As a result of anthropogenic activity, the global climate is warming and the level of the oceans is rising. Though the rise in sea levels does not even feature on the agenda of the Grenelle Environment Forum in France, the environmental crisis and climatic exodus are today forcing us to urgently switch from a strategy of reaction to a strategy of adaptation and sustainable anticipation.

LILYPAD, A PROTOTYPE OF A SELF-SUFFICIENT AMPHIBIOUS CITY

A new biotechnological prototype of ecological resilience designed for a nomadic lifestyle and urban ecology at sea, Lilypad floats along on the oceans, from the Equator towards the Poles, by following the surface sea currents, the warm ascending currents of the Gulf Stream or cold descending currents of the Labrador. It is a fully-fledged amphibious city, half-aquatic and half terrestrial, that can house more than 50.000 inhabitants and that invites biodiversity to develop its fauna and flora around a central soft water lagoon that gathers and purifies rainwater.

🇳🇱 2058, EEN VLOEDGOLF AAN MILIEUVLUCHTELINGEN

Door de activiteiten van de mens warmt het klimaat op en stijgt de zeespiegel. Hoewel het stijgende water zelfs niet op de agenda staat van de Grenelle de l'Environnement (politieke ontmoetingen voor het bepalen van de strategie op het vlak van duurzame ontwikkeling) in Frankrijk, is het vandaag van cruciaal belang om, in het kader van de milieucrisis en de klimaatexodus, over te stappen van een strategie waarbij wordt gereageerd op noodgevallen naar een duurzame strategie gebaseerd op aanpassing en anticipatie.

LILYPAD, PROTOTYPE VAN EEN ZELFBEDRUIPENDE AMFIBISCHE STAD

Lilypad vormt als biotechnologisch prototype van een stedelijke omgeving op zee een ecologische oplossing voor klimaatvluchtelingen en wordt door de warme Golfstroom of de koude Labradorstroom meegevoerd over de oceanen, van de evenaar naar de polen. Deze amfibische stad, die zich zowel onder als boven water bevindt, biedt ruimte aan 50.000 personen en omvat een centrale zoetwaterlagune waarin regenwater wordt opgevangen en gezuiverd en waarrond de biodiversiteit volop de kans krijgt om zich te ontwikkelen.

🇫🇷 2058, UNE MAREE HUMAINE D'ECO-REFUGIES

Suite à l'activité anthropique, le climat se réchauffe et le niveau des océans augmente La montée des eaux ne figurant même pas à l'agenda du Grenelle de l'Environnement en France, il est primordial, en terme de crise environnementale et d'exode climatique, de passer dés aujourd'hui d'une stratégie de réaction dans l'urgence à une stratégie d'adaptation et d'anticipation durable.

LILYPAD, UN PROTOTYPE DE VILLE AMPHIBIE AUTO-SUFFISANTE

Nouveau prototype biotechnologique de résilience écologique voué au nomadisme et à l'écologie urbaine en mer, Lilypad voyage en flottaison sur les océans, de l'équateur vers les pôles, en suivant les courants marins de surface, ascendants chauds du Gulf Stream ou descendants froids du Labrador. C''est une véritable ville amphibienne, mi-aquatique et mi-terrestre, pouvant abriter plus de 50.000 habitants et invitant la biodiversité à développer sa faune et sa flore autour d'un lagon central d'eau douce récoltant et épurant les eaux de pluies

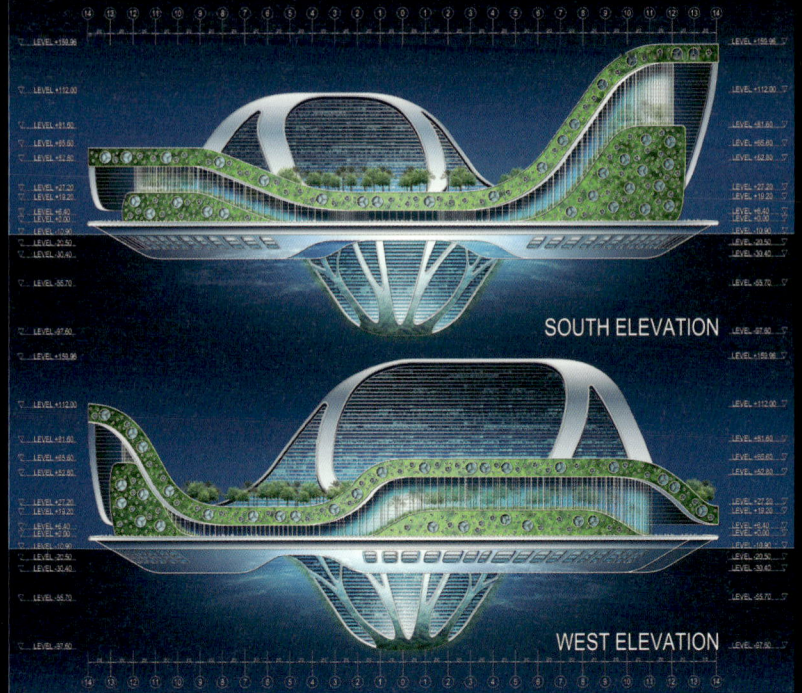

OCEANS, PRINCIPALITY OF MONACO
Place/Lieu/Plaats

**VINCENT CALLEBAUT ARCHITECTURES
SARL, PARIS**
www.vincent.callebaut.org
Architect/Architecte/Architect

**FLOATING ECOPOLIS/MIXING USES:
HOUSINGS, OFFICES, SHOPPING
MALL, CONGRESS CENTER, SWIMMING
POOLS, OPERA HOUSE, HOTEL,
MARINAS**
Program/Programme/Programma

350.000 M²
Surface/Surface/Oppervlak

STUDIES IN PROGRESS
Calendar/Calendrier/Kalender

© Vincent Callebaut Architectures

HYPERGREEN
JACQUES FERRIER

HYPERGREEN - PROTOTYPE OF AN ECOLOGICAL TOWER

The 246-metre high Hypergreen is the prototype of an ecological tower that marks a new approach to the bioclimatic high-rise building. Hypergreen is capable of producing most of the energy necessary for its own consumption. To do so, it has mainly made use of renewable energies: ground-air heat exchangers, geothermic heat pumps, tempered glass, etc. Some of these systems is supported by a Ductal® mesh structure:
– the wind turbines, placed at the summit of the tower, make it possible to generate a part of the electricity by being carefully turned to make the most of the direction of the wind,
– 3000 m² of photovoltaic cells back up the electricity generation system, this time using solar energy,
– the structure of the mesh reduces the heating and cooling requirements by regulating the ventilation of the tower,
– as for the rainwater, it is collected and filtered in order to be reused for the toilets and gardens.

HYPERGREEN - EEN PROTOTYPE VAN EEN ECOLOGISCHE TOREN

De 246 meter hoge Hypergreen-toren is een prototype van een ecologische toren die een nieuwe benadering heeft ingeluid voor bioklimatologische torengebouwen. Hypergreen staat zelf in voor de productie van het merendeel van de energie die in het gebouw wordt verbruikt. Hiertoe wordt voornamelijk gebruik gemaakt van hernieuwbare energie: bodem-luchtwarmtewisselaars, geothermische warmtepompen, gehard glas,… Verschillende van deze systemen worden ondersteund door de buitenlaag in Ductal®-maaswerk:
— De windturbines op de top van de toren produceren een gedeelte van de benodigde energie dankzij hun optimale windoriëntatie;
— 3000 m² fotovoltaïsche panelen staan in voor de rest van de energieproductie, ditmaal op basis van zonne-energie;
— De structuur van het maaswerk beperkt de behoeften aan verwarming en koeling door de ventilatie van de toren te regelen;
— Het regenwater wordt opgevangen, gefilterd en vervolgens gebruikt voor het sanitair en de tuinen.

HYPERGREEN - PROTOTYPE DE TOUR ECOLOGIQUE

Haute de 246 mètres, Hyper green est un prototype de tour écologique qui a marqué une nouvelle approche de l'immeuble de grande hauteur bio-climatique. Hyper Green est capable de produire l'essentiel de l'énergie nécessaire à sa consommation. Pour cela, elle a largement recours aux énergies renouvelables puits canadiens, pompes à chaleur géothermiques, serres tempérées… La resille en Ductal® est le support de certains de ces systèmes:
– les éoliennes, placées au sommet de la tour, permettent de produire une partie de l'électricité en étant orientées judicieusement par rapport aux vents,
– 3000 m² de cellules photovoltaïques complètent la production d'électricité en utilisant cette fois l'énergie solaire,
– la structure de la résille limite les besoins en chauffage et en air frais en régulant la ventilation de la tour,
– les eaux de pluies quant à elles, sont collectées et filtrées afin d'être réutilisées pour les installations sanitaires et les jardins.

JACQUES FERRIER ARCHITECTURES;
C&E INGÉNIERIE (BET structure);
TRIBU (BET développement durable)
www.jacques-ferrier.com
Architects/Architectes/Architecten

PROJET DE RECHERCHE EN PARTENARIAT AVEC LAFARGE – PROGRAMME MIXTE TERTIAIRE ET SERVICES DE 90.000 M²
Program/Programme/Programma

250 M DE HAUTEUR / 60 ÉTAGES
Surface/Surface/Oppervlak

EWHA WOMEN'S UNIVERSITY
DOMINIQUE PERRAULT

EN
EWHA WOMEN'S UNIVERSITY

The new complex of Ewha Women's University in Seoul is best approached from the air. It is a landscape more than an architecture, nestling at the heart of Seoul's university district. A Campus Valley that is a series of intermingling, interweaving natural spaces, sports fields, event venues and university buildings. It is a long strip of asphalt punctuated by an athletics track in a natural environment. An tamed nature, dominated by pear trees and topiaries. Then, the black of the asphalt contrasts with the red of the track, the green of nature, and the dazzling white of the fault. A fault boldly drawn on the ground and that gently slopes down into it. At the other end of the fault, of the slope, is a flight of vast steps that serve as terraces when necessary. The heart of the fault plunges down in a rather dreamlike way. The outside world makes way for a universe full of subtleness and serenity. Classrooms and libraries, amphitheatres and concert theatres, shops and corridors… everything strings along deeper and deeper without ever straying from the natural light.

FR
UNIVERSITE FEMININE EWHA

C'est par voie aérienne qu'il conviendrait d'aborder le nouvel ensemble de l'Université féminine Ewha à Séoul. Un paysage, bien plus qu'une architecture, lové au coeur du quartier universitaire de Séoul. Une Campus Valley où nature, terrains de sport, espaces événementiels et locaux universitaires se mêlent, s'entremêlent, se succèdent. Soit une longue bande d'asphalte, ponctuée par une piste d'athlétisme et, partout alentour, la nature. Une nature organisée où dominent poiriers et topiaires. Puis, au noir de l'asphalte, au rouge de la piste, au vert de la nature, succède l'éclatante blancheur de la faille. Une faille hardiment tracée dans le sol et qui s'y glisse en pente douce. A l'autre extrémité de la faille, à la pente répond une volée de vastes emmarchements qui deviennent gradins lorsque nécessaire. Au coeur de la faille s'organise alors une plongée irréelle. Au monde extérieur, succède un univers tout de subtilité et de sérénité. Salles de cours et bibliothèques, amphithéâtres et salles de spectacle, boutiques et circulations…tout s'enchaîne au plus profond sans que jamais la lumière du jour ne s'absente.

NL
VROUWENUNIVERSITEIT EWHA

De beste manier om een beeld te krijgen van het nieuwe complex van de vrouwenuniversiteit EWHA in Seoul is vanuit de lucht. Daar tekent zich een eerder landschappelijk dan architecturaal geheel af in het hart van de universiteitswijk van Seoul. Een Campus Valley waar natuur, sportterreinen, evenementenlocaties en universitaire gebouwen naadloos in elkaar overvloeien. Een lange strook asfalt met een atletiekpiste en voor de rest overal natuur en groen. Het gestructureerde landschap wordt gedomineerd door perenbomen en in geometrische vormen gesnoeide struiken. Het zwart van het asfalt, het rood van de piste en het groen van de natuur contrasteren met het oogverblindende wit van de opengesneden vallei. Deze vermetele snede in de bodem loopt naar beneden als een zacht glooiende helling, om aan het andere uiteinde uit te monden in een groot aantal treden, die naar wens kunnen worden gebruikt als zitplekken. Onder de opengesneden vallei nestelt zich een verrassende wereld. De buitenwereld gaat over in een nieuw universum, in alle subtiliteit en sereniteit. Leslokalen en bibliotheken, aula's en voorstellingsruimtes, winkels en wandelgangen: de ondergrondse wereld ontvouwt zich zonder dat het daglicht ooit verdwijnt.

OBJECTIVES

 ENVIRONMENT

 COMFORT

THEMES

 WATER →

 PLANTS →

 ENERGY →

STRATEGIES

 Water consumption
 Purged rainwater
 Mitigation of stormwater

 Enhanced ecology
 Green roof
 Site insertion

 Compact form
 Combined power plant
 Ground water energy
 Natural ventilation
 Thermal labyrinth
 Roof insulation & inertia
 Good thermal insulation

SEOUL – UNIVERSITÉ FÉMININE EWHA
Place/Lieu/Plaats

EWHA CAMPUS CENTER PROJECT T/F
Client/Maître d'Ouvrage/Opdrachtgever

DOMINIQUE PERRAULT ARCHITECTURE

TERREAU FERTILE

2001-2007
OLYMPIC SCULPTURE PARK
SEATTLE ART MUSEUM
WEISS – MANFREDI

EN
Olympic Sculpture Park is the winning design of an international competition. Envisioned as a new model for an urban sculpture park, the project is located on a industrial site at the water's edge. The design creates a continuous constructed landscape for art, forms an uninterrupted Z-shaped "green" platform, and descends 40 feet from the city to the water, capitalizing on views of the skyline and Elliot Bay and rising over the existing infrastructure to reconnect the urban core to the revitalized waterfront.

An exhibition pavilion provides space for art, performances and educational programming. From this pavilion, the pedestrian route descends to the water, linking three new archetypal landscapes of the northwest: a dense temperate evergreen forest, a deciduous forest and a shoreline garden. The design not only brings sculpture outside of the museum walls but brings the park itself into the landscape of the city.

FR
Le projet Olympic Sculpture Park est lauréat d'un concours international. Envisagé comme un parc de sculptures urbaines d'un nouveau genre, le projet est implanté sur un site industriel au fil de l'eau. Le concept donne naissance à un paysage continu dédié à l'art. Il crée une plate-forme en Z ininterrompue, végétalisée, qui parcourt un dénivelé de 12 mètres entre la ville et l'eau. Il met en valeur le panorama urbain et la baie d'Elliot en surplombant l'infrastructure existante, pour relier le centre urbain à un front de mer revitalisé.

Un pavillon accueille des expositions artistiques, des installations et un programme didactique. Un sentier pédestre part de ce pavillon pour rejoindre la rive, sorte de trait d'union entre trois nouveaux paysages typiques du nord-ouest des États-Unis: une forêt tempérée dense d'arbres à feuilles persistantes, une forêt de feuillus et un jardin côtier. Le projet sort la sculpture de l'enceinte du musée tout en faisant entrer le parc dans le paysage urbain.

NL
Olympic Sculpture Park is het winnende ontwerp van een internationale wedstrijd. Het project is opgevat als een nieuw model voor een stedelijk sculpturenpark en bevindt zich op een industriële site aan de rand van het water. Het design creëert een doorlopend landschap voor kunst, vormt een ononderbroken groen platform in Z-vorm en daalt twaalf meter af van de stad naar het water, waarbij maximaal wordt gebruikgemaakt van het uitzicht op de skyline en Elliot Bay en de bestaande infrastructuur wordt overdekt, om het hart van de stad opnieuw te verbinden met de opbloeiende waterkant.

Een tentoonstellingspaviljoen biedt de nodige ruimte voor kunst, voorstellingen en educatieve doeleinden. Vanaf dit paviljoen daalt een wandelroute af naar het water als verbindingsweg tussen drie archetypische landschappen uit het noordwesten van de Verenigde Staten: een dicht gematigd naaldwoud, een loofbos en een tuin aan de kust. Het design haalt sculpturen niet alleen van tussen de muren van het museum, maar integreert het park zelf ook in het stedelijk weefsel.

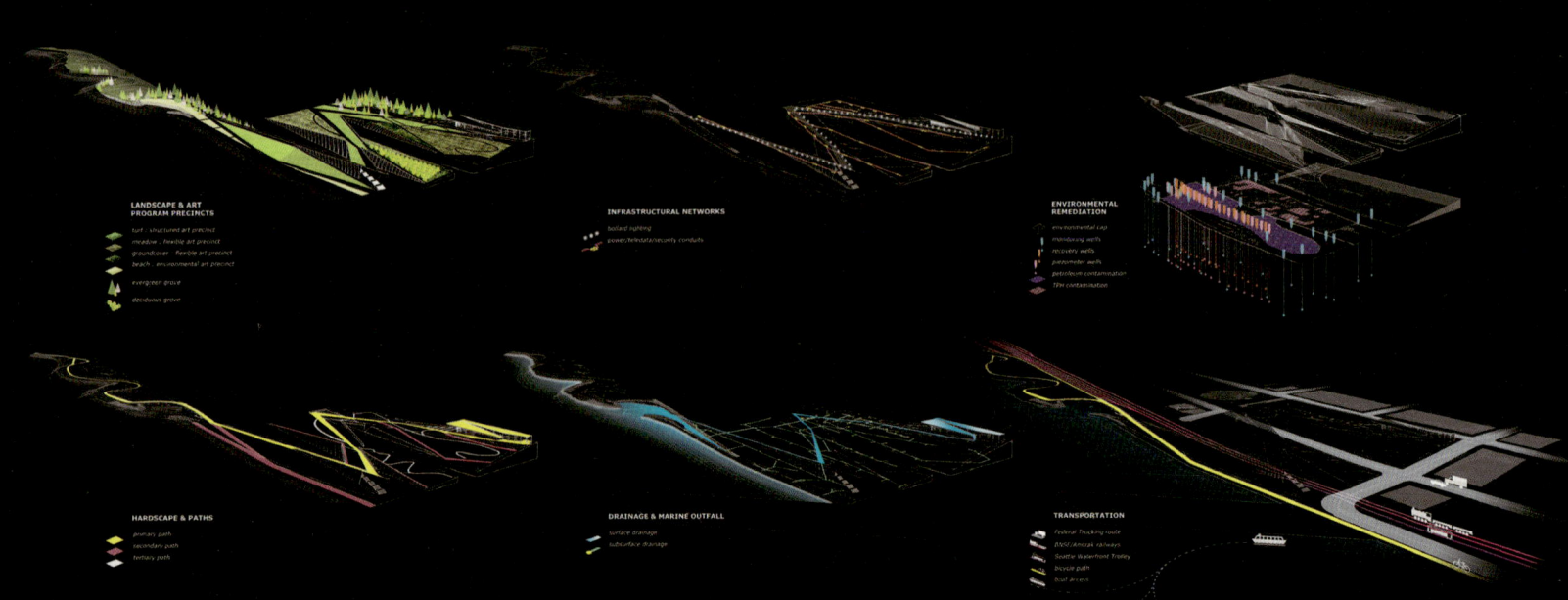

Aerial existing

Opening Day

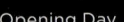

Promenade with runners

SEATTLE, ETAT DE WASHINGTON – ETAT-UNIS
Place/Lieu/Plaats

SEATTLE ART MUSEUM
Client/Maître d'Ouvrage/Opdrachtgever

WEISS/MANFREDI ARCHITECTURE/ LANDSCAPE/URBANISM
www.weissmanfredi.com
Architects/Architectes/Architecten

ART MUSEUM AND SCULPTURE PARK
Program/Programme/Programma

1022 SQUARE-METER PAVILION, 3.6 HECTARES
Surface/Surface/Oppervlak

PROJET 2001- RÉALISATION 2007
Calendar/Calendrier/Kalender

BENJAMIN BENSCHNEIDER/ PAUL WARCHOL
Photographers/Photographes/Fotografen

2009-2011
HIGH LINE
JAMES CORNER FIELD OPERATIONS
WITH DILLER SCOFIDIO + RENFRO

EN
AN ELEVATED WILD GARDEN

Elevated mid-way over the streets of Manhattan's far west side, the former railway tracks of the High Line inscribe a new green promenade into the cityscape. The metamorphosis of this railway wasteland reframes New York City and offers surprising views. True to its goal, the park links the pragmatic needs of a public space with the kind of wistful spirit characterized by plant growth on abandoned land. Underfoot, the boardwalk displays a playful pattern of tapered precast concrete slabs that are cost-effective and long-lasting. This combination creates a rich carpet, neatly combed and seamless, alternating between the high-traffic inorganic zones and the wild-looking vegetation and biotopes. This multipurpose and functional surface drains the rainwater and contributes to the thermoregulation of the neighborhood.

FR
JARDIN SAUVAGE SUSPENDU

Suspendue à mi-hauteur au-dessus des rues de l'ouest de Manhattan, l'ancienne voie ferrée the High Line trace aujourd'hui un nouveau chemin buissonnier dans la ville. La metamorphose de cette friche ferroviaire offre de surprenants cadrages sur New York. Fidèle à son cahier des charges, le parc allie les besoins opérationnels d'un espace public à l'esprit mélancolique de la végétation d'un délaissé. Au sol, le platelage decline un jeu de modules fuselés en béton préfabriqué, économe et durable. Leur combinatoire permet de réaliser un tapis riche, continu et peigné, variant les gradations entre les zones minerales à utilisation élevée et les biotopes végétaux à l'aspect sauvage. Cette surface multifonctionnelle draine les eaux pluviales et participe à la régulation thermique du quartier.

NL
WILDE TUIN BOVEN NEW YORK

Boven de straten in het westen van Manhattan, tekent zich de High Line af, een voormalige spoorweg die vandaag een nieuwe groene as vormt in het stedelijk weefsel. De metamorfose van dit braakliggende stuk spoorwegpatrimonium biedt een verrassende kijk op de metropool. Zoals bepaald in het bestek combineert het park de operationele behoeften van een publieke ruimte met de melancholie van een verwaarloosd stuk vegetatie. Als bodembedekking worden duurzame en goedkope prefabbetonmodules gebruikt. Dankzij de eindeloze combinatiemogelijkheden ontstaat een rijk, aaneensluitend en mooi tapijt dat varieert van druk gebruikte minerale zones tot verwilderd ogende plantenbiotopen. Dit multifunctionele oppervlak garandeert de drainage van het regenwater en draagt bij aan de warmtehuishouding in de wijk.

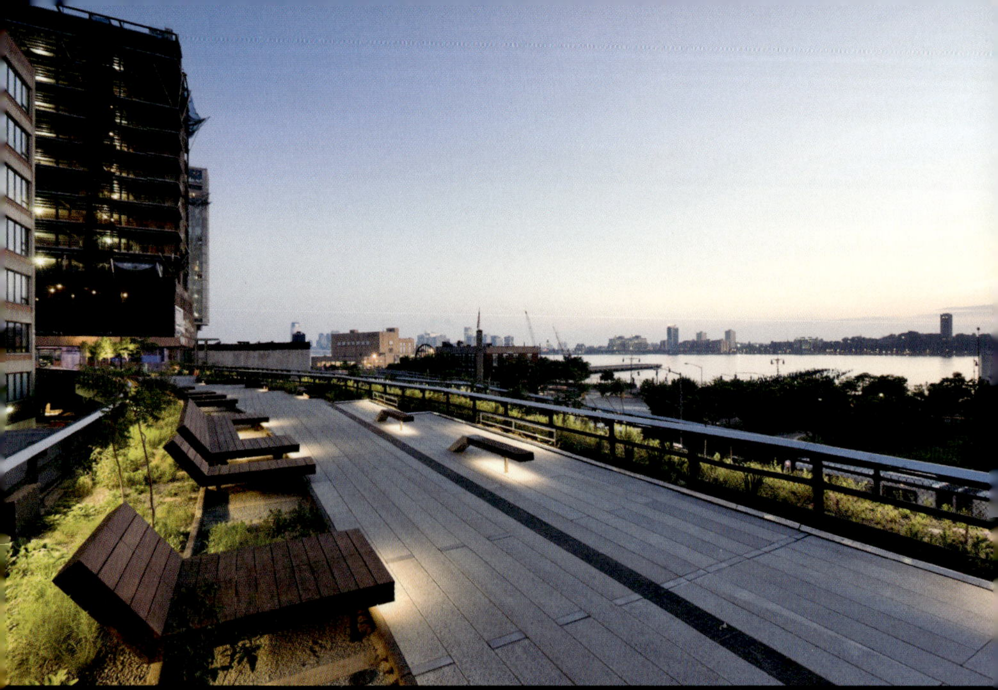

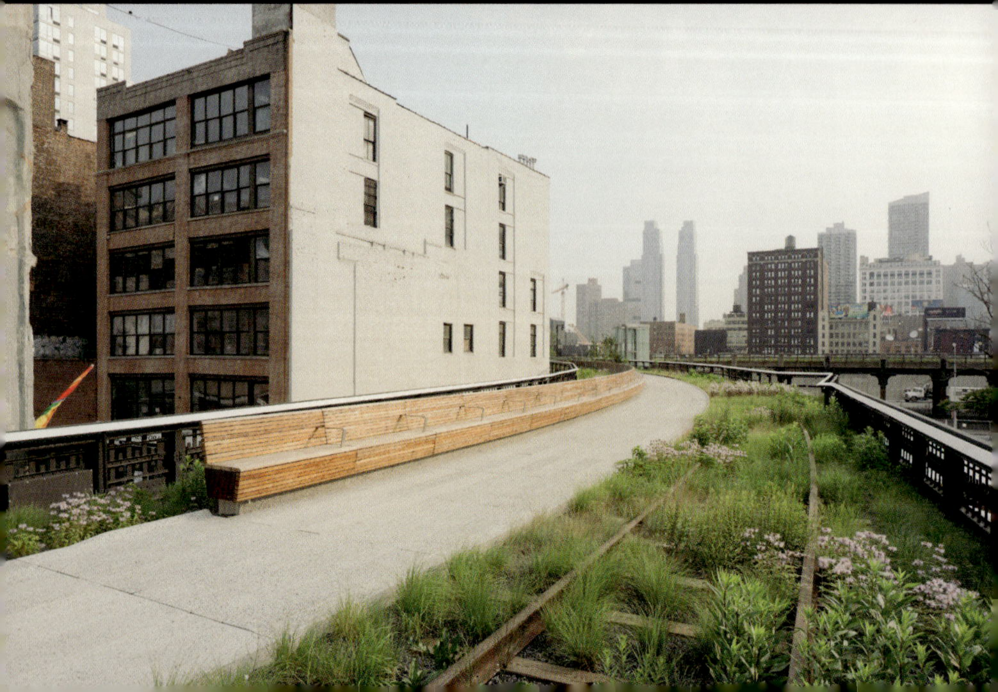

WEST SIDE OF MANHATTAN,
NEW YORK, NY, USA
Section 1: Gansevoort Street to 20th Street
Section 2: 20th Street to 30th Street
Section 3: West Side Rail Yards: 30th to 34th Streets
Place/Lieu/Plaats

2009–2025

LE PARC DES AYGALADES
MARSEILLE
AGENCE TER

THE PARC DES AYGALADES

The Euromed 2 in Marseille is a project covering almost 170 hectares whose aim is to create a new urban district with mixed uses: homes, offices, shops. The first act of this future district, the parc des Aygalades, influences the future urban strategy by merging the site of the operation with its geography: a series of limestone mounts and massifs, a network of valleys and the Mediterranean coastline. Today caught in a narrow urban stranglehold, the Aygalades waterway has lost its capacity for hydraulic regulation and its role as a reservoir of biodiversity. The parc des Aygalades restores the forgotten waterway as well as its capacities to absorb floodwaters, and makes it possible to bring nature back to the valley while offering semi-natural spaces that are accessible to the public and that offer recreational facilities to the locals and the city's inhabitants in general.

LE PARC DES AYGALADES

A Marseille, Euromed 2 est une extension de près de 170 ha dont l'objectif est de créer un nouveau quartier urbain, accueillant des usages mixtes : logements, bureaux, commerces. Premier acte de ce futur quartier, le parc des Aygalades influence la stratégie urbaine à venir en unifiant le site de l'opération avec sa géographie : un ensemble de monts et de massifs calcaires, un réseau de vallées et le littoral méditerranéen. Aujourd'hui resserré dans un étau urbain trop étroit, le cours d'eau des Aygalades a perdu ses capacités de régulation hydraulique et de réservoir de biodiversité. Le parc des Aygalades restitue le cours d'eau oublié ainsi que ses capacités d'absorption des crues, et permet de renaturer la vallée tout en offrant des espaces semi-naturels accessibles au public et des fonctions récréatives locales et métropolitaines.

HET AYGALADES-PARK

Euromed 2 in Marseille vormt een stadsuitbreidingsproject van bijna 170 ha waarvan de doelstelling erin bestaat een nieuwe wijk te creëren met een gemengde bestemming: woningen, kantoren, handelszaken, ... Als eerste fase van deze toekomstige wijk beïnvloedt het Aygalades-park de toekomstige stadsstrategie door een synergie te creëren tussen de projectsite en de plaatselijke geografie: een combinatie van heuvels en kalkmassieven, valleien en de kust van de Middellandse Zee. De gelijknamige rivier stroomt vandaag door een stedelijk keurslijf en heeft hierdoor zijn hydraulische regelingscapaciteiten en zijn functie als reservoir voor de biodiversiteit verloren. Met het Aygalades-park wordt de vergeten bedding van de rivier in ere hersteld, wat een positieve impact heeft op de wateropvangcapaciteit, de natuur opnieuw introduceert en ervoor zorgt dat er publiek toegankelijke, halfnatuurlijke zones ontstaan met een lokale en grootstedelijke recreatieve functie.

ÉTABLISSEMENT PUBLIC DE L'ÉTAT EUROMÉDITERRANÉE
Client/Maître d'Ouvrage/Opdrachtgever

AGENCE TER (paysagistes – urbanistes) AVEC FRANÇOIS LECLERCQ (architectes-urbanistes, mandataire de l'opération Euromed 2), RÉMY MARCIANO, JACQUES SBRIGLIO, SETEC
www.agenceter.com
Architects/Architectes/Architecten

169 HA (opération entière)
DONT 14 HA DE PARC
Surface/Surface/Oppervlak

CONCOURS (LAURÉAT) : 2009/
ETUDES EN COURS/
RÉALISATION : 2013-2025
Calendar/Calendrier/Kalender

© Agence Ter - F. Leclercq - Labtop

2009-2015
THE LINEAR FOREST
PARIS
AGENCE TER

EN
THE LINEAR FOREST
ECOLOGICAL AND SOCIAL INFRASTRUCTURE

"To build a city is to create public spaces that bring people together; without these spaces, the city would not achieve its urban essence. It is attained by harnessing the infrastructure and creating a livable space."

The linear forest devised for the space around Paris's northeastern beltway is one of the four domesticated network-elements proposed for the reimagining of the city's outer fringe. This urban strategy strives to move forward gradually, in order to establish a sturdy foundation capable of accommodating and facilitating the city's transformations. This strategy embraces the presence of the large infrastructures already in place (such as urban highways, railways) and seeks to adapt them for daily local use. The linear forest stretches out 24 acres and three kilometers on either side of the beltway. This ecological corridor is first and foremost a dense green space that structures the landscape within its regional scope. It encircles the city's infrastructure, highlights the naturally sloping silhouette, and offers locals a temperate, accessible forest, all while regulating the rainwater off of the new developments.

NL
HET LINEAIRE BOS
ECOLOGISCHE EN SOCIALE INFRASTRUCTUUR

"Aan een stad bouwen betekent verbindende publieke ruimten creëren. Zonder die ruimten heeft een stad geen ziel. Het gaat erom de bouwwerken en infrastructuur te temmen en een leefbare omgeving te scheppen."

Het lineaire bos dat werd uitgedacht rond de ringweg in het noordwesten van Parijs is een van de vier gedomesticeerde netwerkelementen die werden voorgesteld in het kader van dit randgebied van de stad. De stedelijke strategie beoogt een ontwikkelingsproces en implementeert een steunpunt dat de stadsontwikkelingen kan opvangen en sturen. Deze strategie aanvaardt de ruimtelijke aanwezigheid van de bestaande grote infrastructuren (stedelijke autowegen, spoorwegennet) en wil ze aanpassen aan het gewone, residentiële leven. Het lineaire bos strekt zich uit over 24 hectare en drie kilometer langs weerszijden van de ringweg. Deze ecologische corridor is in de eerste plaats een dikke groene strook die structuur aanbrengt op de schaal van het grondgebied. Hij omvat de infrastructuur, herschept de profielen ervan tot bermen en biedt de bewoners van de wijk een toegankelijk vochtig bos, zonder dat de opvang van regenwater van de nieuwe structuren in het gedrang komt.

FR
LA FORÊT LINÉAIRE
INFRASTRUCTURE ÉCOLOGIQUE ET SOCIALE

« Faire la ville c'est créer des espaces publics fédérateurs sans lesquels la ville n'acquiert pas d'urbanité, c'est domestiquer les ouvrages et composer un territoire habitable. »

La forêt linéaire imaginée autour du périphérique au nord-est de Paris est un des quatre éléments-réseaux domestiqués proposés dans la redéfinition de cette frange de ville. La stratégie urbaine vise un processus évolutif et met en place un socle capable d'accueillir et de guider les évolutions de la ville. Elle accepte la présence spatiale des grandes infrastructures en place (autoroutes urbaines, réseau ferroviaire) et cherche à les adapter à une pratique quotidienne et résidentielle. La forêt linéaire s'étend sur 24 hectares et trois kilomètres de part et d'autre du périphérique. Ce corridor écologique est d'abord une épaisseur verte structurante à l'échelle territoriale. Il englobe l'infrastructure, redéfinit ses profils en talus et offre aux habitants du quartier une forêt humide accessible tout en gérant les eaux pluviales des nouvelles constructions.

TERREAU FERTILE

20...
ZEEKRACHT
OMA

Off of the Netherlands, the horizon morphs into a gigantic offshore wind farm. Below a forest of poles, the project makes use of a rich tapestry of ecosystems, like an underwater polder. This prospective study takes place over a wide span of time and space, challenging the necessary relationships in order to address the most recent ecological concerns. Inspired by the book Mare Liberum by Hugo de Groot (1602), Zeekracht envisages the North Sea as a zone of free intellectual exchange between men. As a world energy crisis looms, this project maximizes industrial and ecological productivity, thus exploiting and revealing the geo-climatic and cultural potential of the country. This strategy of operational development is first national, then international.

Au large de la Hollande, l'horizon se métamorphose en gigantesque ferme éolienne offshore. Sous la forêt des mats, le projet déploie un riche tapis d'écosystèmes, tel un polder sous-marin. Cette étude prospective se positionne sur une grande échelle de temps et d'espace, questionnant les alliances necessaries pour répondre aux nouvelles preoccupations écologiques. Inspiré par le livre Mare Liberum d'Hugo de Groot (1602, Zeekracht envisage la mer du Nord comme un territoire de libre-échange entre les homes et les idées. A l'aube de la crise énergétique planétaire, le projet tend à maximiser les productivities industrielle et écologique en utilisant et en révélantles potentiels géoclimatique et culturel du pays. La stratégie de développement opérationnel est d'abord nationale, puis international.

Voor de Nederlandse kust verrijst aan de horizon een gigantisch offshore windpark. Onder de zeespiegel ontstaat door het project een rijk ecosysteem, als een onderzeese polder. Dit prospectieve onderzoek is zeer grootschalig opgevat qua tijd en ruimte en gaat na welke allianties noodzakelijk zijn om in te spelen op de nieuwe milieuthema's. Het Zeekracht-project is geïnspireerd op het boek Mare Liberum van Hugo de Groot (1602) en beschouwt de Noordzee als een zone waar een vrije uitwisseling van mensen en ideeën mogelijk is. Aan de vooravond van een wereldwijde energiecrisis is het project erop gericht de industriële en ecologische productiviteit te maximaliseren door gebruik te maken van het relevante geoklimatologische en culturele potentieel van het land. De operationele ontwikkelingsstrategie is op de eerste plaats nationaal, maar ook internationaal.

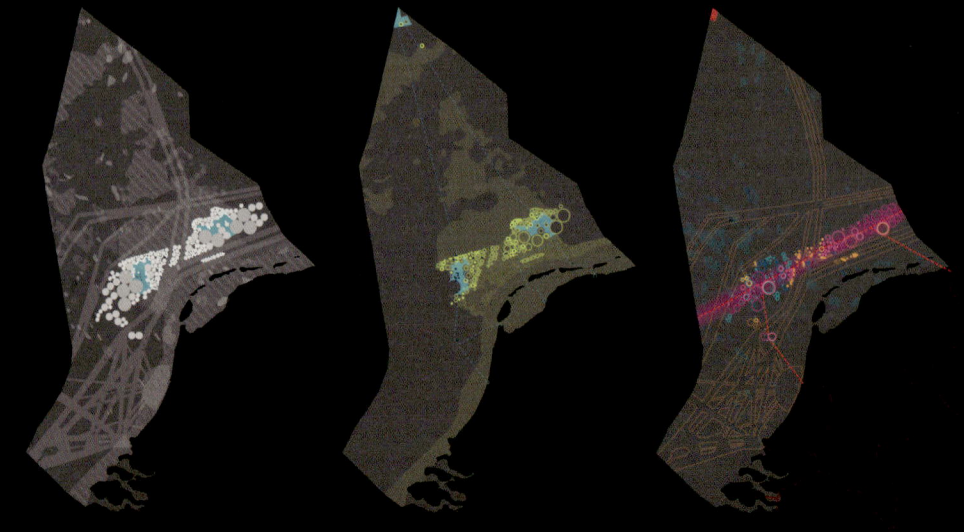

SITES   ECOLOGICAL PRODUCTIVITY   INDUSTRIAL PRODUCTIVITY

     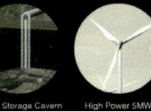            

International Center for Ocean Energy | Ecological Preserve | Artificial Reefs | Energy Storage Cavern | High Power 5MW Windturbine | New Recreational Parks | Innovative Fishing and Aquaculture | Windfarm Sightseeing | Small Gas Cavern | Decommissioned Oil rig | Ecotourism | Diving and Wildlife Watching | Historic Shipwreck | Energy Super-Ring | Marine Recreation | Dutch Town

ZEEKRACHT – NORTH SEA, THE NETHERLANDS
Place/Lieu/Plaats

STICHTING NATUUR EN MILIEU – THE NETHERLANDS SOCIETY FOR NATURE CLIENT AND ENVIRONMENT
(association néerlandaise pour la nature et l'environnement)
Client/Maître d'Ouvrage/Opdrachtgever

OMA REM KOOLHAAS, ART ZAAIJER, TERRI CHIAO, TALIA DORSEY, CHRISTOPHER PARLATO, FRANZISKA SINGER, MARK VELDMAN
www.oma.eu
Architects/Architectes/Architecten

SCHÉMA DIRECTEUR D'UNE INFRASTRUCTURE D'ÉNERGIES RENOUVELABLES EN MER DU NORD
Program/Programme/Programma

EXPANSIVE
Surface/Surface/Oppervlak

ÉTUDE (finalisée en 2008)
Calendar/Calendrier/Kalender

© OMA

TERREAU FERTILE

20...
A MULTIPOLAR LINEAR CITY
PARIS, ROUEN, LE HAVRE
ANTOINE GRUMBACH ET ASSOCIÉS

EN
A MULTIPOLAR LINEAR CITY

"Paris, Rouen, Le Havre, a single city with the Seine as its main road." Bonaparte, on visiting Le Havre on the 7th of November 1802

It is only by thinking on a large scale that the post-Kyoto objectives can be achieved.
Today, the transport and distribution networks are the framework and the pre-condition of a harmonious development. In the Seine valley, water, rail and the road weave the foundations of a coherent distribution infrastructure that is victim of a relative inefficiency that can and must be overcome, from Paris to Le Havre.
Large stretches of forests make up the setting of an exceptional Park City that is a maze of residential, industrial and natural complexes along the valley. A sustainable urban form of an exceptional wealth already exists. It just needs to be enhanced. The farmland can serve as the foundation of an urban agriculture that contributes to self-sufficiency in food.
Paris – Rouen – Le Havre has all the assets of a major development project at international scale that France needs.

FR
VILLE LINÉAIRE MULTIPOLAIRE

«Paris, Rouen, Le Havre, une seule ville dont la Seine est la grande rue.» Bonaparte, lors de sa visite au Havre le 7 Novembre 1802

Seule la grande échelle permet d'atteindre les objectifs de l'après-Kyoto. Aujourd'hui, les réseaux de transport et de distribution constituent l'armature et la condition d'un développement harmonieux. L'eau, le fer et la route tressent, dans la vallée de la Seine, les bases d'un schéma cohérent de distribution en proie à une relative inefficacité qui peut et doit être surmontée, de Paris au Havre.

La présence de massifs boisés importants constitue le cadre d'une Ville Parc exceptionnelle où se tissent les ensembles résidentiels, industriels et naturels le long de la vallée. Une forme urbaine durable d'une richesse exceptionnelle existe, il suffit de la mettre en valeur. Les plateaux agricoles peuvent constituer la base d'une agriculture urbaine contribuant à l'auto suffisance alimentaire.

Paris – Rouen – Le Havre possède tous les atouts d'un grand projet de développement à l'échelle internationale dont la France a besoin.

NL
MULTIPOLAIRE LINEAIRE STAD

"Parijs, Rouen en Le Havre vormen één grote stad, met de Seine als hoofdstraat." Napoleon Bonaparte, tijdens zijn bezoek aan Le Havre op 7 november 1802

De doelstellingen na het Kyoto-protocol kunnen alleen behaald worden met behulp van grootschalige projecten. Transport- en distributienetwerken vormen vandaag een belangrijke schakel en voorwaarde in een harmonieuze ontwikkeling. Water, ijzer en asfalt vormen in de Seine-vallei de basis van een coherent maar relatief inefficiënt distributienet van Parijs tot Le Havre dat kan en moet geoptimaliseerd worden.
De aanwezigheid van uitgestrekte bosgebieden vormt het kader voor een uitzonderlijke parkstad in de vallei waar natuur, bewoning en nijverheid hand in hand gaan. Deze duurzame en uitzonderlijk rijke stadsomgeving bestaat, maar krijgt nog onvoldoende aandacht. Landbouwzones kunnen hierbij de basis vormen van een stedelijke landbouw die bijdraagt aan de zelfbedruipendheid op voedingsvlak.

Parijs – Rouen – Le Havre beschikt over alle troeven voor een groot ontwikkelingsproject op internationale schaal waaraan Frankrijk behoefte heeft.

SEINE MÉTROPOLE
(PARIS – ROUEN – LE HAVRE)
Place/Lieu/Plaats

MINISTÈRE DE LA CULTURE ET DE LA COMMUNICATION.
Client/Maître d'Ouvrage/Opdrachtgever

ANTOINE GRUMBACH & ASSOCIÉS – MANDATAIRE
www.antoinegrumbach.com

BLUE – JEAN ROBERT MAZAUD, ARCHITECTE – DÉVELOPPEMENT DURABLE

IPRAUS INSTITUT PARISIEN DE RECHERCHE ARCHITECTURE URBANISTIQUE SOCIÉTÉ

ECOLE NATIONALE SUPÉRIEUR D'ARCHITECTURE DE PARIS BELLEVILLE

CNRS ARCHITECTURE URBANISME SOCIÉTÉS – EQUIPE TERRITOIRES DE LA MONDIALISATION ET VILLES PORTUAIRES

SYSTRA BET TRANSPORTS
ARTE CHARPENTIER ARCHITECTES
Architects/Architectes/Architecten

CONSULTATION INTERNATIONALE DE RECHERCHE ET DÉVELOPPEMENT (R&D) «POUR L'AVENIR DU PARIS MÉTROPOLITAIN»
CETTE CONSULTATION IDENTIFIE DEUX CHANTIERS DE RECHERCHE CONSACRÉS AU DÉVELOPPEMENT DES SPATIALITÉS DE L'AIRE MÉTROPOLITAINE.
1. «LA MÉTROPOLE DU XXIE SIÈCLE DE L'APRÈS-KYOTO»
2. «LE DIAGNOSTIC PROSPECTIF DE L'AGGLOMÉRATION PARISIENNE»
Program/Programme/Programma

2008
Étude publiée en «Seine Métropole», éditeur Archibooks + Sautereau éditeur. Juillet 2009, 192 pages.
Calendar/Calendrier/Kalender

© Antoine Grumbach & Associés

BELGIUM NEW ARCHITECTURE 5

OFFICES / SHOPS
Page 44

HOUSING / WORKING
Page 88

PUBLIC SPACES
Page 188

CULTURAL SITES / EDUCATIONAL SITES
Page 228

OFFICES/SHOPS

44

2008
OFFICES SCHYNS-GOLDSTEIN

VALENTINY & ASSOCIÉS
PHILIPPE VALENTINY
Architect/Architecte/Architect

PASQUALE D'ELIA / VINCENT BEUKEN
Collaborators/Collaborateurs/Medewerkers

SCHYNS-GOLDSTEIN sa
Client/Maître d'Ouvrage/Opdrachtgever

B.E. CERFONTAINE CONSTRUCTIONS sprl
Structural Engineer/Ingénieur Stabilité/
Ingenieur Stabiliteit

DONNAY-MONAMI sa
General Contractor/Entreprise Générale/
Algemene Aannemer
www.donnay-monami.be

RUE DE WAUCOMONT 96
4650 CHAINEUX
Place/Lieu/Plaats

DAYLIGHT sprl – JEAN-LUC DERU
Photographer/Photographe/Fotograaf
www.photo-daylight.com

OFFICES/SHOPS

EN Courtesy of an undulating and natural site, the architect has managed to develop a section that rests on the open/closed, anchoring/lightness duality that is reflected not only in the siting and layout but also in the choice of the materials used: shale and Cor-Ten steel. The building consists of two volumes. The first volume, the slate stone podium block, incorporates the whole of the utility areas. To a large degree this volume sits buried in the ground, thereby allowing the impact of the building to be minimised. The second volume is the trapezoid box that is clad with Cor-Ten steel plates. So as to allow for a considerable degree of flexibility in the layout of the office space and its future conversion into a residential home, a self-supporting metallic structure has been placed on the stone podium block to ensure the stability of the second volume. An adjacent volume is in place to create vertical circulation.

FR Grâce à un site vallonné et naturel, l'architecte a pu développer un parti reposant sur la dualité fermeture/ouverture, ancrage/légèreté, transparaissant non seulement dans l'implantation mais aussi dans le choix des matériaux : le schiste et l'acier Cor-Ten. Le bâtiment comporte deux volumes. Le premier volume, le socle, en pierres de schiste, englobe la totalité des locaux techniques. Il est en grande partie enterré dans le terrain permettant ainsi de minimiser l'impact du bâtiment. Le second volume est la boîte en trapèze revêtu de tôles en acier Cor-Ten. Afin de permettre une grande flexibilité dans l'aménagement de l'espace bureaux et sa reconversion future en maison d'habitation, une structure métallique autoportante déposée sur le socle en pierre assure la stabilité du second volume. Un volume annexe crée la circulation verticale.

NL De heuvelachtige site in de natuur gaf de architect de kans om met een dualiteit van open en gesloten, verankerd en licht te werken, zowel in de inplanting als in de materiaalkeuze: schist en Cor-Ten-staal. Het gebouw telt twee volumes. Het eerste, de sokkel van schiststeen, bevat alle technische lokalen. Het is grotendeels in het terrein opgenomen, om de impact van het gebouw te beperken. Het tweede volume is een met platen Cor-Ten-staal bekleed trapezium. Een zelfdragende metalen structuur op de sokkel verzekert de stabiliteit van dit volume en geeft een grote flexibiliteit voor de inrichting van de kantoorruimte en de toekomstige omschakeling naar een woning. Een aangebouwd volume schept een verticale circulatie.

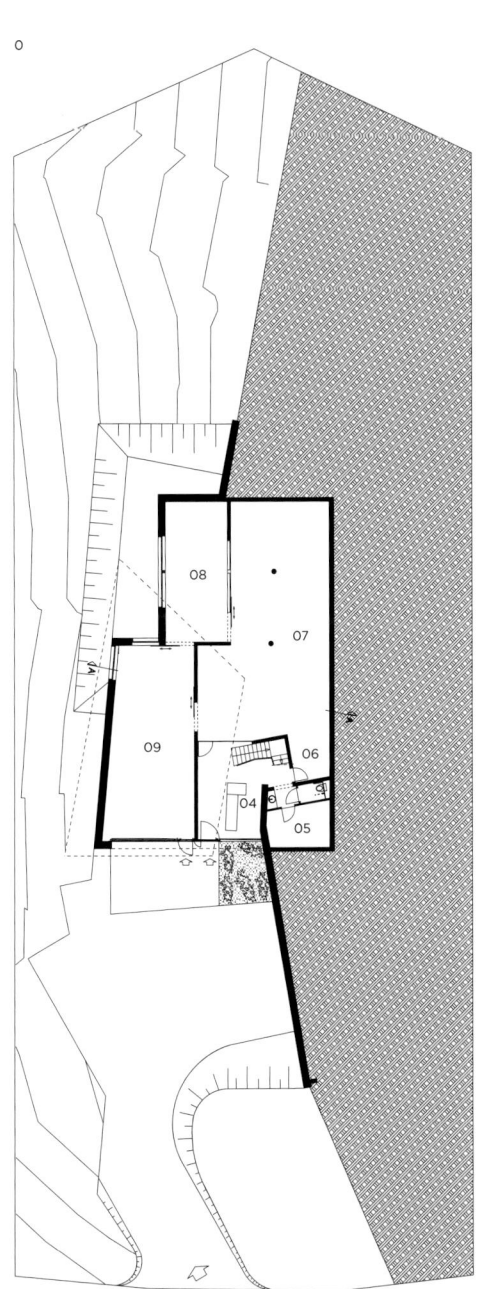

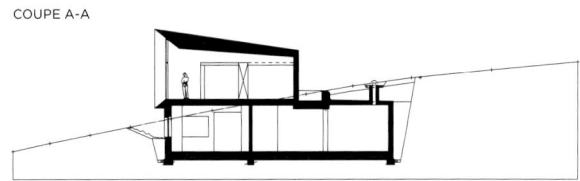

COUPE A-A

01 Local service
02 Réunion
03 Bureau
04 Bureau d'accueil
05 Economat
06 Chaufferie
07 Stockage
08 Etiquette
09 Garage

OFFICES/SHOPS

2008
RÉNOVATION AND CRÉATION OF AN EXTENSION OF THE HÔTEL 'VAL D'AMBLÈVE' AT STAVELOT

ARTAU
LUC DUTILLEUX/
FABIENNE COURTEJOIE/
FREDERIC SERVAIS
Architects/Architectes/Architecten

FRANÇOIS DEPREZ/
FRANÇOIS LAURENT/
FANNY-LEE LECARTE/MARIE VISSOUL
Collaborators/Collaborateurs/Medewerkers
www.artau.be

ROXS
Client/Maître d'Ouvrage/Opdrachtgever
www.levaldambleve.be.

BUREAU D'ÉTUDES GREISCH
Structural Engineer/Ingénieur Stabilité/
Ingenieur Stabiliteit
www.greisch.com

ARCADIS ENGINEERING & CONSULTING
Mechanical Engineer/Ingénieur Techniques Spéciales/
Ingenieur Technieken
www.arcadisbelgium.be

ROUTE DE MALMEDY 7
4970 STAVELOT
Place/Lieu/Plaats

DAYLIGHT sprl – JEAN-LUC DERU
Photographer/Photographe/Fotograaf
www.photo-daylight.com

OFFICES/SHOPS

COUPE

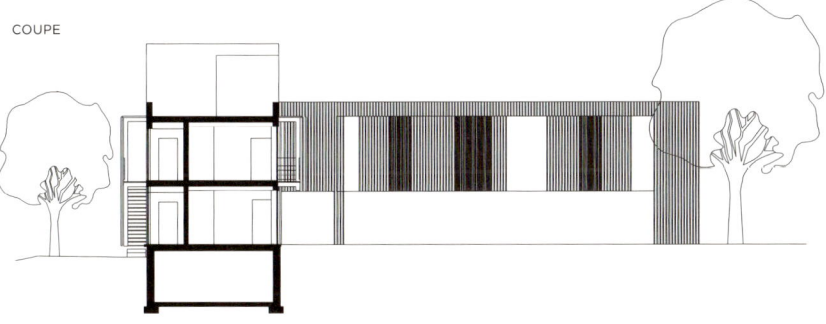

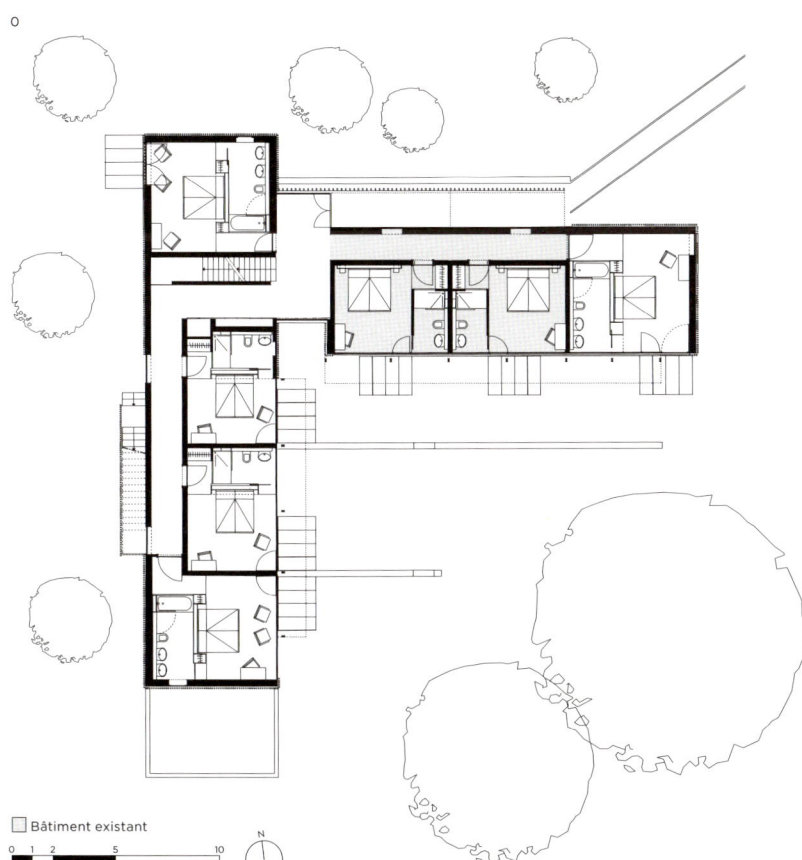

☐ Bâtiment existant

0 1 2   5   10

N

EN

The chalet is home to 14 hotel rooms of +/-30m² each, alongside a wellness space. Before all else, its setting is confined by an existing building listed to be preserved. As such, the building unfolds in consideration of the remarkable trees in place, the close views of the park, the remote sights looking out onto the opposite slope. Setting out from simple volumes, the interplay of shadows and rhythms is brought out through the off-setting of balconies and the gallery, the fixed or sliding perforated wall panelling and the clear or sanded glazing. In this setting of the park and the surrounding forests, wood is present in all its variations; both in structural terms and in the outside cedar wood cladding or the interiors in wild cherry. The existing hotel is transformed to offer 3 spacious rooms and two seminar rooms.

FR

Le pavillon abrite 14 chambres d'hôtel de +/-30m² et un espace de bien-être. Son positionnement est avant tout contraint par un bâtiment existant à conserver. Il se déploie ensuite en fonction des arbres remarquables, des vues proches sur le parc, des vues lointaines sur le versant opposé. À partir de volumes simples, des jeux d'ombres et de rythmes apparaissent par les décalages de balcons et galeries, de bardages ajourés fixes ou coulissants, de vitrages clairs ou sablés. Dans cet environnement de parc et de forêts, le bois est présent dans toutes ses déclinaisons; tant au niveau structurel que dans les habillages extérieurs en cèdre où intérieurs en merisier. L'hôtel existant est transformé pour proposer 3 chambres plus spacieuses et 2 salles de séminaire.

NL

Het paviljoen telt 14 hotelkamers van ongeveer 30m² en een wellnessruimte. Bij de opzet van het paviljoen was het behoud van een deel van het bestaande gebouw een voorwaarde en vormden het prachtige bomenbestand, het nabije zicht op de tuin en het vergezicht op de heuvels het creatieve kader. Uitgaand van eenvoudige volumes scheppen het verspringen van de balkons en galerijen, de vaste en verschuifbare lichtdoorlatende gevelbekleding en de combinatie van transparante en matte ruiten een ritmisch schaduwspel. In dit park en in deze bosrijke omgeving is hout alom aanwezig, zowel in de basisconstructie als in de buitenaankleding van ceder en het in kersenhout uitgevoerde interieur. Het bestaande hotel is verbouwd en omvat nu drie ruimere kamers en twee seminarzalen.

OFFICES/SHOPS

52

![Niko Head Office exterior]

2008
NIKO
HEAD OFFICE

CREPAIN BINST ARCHITECTURE
JO CREPAIN/LUC BINST
Architects/Architectes/Architecten

PETER MERMANS/LAURENCE BERNARD/
AN STEYLAERTS
Collaborators/Collaborateurs/Medewerkers
www.crepainbinst.be

NIKO
Client/Maître d'Ouvrage/Opdrachtgever
www.niko.eu

VK ENGINEERING
Structural Engineer/Ingénieur Stabilité/Ingenieur Stabiliteit
Mechanical Engineer/Ingénieur Techniques/
Ingenieur Technieken
www.vkgroup.be

ACUTO
Technical Control/Contrôle Technique/
Technische Contrôle
acuto@telenet.be

ROEGIERS nv
General Contractor/Entreprise Générale/
Algemene Aannemer
www.roegiers.be

INDUSTRIEPARK WEST 40
9100 SINT NIKLAAS
Place/Lieu/Plaats

CREPAIN BINST ARCHITECTURE nv
KRISTOF SCHELLEKENS
Photographer Exterior/ Photographe Extérieur/
Fotograaf Exterieur

FILIP DUJARDIN
Photographer Interior/ Photographe Intérieur/
Fotograaf Interieur
www.filipdujardin.be

OFFICES/SHOPS

COUPE G'G

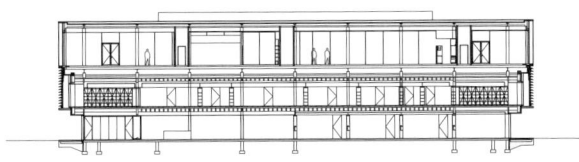

+2

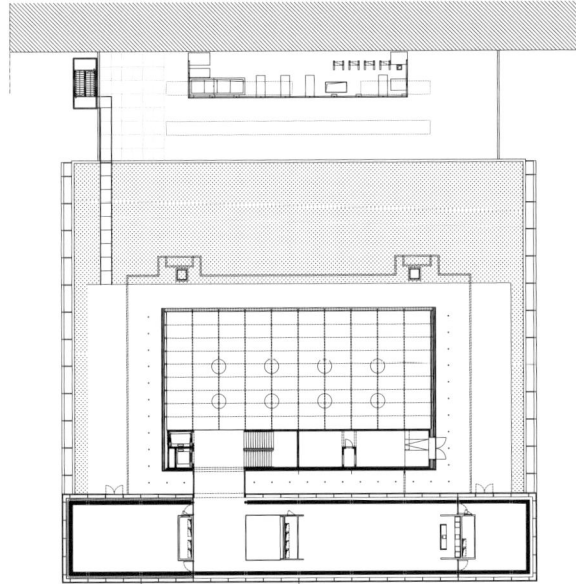

0

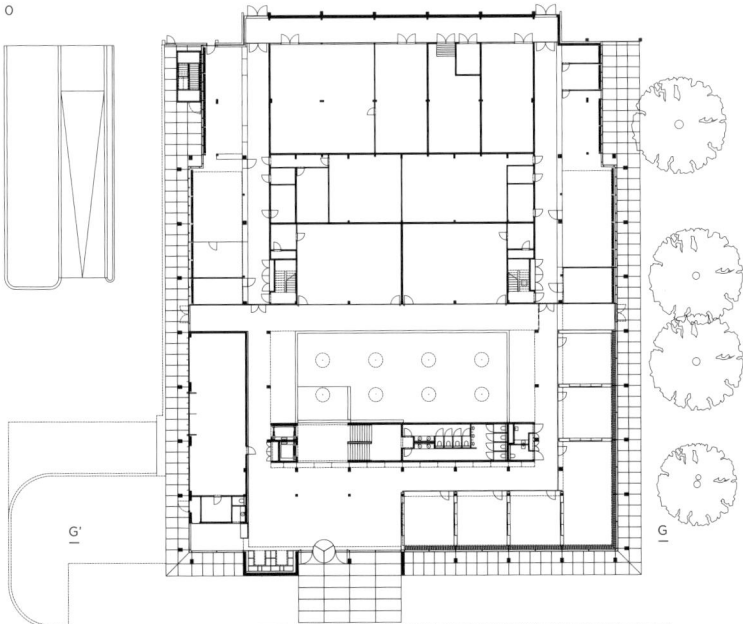

 Lighting is a particularly fascinating yet impalpable medium to generate architecture and thereby attain a balanced composition. It is literally about the illumination of spaces and the creation of atmosphere, enabling these spaces to function by themselves. All of which makes the lighting control systems that are used indispensable. They are an integral part of what are constantly developing technologies such as home automation, and the like. As such there is a large array of switches by way of touch sensitive controls to activate or deactivate all commands. As a symbolic accentuation thereof, NIKO's existing head office has been given a new and imposing glass office building. The other buildings are being comprehensively restructured and redesigned. Reflective Venetian blinds in copper act to mask the existing building, much like electrical wires around the administrative body. Coloured evening atmospheres light up like a dominant flash of light by the side of the motorway.

 L'éclairage est un univers passionnant, mais difficile à définir. L'architecture y pose constamment son regard. Il s'agit littéralement de créer et d'installer des ambiances dans des espaces et de réfléchir à leur potentiel d'interaction. Les systèmes de commande d'éclairage sont dès lors indispensables. Ils mettent en œuvre des technologies qui évoluent sans cesse, telle la domotique. Dans ce contexte, les commutateurs font partie intégrante de chaque projet. Une structure en verre abritant des bureaux trône sur le bâtiment du siège principal de NIKO. Tout un symbole. Les autres bâtisses seront réorganisées et réaménagées de façon radicale. Des claires-voies masquent le bâtiment existant tout comme les câbles électriques qui ceinturent les espaces de bureaux. La nuit, l'ensemble brille de mille feux tel un phare signalant sa présence en bordure de l'autoroute.

 'Verlichting' is een bijzonder boeiend maar ongrijpbaar medium. Architectuur houdt er steeds de blik op gericht. Het gaat letterlijk om het creëren van sferen in ruimten en zich te richten op hun interactiepotentieel. De sturingssystemen voor de verlichting zijn dan ook onmisbaar. Ze behoren tot de voortdurend evoluerende technologieën zoals onder andere domotica. Schakelaars maken dan ook integraal deel uit van elke opdracht. Als symbolische accentuering hiervan staat een nieuwe glazen kantoordoos statig op de bestaande hoofdzetel van NIKO. De overige gebouwen worden grondig gereorganiseerd en heringericht. Lamellen maskeren het bestaande gebouw als stroomdraden rondom het vergaderorgaan. Gekleurde avondsferen lichten op als een dominante lichtflits langs de snelweg.

ZIJGEVEL RECHTS (OOST)

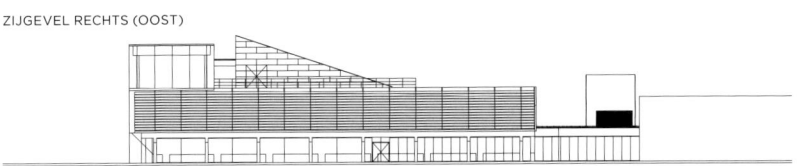

OFFICES/SHOPS

56

2007
TELENET
MECHELEN

POPONCINI & LOOTENS IR. ARCHITECTEN
MAURO POPONCINI/PATRICK LOOTENS
Architects/Architectes/Architecten

FILIP HANJOUL/FILIP JACOBS
Project Architects/Architectes du Projet/
Projectarchitecten

**MARCO PULIDO/JEF VAN LOOCK/
STEPHAN VANDERLOOVEN/
GERT JANSSENS/SOFIE LAMBERT/
CATHERINE SMETS**
Collaborators/Collaborateurs/Medewerkers
www.polo-architects.be

TELENET nv
Client/Maître d'Ouvrage/Opdrachtgever
www.telenet.be

JAN VAN AALST
Structural Engineer/Ingénieur Stabilité/
Ingenieur Stabiliteit
www.ingenieursbureaujanvanaelst.be

RCR STUDIEBUREAU cvba
Mechanical Engineer/Ingénieur Techniques Spéciales/
Ingenieur Technieken
www.rcr-studiebureau.be

V&G CONSULT (AP/ART BOUWADVIES)
Technical Control/Contrôle Technique/
Technische Contrôle

**VANHOUT/WILLEMEN
(Association momentanée)**
General Contractor/Entreprise Générale/
Algemene Aannemer Kantoor
www.vanhout.be
www.willemen.be

**LIERSESTEENWEG 4
2800 MECHELEN**
Place/Lieu/Plaats

**QEP IN ARCHITECTURE PHOTOGRAPHY
TOON GROBET**
Photographer/Photographe/Fotograaf
www.toongrobet.be

OFFICES/SHOPS

DWARSSNEDE

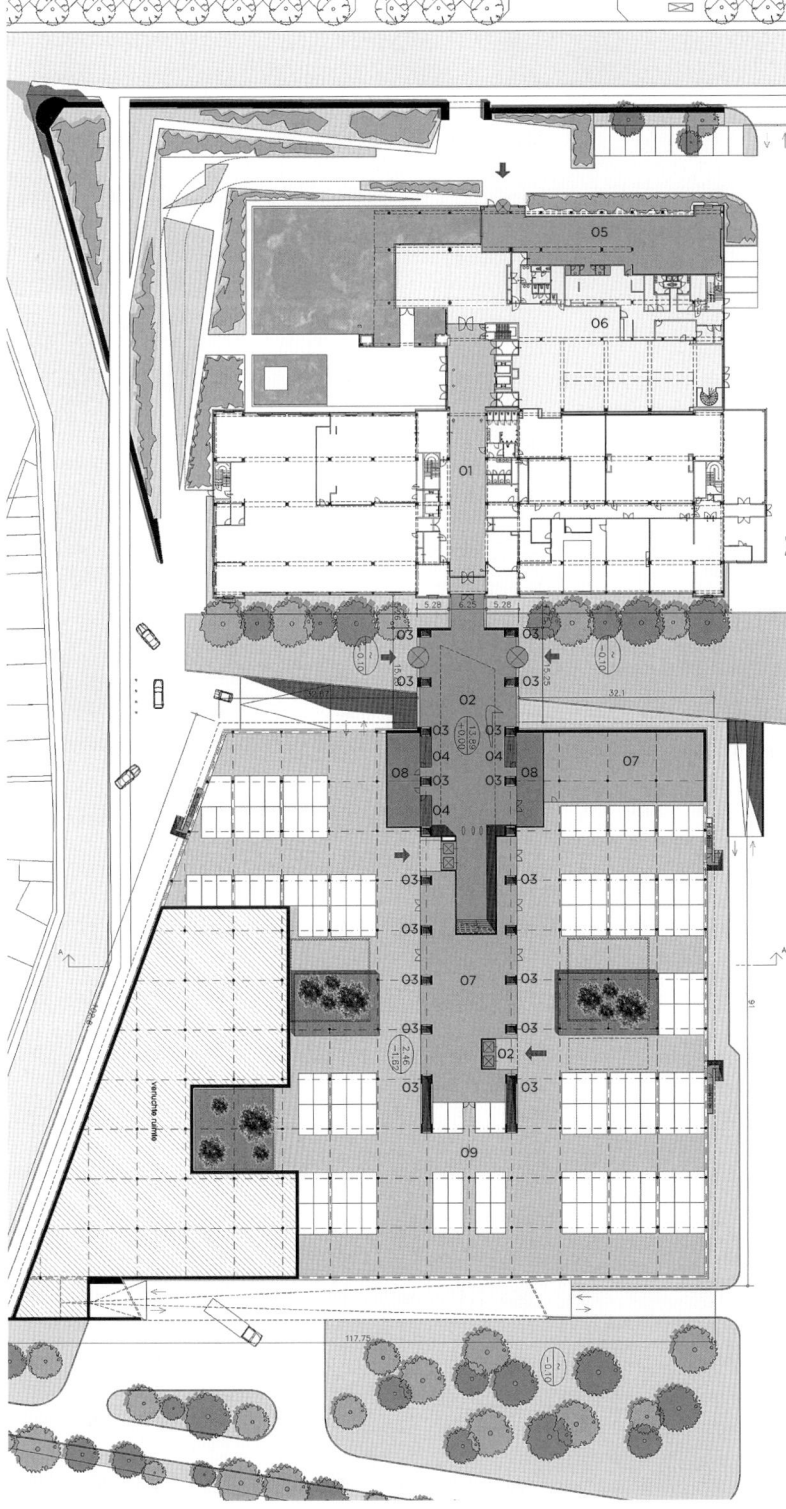

EN

The new building is keen to engage in gentle dialogue with its setting. Both the new and the old building are opened up by way of a central connecting atrium. The facades of the new building are made from brick, same as the residential homes in the local area, the local prison and the former military barracks with its encircling wall. The south face has been made to serve as a decorative openwork wall that lets in filtered light as well as enabling those inside to enjoy the views on offer. Large openings bring plenty of variation. The volume consists of two storeys and is in keeping with the buildings from across the street. For the layout of the patio offices, the client was looking to put in place landscape offices offering maximum flexibility. All patio offices are linked via the atrium. The patios bring light into deep inside the building. A new atrium is to be built in the extended line of the existing atrium. The two atria act as the main street, combining to make up the main identification marker. In-between sits the reception area. Both sides of the new atrium are flanked by a traffic area. The new atrium enjoys the benefit of zenith light.

FR

Le nouveau bâtiment entend établir, en douceur, le dialogue avec son environnement. L'ancien bâtiment et le nouveau ont été décloisonnés: un atrium central sert de trait d'union entre les deux. Les façades du nouveau bâtiment ont été réalisées en briques, comme les habitations des alentours, la prison et l'enceinte de l'ancienne caserne militaire. La façade sud a été pourvue de claustras qui filtrent la lumière et les regards. Elle est rythmée par de grandes ouvertures. Le volume, sur deux niveaux, répond à l'autre côté de la rue. Pour l'aménagement des bureaux autour du patio, le maître d'ouvrage avait posé comme exigence des bureaux paysagers offrant un maximum de flexibilité. Tous les bureaux du patio ont été reliés par l'atrium. Les patios canalisent la lumière jusqu'au cœur du bâtiment. Un nouvel atrium a vu le jour dans le prolongement de l'atrium existant. Les deux font office de passage principal et de point de repère. La zone d'accueil a pris place entre les deux. Les deux côtés du nouvel atrium ont été flanqués d'une zone de circulation. Ce nouvel atrium est éclairé par la lumière zénithale.

NL

Het nieuwe gebouw wil op een zachte manier de dialoog aangaan met de omgeving. Zowel het nieuwe als het oude gebouw worden ontsloten via een centraal verbindingsatrium. De gevels van het nieuwe gebouw zijn opgetrokken in baksteen, net zoals de woningen in de omgeving, de gevangenis en de vroegere militaire kazerne met ommuring. De zuidgevel is voorzien van claustrawanden die gefilterd licht doorlaten én uitzichten bieden. Grote openingen zorgen voor afwisseling. Het volume bestaat uit twee bouwlagen en sluit aan bij de overzijde van de straat. Voor de inrichting van de patiokantoren stelde de opdrachtgever landschapskantoren met maximale flexibiliteit voorop. Alle patiokantoren zijn verbonden via het atrium. De patio's brengen licht tot ver binnenin het gebouw. In het verlengde van het bestaande atrium is een nieuw atrium voorzien. De twee atria functioneren als hoofdstraat en vormen het herkenningspunt. Tussenin is de ontvangstzone gelegen. Beide zijden van het nieuwe atrium zijn geflankeerd door een circulatiezone. Het nieuwe atrium is voorzien van zenitaal licht.

01 Bestaande circulatie
02 Circulatie
03 Technische ruimte
04 Nevenfuncties
05 Klantendienst
06 Refter
07 Archief/berging
08 Vergaderzalen
09 Parking

Offices/Shops

2006
PHARMACY WITH SINGLE-FAMILY DWELLING

OPEN ARCHITECTEN
Architects/Architectes/Architecten

**ALLARD SCHWENCKE/RIK DE VOOGHT/
FRANS VAN PRAET**
Collaborators/Collaborateurs/Medewerkers
www.openarchitecten.be

APOTHEEK DE VOOGHT bvba
Client/Maître d'Ouvrage/Opdrachtgever

JAN MEIJER
Structural Engineer/Ingénieur Stabilité/Ingenieur Stabiliteit
Technical Control/Contrôle Technique/
Technische Controle
www.meijer.be

VAN ECHELPOEL EDDY bvba
General Contractor/Entreprise Générale/
Algemene Aannemer

BELGIAN BUILDING AWARDS 2007:
Nomination
**AWARD-NACHT VAN
DE ARCHITECTUUR 2007
STEEL AWARD 2008:**
Nomination
Prize/Prix/Prijs

**HOFKWARTIER 6
2200 HERENTALS**
Place/Lieu/Plaats

**QEP IN ARCHITECTURE PHOTOGRAPHY
TOON GROBET**
Photographer/Photographe/Fotograaf
www.toongrobet.be

OFFICES/SHOPS

EN
A moving facade, green terraces and flexibility all combine to ensure a unique townhouse. On the ground floor there is a chemist's: the sliding door opens, you walk through a long room with glazed walls. The medical supplies are set up in front of the glass. Behind that the view on offer is more varied: a void with a skylight, the laboratory, and a view looking out onto the garden. Above the chemist's sits a spacious single-family home. On the first floor, there is a living space that looks out onto the quiet and sunny roof garden. The second floor is home to the bedroom and study. On the third floor is one large room with a panoramic view on either side. The absence of supporting walls gives the occupants total freedom to lay out the space the way they see fit. The facade consists of glass sash windows with perforated shutters in front that filter the blazing summer sun into a pleasant light.

FR
Façade en perpétuelle mouvance, terrasses végétalisées et flexibilité: cette maison de ville est unique en son genre. Le rez-de-chaussée abrite une pharmacie: les portes coulissantes s'ouvrent sur une longue pièce aux parois vitrées. Les produits pharmaceutiques sont présentés devant les vitres. À l'arrière, le regard se porte sur un puits de lumière, le labo et une vue sur le jardin. Au-dessus de la pharmacie, une vaste habitation unifamiliale, et à l'étage, un grand lieu de vie donnant sur une terrasse de toit calme et ensoleillée. Le 2e étage abrite une chambre et un bureau. Le 3e étage se compose d'une grande pièce avec vue panoramique de chaque côté. Grâce à l'absence de murs porteurs, les habitants peuvent agencer l'espace en toute liberté. La façade est percée de baies vitrées coulissantes et de persiennes qui protègent du soleil tout en laissant filtrer la lumière naturelle.

NL
Een bewegende gevel, groene terrassen en flexibiliteit geven vorm aan een unieke stadswoning. Op niveau 0 een apotheek: de schuifdeur gaat open, je loopt door een lange ruimte met glazen wanden. Voor het glas staan de artikelen opgesteld, daarachter een wisselend beeld: een vide met lichtstraat, de laboruimte, een uitzicht op de tuin. Boven de apotheek een ruime eengezinswoning. Op niveau +1 een leefruimte die uitgeeft op een zonnig en rustig dakterras. Op niveau +2 de slaap- en studeerkamer. Op niveau +3 één grote ruimte met aan beide zijden een panoramisch uitzicht. Het ontbreken van dragende muren geeft de bewoners 100% vrijheid om de ruimte zelf in te delen. De gevel is opgebouwd uit glazen schuiframen met daarvoor geperforeerde luiken die de felle zomerzon filteren tot een aangename lichtinval.

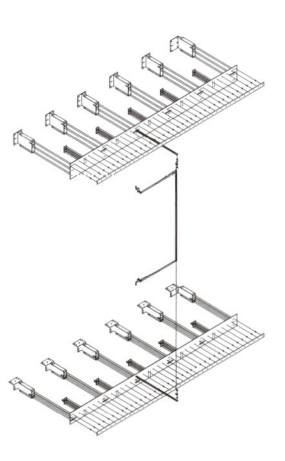
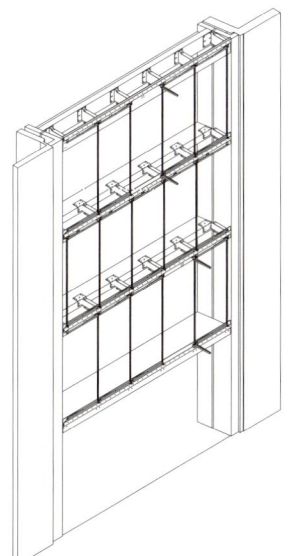
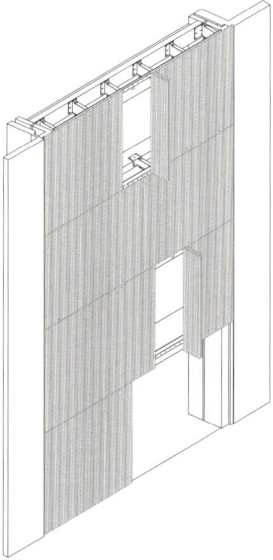

OFFICES/SHOPS

2008
DESIGN HOTEL MARKE

GOVAERT & VANHOUTTE
BENNY GOVAERT / DAMIAAN VANHOUTTE
Architects / Architectes / Architecten

TOM FRANSSENS / YVES LUYCKX
Collaborators / Collaborateurs / Medewerkers
www.govaert-vanhoutte.be

D-HOTEL nv
Client / Maître d'Ouvrage / Opdrachtgever
www.d-hotel.be

KRIS WITTOUCK
Structural Engineer / Ingénieur Stabilité / Ingenieur Stabiliteit
www.stbw.be

CLAUWAERT EN CO STUDIEBUREAU bvba
Mechanical Engineer / Ingénieur Techniques Spéciales / Ingenieur Technieken

ARCHITECTUURBURO GOVAERT & VANHOUTTE / DOMOTIC - LOUNGE
Technical Control / Contrôle Technique / Technische Contrôle
www.govaert-vanhoutte.be

BOUWBEDRIJF FURNIBO bvba
General Contractor / Entreprise Générale / Algemene Aannemer
www.furnibo.be

**ABDIJMOLENWEG 1
8510 MARKE**
Place / Lieu / Plaats

MICHAEL LAMMENS
Photographer / Photographe / Fotograaf
www.michael-lammens.be

OFFICES/SHOPS

Ground floor plan
01 Entrance
02 Reception
03 Bar
04 Breakfast
05 Sanitary
06 Rooms
07 Kitchen
08 Lounge
09 Suite
10 Gallery
11 Conference room
12 Old mill
13 Existing buildings
14 Swimming pool

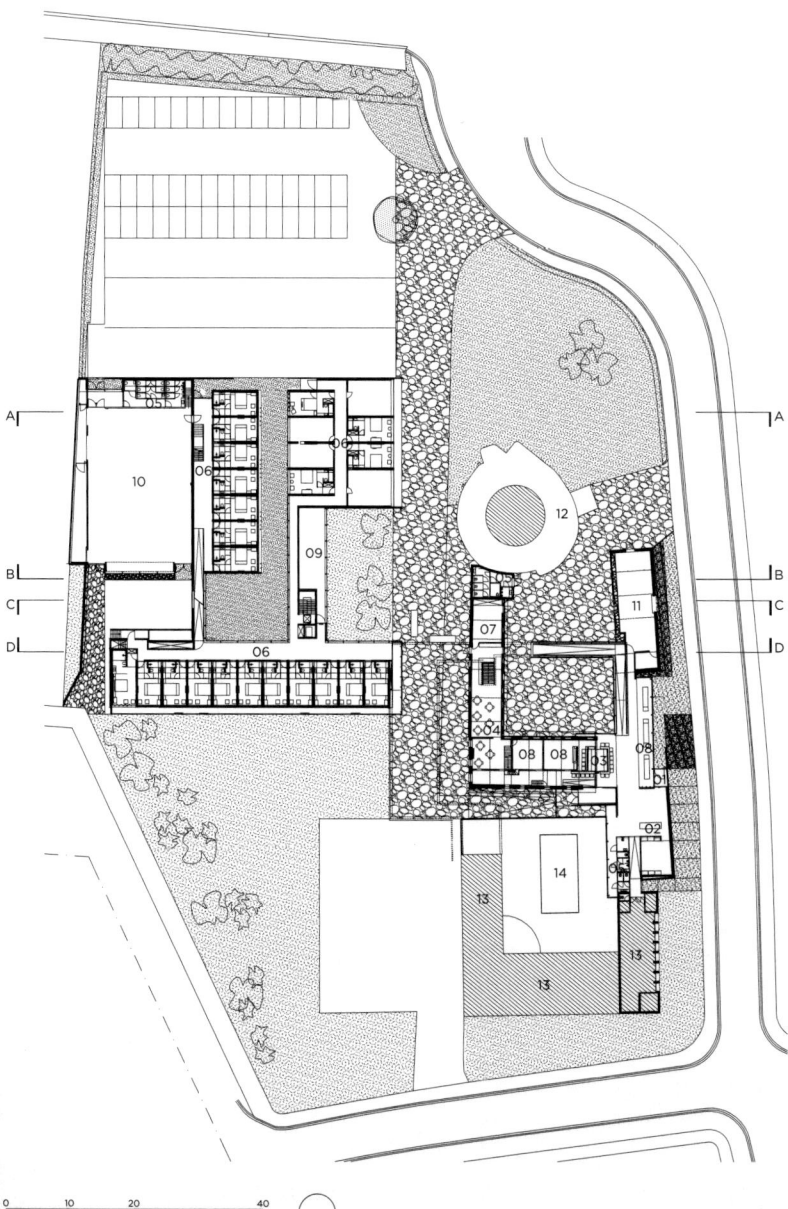

EN
A formation of three concrete volumes is arranged around a U-shaped farm building with a listed renovated windmill. The basis of the concept consists of the way these units are connected: through an underground tunnel. Starting from the hotel reception and the lounge, the tunnel disappears underneath the inner courtyard through a contemporary glass volume to terminate in the hallways of the room volumes. Raised up from the ground level, another volume on the corner of the site is geared towards the base of the mill. The simplicity of the composition of these volumes in plan and in cross-sectional view brings a sense of order in the extension of the site, whilst maintaining a strong interaction between mill and farm. The various hotel functions (bar, lounge, wellness, gym, function room, hotel rooms, etc.) blends in harmoniously with the treasured surroundings. The input of all disciplines related to design (art, nature, film, music) comes to the fore in specifically themed rooms. The mill's commanding role in its setting is duly observed by the input of an understated architecture.

FR
Trois volumes en béton sont agencés autour d'une ferme en U agrémentée d'un moulin rénové et classé. Le concept s'articule autour de leur liaison. Un tunnel part de la réception de l'hôtel et du salon, disparaît sous la cour intérieure au cœur d'un volume contemporain en verre, et aboutit dans les couloirs des chambres. Dans l'angle du site, un volume surélevé s'aligne sur le soubassement du moulin. L'agencement des volumes confère une vue sur l'ensemble du site et maintient l'interaction entre le moulin et la ferme. Les divers services hôteliers (bar, salon, centre de bien-être, salle de remise en forme, salle de banquets et chambres) résonnent en harmonie avec la beauté du cadre. Des disciplines apparentées au design (art, nature, cinéma, musique) se retrouvent dans la thématique de chaque chambre. La sobriété de l'architecture est respectueuse du rôle dominant du moulin dans son contexte.

NL
Drie betonnen volumes schikken zich rond een u-vormige boerderij met een beschermde, gerenoveerde windmolen. De onderlinge verbinding vormt de basis van het concept. Deze tunnel start vanuit de hotelreceptie en lounge, verdwijnt via een hedendaags glasvolume onder het binnenplein, en eindigt in de gangen van kamervolumes. Een zwevend volume op de hoek van de site is afgestemd op de sokkel van de molen. De compositie van de volumes in plan en snede op de heuvel brengt overzicht in de uitbreiding van de site, en houdt de interactie tussen hoeve en molen in stand. De uiteenlopende hotelfuncties (bar, salon, wellness, fitness, feestzaal, hotelkamers, ...) zijn in harmonie met de waardevolle omgeving; de inbreng van disciplines verwant aan design (kunst, natuur, film, muziek) uit zich verder in specifieke themakamers. De inbreng van een ingetogen architectuur respecteert de dominante rol van de molen in zijn context.

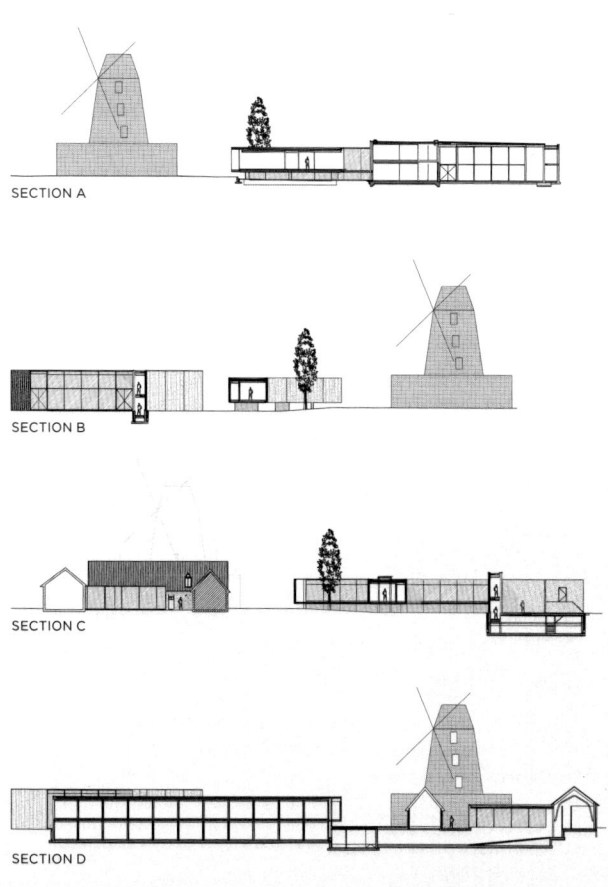

SECTION A

SECTION B

SECTION C

SECTION D

OFFICES/SHOPS

2007
FRAGILE-LAB

IMPORT EXPORT ARCHITECTURE
OSCAR ROMMENS/JORIS VAN REUSEL
Architects/Architectes/Architecten
JONAS DE RAUW/WILLAM BEKERS
Collaborators/Collaborateurs/Medewerkers
www.iea.be

NATALE bvba
Client/Maître d'Ouvrage/Opdrachtgever
www.fragile.be
STUDIEBURO MOUTON bvba
Structural Engineer/Ingénieur Stabilité/
Ingenieur Stabiliteit
www.studieburomouton.be

BELGIAN BUILDING AWARDS 2008:
Nominatie
STAALBOUWWEDSTRIJD 2008:
Nominatie Categorie A
BENELUX TROFEE
VOOR THERMIECH VERZINKEN 2009:
Nominatie
EXCLUSIEVE UITZENDING IN
BOUWMEESTER KANAAL Z, 2008
Prize/Prix/Prijs

KAMMENSTRAAT 82-84
2000 ANTWERPEN
Place/Lieu/Plaats

FILIP DUJARDIN
Photographer/Photographe/Fotograaf
www.filipdujardin.be

OFFICES/SHOPS

DETAIL GREEN WALL

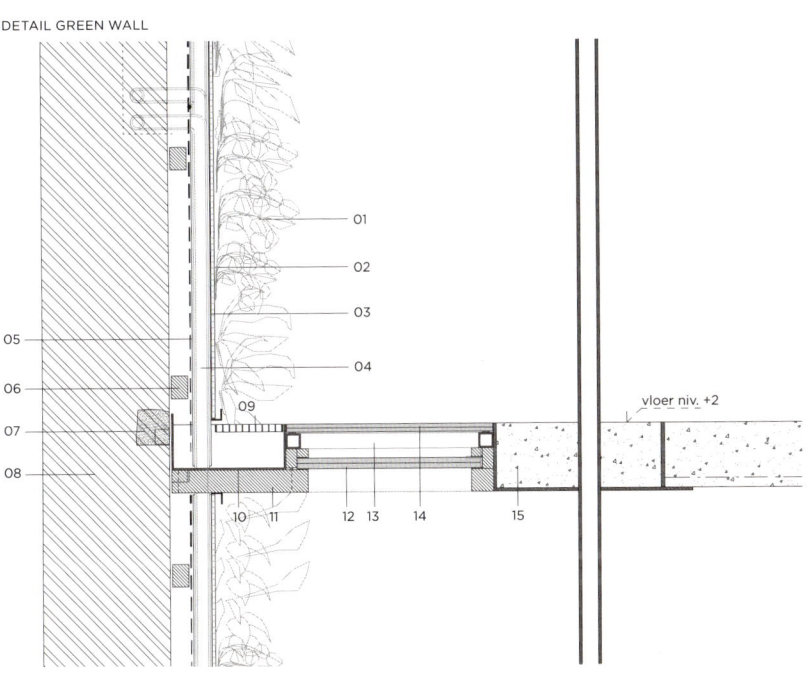

01 Planten
02 Groeiplaat + doeken in functie van planten
03 Damwand/SAB-profiel
04 Afvoerbuis (in het dal van de geprofileerde damwand)
05 H₂O-folie, type Deltavent
06 Regelwerk, keper 40-60mm
07 Stalen dook 40*40/4 opgegoten met krimpvrije mortel
08 Muur baksteen metselwerk
09 Staco rooster
10 Groot groenwand, gegalvaniseerd staal
11 Brandwerend schrijnwerk
12 Brandwerend glas
13 Stalen kader uit koker 60-60mm
14 Loopglas
15 Gepolierde beton in stalen draagstructuur

CROSS SECTION

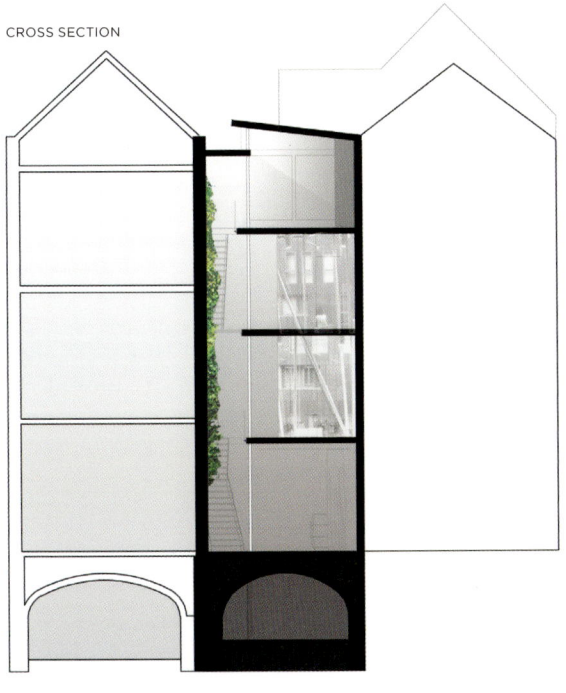
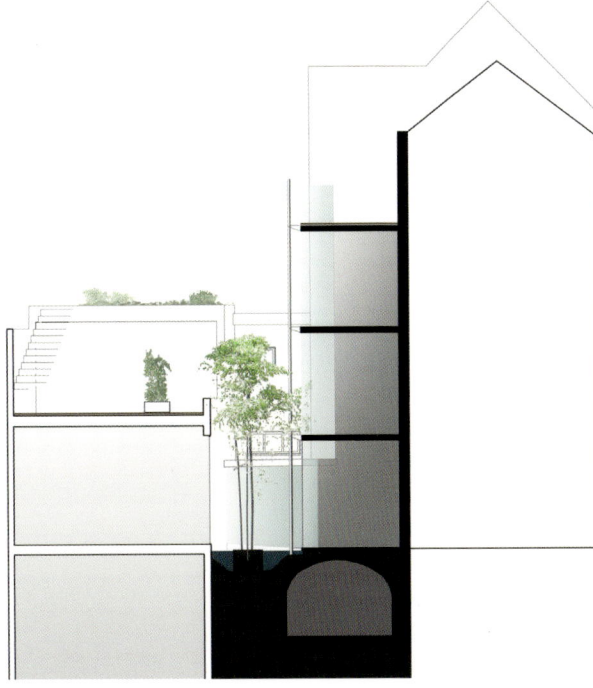

EN

For the extension of their maternity fashion range, the clients unreservedly opted for a contemporary solution in the city centre. For our point of departure we drew on the image of fragile scaffolding structures in bamboo in Asia. A slender steel skeleton runs from the basement all the way up to the roof. The gallery of white columns dovetails a long arched line from the street all the way into the back of the shop, thereby separating the traffic from the user space. The entire construction has been made highly transparent. In part, this is achieved through the use of particularly thin floor panels. The ceilings are made up of zinc-coated steel deck panels that have been left visible to the eye. The white openwork steel staircase is in stark contrast to the irregular texture of the closed partition wall that has been painted black. A hanging interior garden highlights the traffic area, infusing the interior with an unexpected accent. On the ground floor sits a shop, on the first floor are two open showrooms and the second floor is home to design workshops. The top floor that holds the conference room is reached by way of an open staircase.

FR

Pour l'extension de leur magasin d'articles pour femmes enceintes, les maîtres d'ouvrage ont résolument opté pour un programme contemporain en plein centre-ville. L'image des fragiles structures d'échafaudage en bambou venues d'Asie a servi de point de départ. Une armature en acier tout en sveltesse s'élance du sous-sol jusqu'au toit. La rangée de colonnes blanches épouse le long arc de cercle de la rue jusqu'à l'arrière de la boutique et sépare la circulation dans l'espace d'utilisation. L'ensemble mise sur la transparence, obtenue par la mise en œuvre de dalles de sol ultrafines. Les plafonds ont été réalisés en plaques d'acier galvanisé laissées apparentes. L'escalier à claires-voies en acier peint en blanc contraste avec la texture irrégulière du mur de séparation aveugle, peint en noir. Un jardin suspendu intérieur accentue la zone de circulation et confère une touche d'inattendu au décor. La boutique se trouve au rez-de-chaussée. Le premier étage fait place à deux salles d'exposition ouvertes et le deuxième étage abrite les ateliers de stylisme. Accessible par un escalier à claires-voies, le dernier étage accueille une salle de réunion.

NL

Voor de uitbreiding van hun zwangerschapswinkel kozen de bouwheren resoluut voor een eigentijdse invulling in het centrum van de stad. Als vertrekpunt gebruikten ze het beeld van fragiele Aziatische stellingstructuren uit bamboe. Een rank staalskelet loopt van de kelder door tot aan het dak. De reeks witte kolommen volgt een gebogen lange lijn van de straat tot helemaal achterin de winkel en onderscheidt hierdoor de circulatiezone van de gebruiksruimte. De hele constructie is zeer transparant. Dit wordt mee bereikt door de uiterst dunne vloerplaten. De plafonds bestaan uit zichtbaar gelaten verzinkte steeldeckplaten. De witte, opengewerkte stalen trap staat in schril contrast met de onregelmatige textuur van de gesloten zwartgeschilderde scheidingsmuur. Een hangende binnentuin accentueert de circulatiezone en geeft het interieur een onverwacht accent. Op het gelijkvloers bevindt zich een winkel, op de eerste verdieping zijn er twee open showrooms en op de tweede verdieping ontwerpateliers. De bovenste verdieping bevat de vergaderzaal en is via een open trap bereikbaar.

OFFICES/SHOPS

08

2010
AÉROPOLIS II

ARCHITECTES ASSOCIÉS
MURIEL DESMEDT/MARC LACOUR/
SABINE LERIBAUX/DENIS VAN
CAUWENBERGHE
Architects/Architectes/Architecten

ELODIE LÉONARD
Collaborator/Collaborateur/Medewerker
www.architectesassocies.be

GROEP ARCO/KAJ/KAV/KWB
Clients/Maîtres d'Ouvrage/Opdrachtgevers
www.groeparco.be
www.kaj.be
www.kav.be
www.kwb.be

SETESCO
Structural Engineer/Ingénieur Stabilité/Ingenieur Stabiliteit
www.setesco.be

INGENIEURSBUREAU STOCKMAN
Mechanical Engineer/Ingénieur Techniques Spéciales/
Ingenieur Technieken
www.istockman.be

SECO
Technical Control/Contrôle Technique/Technische Contrôle
www.seco.be

CENERGIE
Sustainability engineering (consultancy)/
Conception Durable et Techniques Spéciales/
Ingenieur Duurzame Technieken
www.cenergie.be

BELGOMÉTAL (KYOTEC GROUP)
Exterior rendering specialist/Façadier/Gevelwerker
www.kyotecgroup.com

JACQUES DELENS/VANDERSTRAETEN
(Association momentanée)
General Contractor/Entreprise Générale/
Algemene Aannemer
www.jacquesdelens.be
www.vanderstraeten.be

BATEX 2007
PRIX BELGE POUR L'ARCHITECTURE ET
L'ÉNERGIE 2011: Nominé
Prize/Prix/Prijs

AVENUE URBAIN BRITSIERS 5
1030 BRUSSEL
Place/Lieu/Plaats

MARC DETIFFE
JULIE WILLEM
Photographers/Photographes/Fotografen
www.detiffe.com

OFFICES/SHOPS

FLOOR TYPE

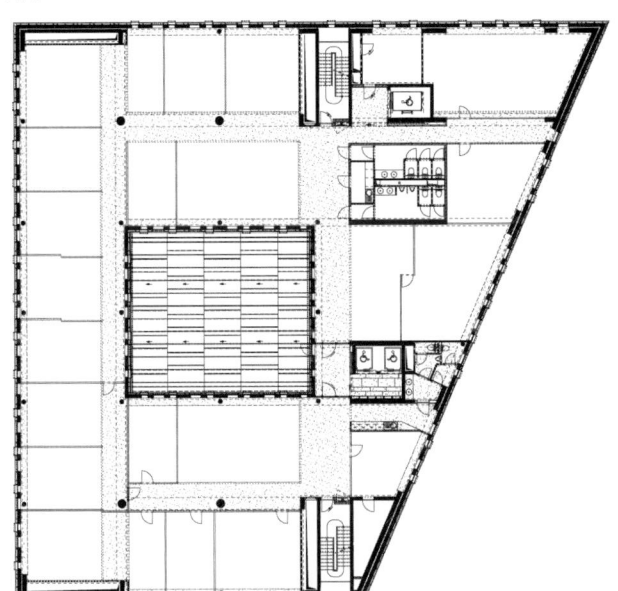
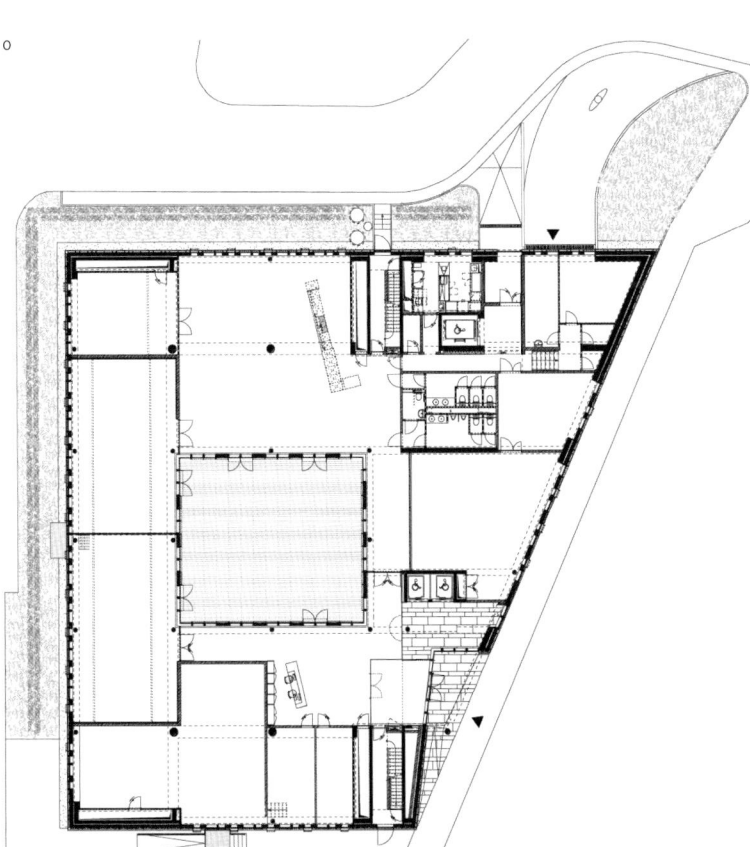
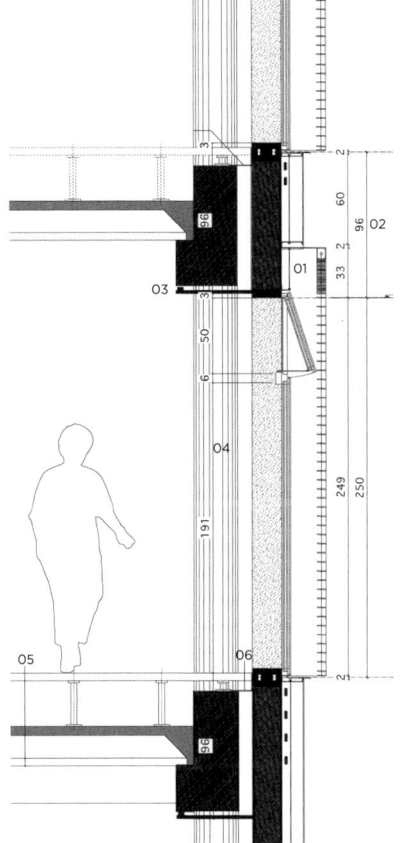
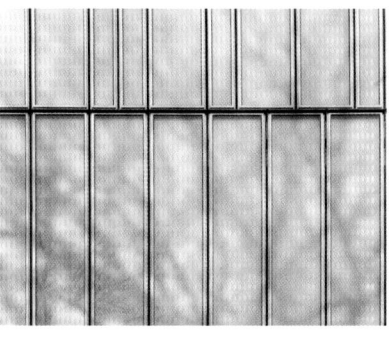

01 Tôle alu anodisé naturel
   Natuurgeanodiseerde aluminiumplaat
02 Alu anodisé naturel
   Natuur geanodiseerde aluminium
03 Fermeture par joint creux
   Afsluiting met diepe voegen
04 Colonne à peindre RAL 9010
   Te schilderen kolom RAL 9010
05 Finition / Afwerking
   - Faux-plancher en dalles amovibles
     Verhoogde vloer uit afneembare tegels
   - Chape de compression
     Drukdeklaag
   - Hourdis peints
     Geschilderde betonnen vloerelementen
06 Tôle PF 2mm
   BS metaalplaat 2mm

EN Empathy is man's innate capacity to relate to his peers: he lives as part of a community which he shares with fellow planet dwellers, which includes all generations to come. Only this ability to step away from 'me, now' in favour of 'him or her tomorrow', at every level of reflection and authority, enables projects to be developed that are in step with the world of tomorrow. If half of the planet's population is seen to live in an urban environment in 2011, under often uncertain conditions, and no one is able to come up with a miracle solution to address this situation, at the very least reflections about our built environment must be made to give consideration to this state of affairs. The built response thereto must be the result of a global approach that takes into account all actors and all factors involved, as well as the impact time has thereon in order to ensure a sustainable quality of life for all.

FR Le propre de l'Homme est sa conscience de l'Autre: il vit en communauté dans un environnement qu'il partage avec ses voisins planétaires mais aussi ses enfants futurs. Seule cette aptitude à quitter le «moi maintenant» et à se tourner vers le «lui demain», et ce à tous les niveaux de réflexion et de pouvoir, permet le développement de projets en phase avec le monde de demain. Car si en 2011 la moitié des habitants de la planète vit en milieu urbain dans des conditions souvent incertaines... et si personne ne peut à ce jour revendiquer une solution-miracle à ce constat, la réflexion touchant à l'environnement bâti se doit d'intégrer tout de même cette donnée. La réponse construite doit être le fruit d'une approche globale tenant compte de tous et de tous les facteurs, inscrite dans un rapport au temps garantissant ainsi une qualité durable.

NL De mens wordt gekenmerkt door zijn bewustzijn van de Ander: hij leeft in een gemeenschap die hij deelt met zijn medemens en zijn toekomstige kinderen. Alleen het vermogen om af te stappen van het 'ik van nu' en de blik te richten op het 'hij van morgen', en dat op alle niveaus van het denken en het kunnen, maakt de ontwikkeling mogelijk van projecten in harmonie met de wereld van de toekomst. Vandaag leeft de helft van de wereldbevolking in stedelijke gebieden, vaak in precaire omstandigheden. Niemand weet hoe men die problematiek kan oplossen, maar het denken rond het bouwen moet er rekening mee houden. Het antwoord van de architectuur moet de vrucht zijn van een totaalbenadering die rekening houdt met alle mensen en alle factoren en die in haar verhouding met de tijd een duurzame kwaliteit waarborgt.

Offices/Shops

09

2009
MASTER PLAN OF AN INDUSTRIAL SITE + EXTENSION AND NEW INTERIOR DESIGN FOR OFFICE BUILDING

CONIX ARCHITECTS
CHRISTINE CONIX/SYLVIE BRUYNINCKX
Architects/Architectes/Architecten

**JORIS MALBRAIN/LAURIEN PINXTEN/
BAS DE HAAN/WOUTER PLESSERS/
MIRA GAJIC/KAREN LOYENS/
NELE SYMENS/AN DE DYCKER/
STEVEN SIMONS**
Collaborators/Collaborateurs/Medewerkers
www.conixarchitects.com

UMICORE PRECIOUS METALS REFINING
Client/Maître d'Ouvrage/Opdrachtgever
www.preciousmetals.umicore.com

NEY & PARTNERS
Structural Engineer/Ingénieur Stabilité/
Ingenieur Stabiliteit
www.ney.be

TECNOBEL
Mechanical Engineer/Ingénieur Techniques/
Ingenieur Technieken

SECO
Technical Control/Contrôle Technique/
Technische Controle
www.seco.be

STRABAG
General Contractor/Entreprise Générale/
Algemene Aannemer
www.strabag.be

WYCOR
Main Contractor Interior/Entreprise Général
pour l'Intérieur/Aannemer Interieur
www.wycor.be

LENSVELT DE ARCHITECT
INTERIEURPRIJS 2010:
Selectie voor de finale shortlist
ARCHIZINC TROPHY 2010 (VM ZINC):
Speciale prijs voor Technical Performance

WAN INTERIORS + DESIGN AWARDS 2011:
Umicore desk geselecteerd voor
de finale longlist – i.s.m. Unifor
Prize/Prix/Prijs

ADOLF GREINERSTRAAT 14
2660 BERCHEM
Place/Lieu/Plaats

SERGE BRISON
Photographer/Photographe/Fotograaf
www.sergebrison.com

OFFICES/SHOPS

In 2005 we were assigned by Umicore to implement the company's new corporate identity on the site and to improve global public awareness of the business. Our assignment was a total project, involving the master planning of the industrial site, putting in place adapted routing, creating green areas, preserving and cleaning valuable buildings, re-cladding the facades of less interesting buildings, screens and signposting, and a new office building. Our concept creates one movement, which starts from the entrance of the site and terminates in the administrative area. We called this movement 'closing the loop', in reference to Umicore's core business: recycling in a sustainable manner. This movement is partly executed today as one large folded zinc plate leading to the heart of the site. The new office building is the eye-catcher, encapsulating and propagating the company's new corporate identity. The building is unrestrained in design in contrast to the monotonous and randomly selected surroundings. The design draws one's attention, in an emotional response, counter to the existing rational background. The powerful look and feel creates an innovative image, thereby breathing new life into the company and the existing site.

En 2005, Umicore nous a demandé de mettre son site au diapason de sa nouvelle identité d'entreprise et d'améliorer l'impression qui s'en dégageait. Les interventions furent nombreuses: masterplanning du site industriel, adaptation des itinéraires d'accès, création d'espaces verts, conservation et ravalement de bâtiments de grand intérêt, habillage de bâtiments moins intéressants, écrans et signalisation et nouveaux bâtiments de bureaux. Notre concept crée un mouvement, qui part de l'entrée et aboutit à la zone administrative. Ce mouvement en boucle fermée (closing the loop) fait allusion à l'activité d'Umicore, à savoir le recyclage durable. Il a pris la forme d'une immense plaque de zinc ondulée aboutissant au cœur du site. Le nouvel immeuble de bureaux attire le regard et symbolise la nouvelle identité de l'entreprise. L'immeuble aux formes très expressives contraste avec la monotonie générale de son environnement. La force expressive et la valeur novatrice du bâtiment donnent un nouvel éclairage au site existant, qui prend un tout nouveau souffle.

In 2005 kregen we van Umicore de opdracht om de nieuwe bedrijfsidentiteit op de site te implementeren en de globale beeldkwaliteit te verbeteren. Onze opdracht was een totaalproject: masterplanning van de industriële site, een aangepaste routing, groenaanleg, behoud en reiniging van waardevolle gebouwen, bekleding van minder interessante gebouwen, screens en signalisatie en een nieuw kantoorgebouw. Ons concept voorziet in één beweging, die vertrekt aan de inkom en uitmondt in de administratieve zone – 'closing the loop' genoemd, refererend aan Umicore's bedrijfsactiviteit: recycleren op duurzame wijze. Het is uitgevoerd als een grote geplooide zinkplaat, die uitmondt in het hart van de site. Het nieuwe kantoorgebouw vormt de eyecatcher, voorbode voor het uitdragen van de nieuwe bedrijfsidentiteit. Dankzij zijn expressieve vorm geeft het nieuwe kantoorgebouw, i.t.t. de bestaande rationele context, een boost aan de site. De expressieve kracht en innovatieve gevoelswaarde van het gebouw bieden een vernieuwend uitzicht, waardoor de bestaande site nieuw leven wordt ingeblazen.

SNEDE AA'

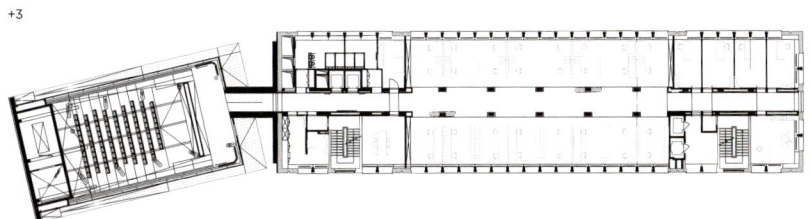

+3

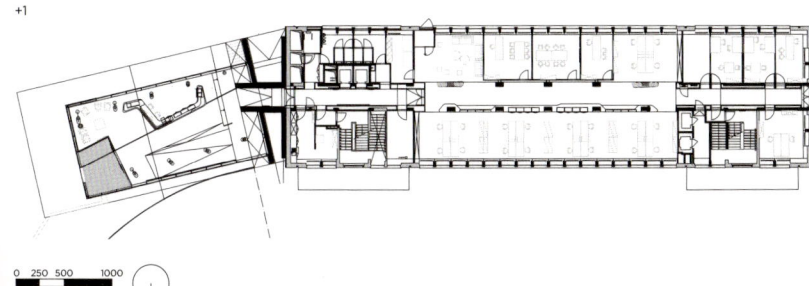

+1

Offices/Shops

2009
OKINAHA

**AS BUILT ARCHITECTS
MALIKA DE HEMPTINNE/
OLIVIER HANNAERT**
Associated Architects/Architectes Associés/
Geassocieerd Architects
www.as-built.be

**COAST
FRÉDÉRIC VANHORENBEKE**
Creative Direction/Créative Direction/
Creatieve Begeleiding
www.coastdesign.be
(Association momentanée)

JEAN ROUSSEAU
Client/Maître d'Ouvrage/Opdrachtgever
www.okinaha.com

**RCOTEC/E.D LIGHTING/COBAGYP/
3DID/BERNARDIN/SCHMIT INDUSTRIE/
NEOPAUL/TECHNIGLAS**
Contractors/Entreprises/Aannemers

**CHAUSSÉE DE BRUXELLES 82A
1410 WATERLOO**
Place/Lieu/Plaats

SERGE ANTON
Photographer/Photographe/Fotograaf
www.serge-anton.com

OFFICES/SHOPS

EN

The space in question is a celebration of wellness and anti-ageing products. The project refers to Japan, the country of centenarians, with an image of wisdom and peace of mind. The floor is a clear-colour Granito poured across a frame that acts as the project's skeleton carcass. A central springing marks out an event area. At the back sits a library, hemmed in a carpet and an openwork ceiling out of wood, where customers can sit down and enjoy a read. The furniture is white, like the walls and ceiling, or in a bamboo veneer. The circles, interlaced and carved into the plaster, make up the brand's logo. The tree trunks, of oaks measuring 5 metres in height, and slightly sloping, contribute to the serenity, bringing a random pace that acts to upset the rigorous framework of the project.

FR

L'espace est dédié aux produits bien-être et anti-âge. Le parti fait référence au japon, pays des centenaires, d'une certaine image de sagesse et quiétude. Le sol est un granito coulé, de teinte claire, construit selon une trame qui génère toute l'ossature du projet. Une retombée centrale définit une zone événement. Au fond, une zone bibliothèque, définie par un tapis et un plafond ajouré, en bois, où le client peut s'asseoir et lire. Le mobilier est blanc, comme les murs et le plafond, ou en plaquage de bambou. Les cercles, entrecroisés et gravés dans le plâtre, constituent le signe de la marque. Les troncs d'arbres, des chênes de 5m de haut, légèrement inclinés, contribuent à la sérénité et apportent un rythme aléatoire qui vient perturber la trame rigoureuse du projet.

NL

De ruimte is gewijd aan wellness- en anti-ageproducten. Het interieur verwijst naar Japan, land van eeuwenoude tradities met een uitstraling van rust en wijsheid. De heldere vloer van gegoten granito volgt een raster dat de hele structuur van het project bepaalt. Een centrale aanzet geeft een evenementenzone aan. In een zone met boekenkasten, achterin, afgebakend door een tapijt en een opengewerkt houten plafond, kunnen de klanten gaan zitten om te lezen. De meubels zijn ofwel wit, net als de muren en het plafond, ofwel van bamboefineer. In het gips gegrifte kruisende cirkels tekenen het logo van het merk. De vijf meter hoge, lichtjes hellend geplaatste eikenstammen dragen bij tot de sereniteit en scheppen een onregelmatig ritme dat het strenge raster van het project verbreekt.

COUPE

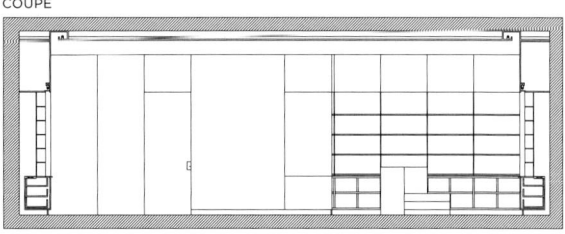

COUPE

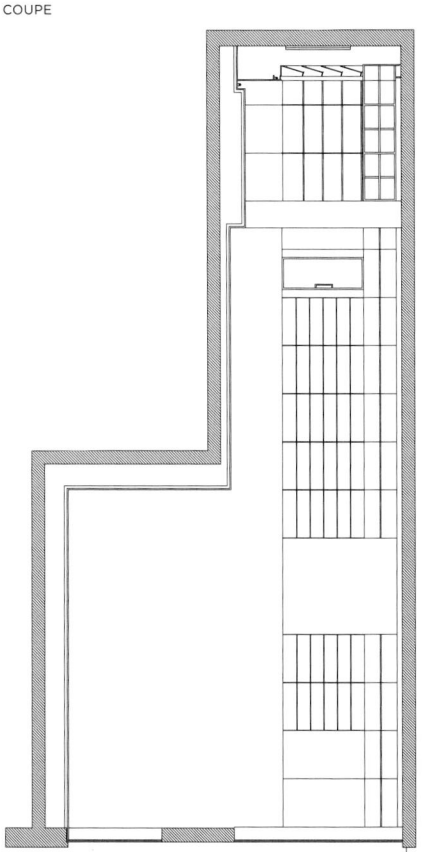

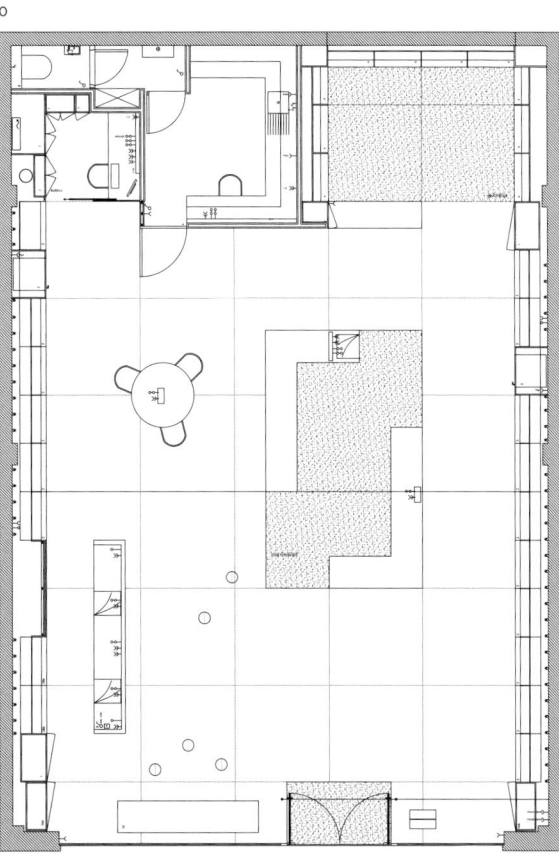

OFFICES/SHOPS

(11)

2011
YOUTH HOSTEL

VINCENT VAN DUYSEN ARCHITECTS
Architects/Architectes/Architecten
KRISTOF GELDMEYER/LIESBET DEVIS
Collaborators/Collaborateurs/Medewerkers
www.vincentvanduysen.com

TOERISME VLAANDEREN
Client / Maitre de l'ouvrage / Opdrachgever
www.toerismevlaanderen.be
KOEN PARIDAENS
Structural Engineer/Ingénieur Stabilité/
Ingenieur Stabiliteit
www.paridaensingenieurs.be
BOYDENS
Mechanical Engineer/Ingénieur Techniques/
Ingenieur Technieken
www.boydens.be

BUREAU BOUWTECHNIEK
Technische Opvolging
www.b-b.be
COSIMCO
General Contractor/Entreprise Générale/
Algemene Aannemer
www.cosimco.be

**BOGAERDENPLEIN 1
2000 ANTWERPEN**
Place/Lieu/Plaats

**WOUTER VAN VOOREN
VINCENT VAN DUYSEN ARCHITECTS**
Photographer/Photographe/Fotograaf
www.woutervanvooren.com
www.vincentvanduysen.com

COUPE

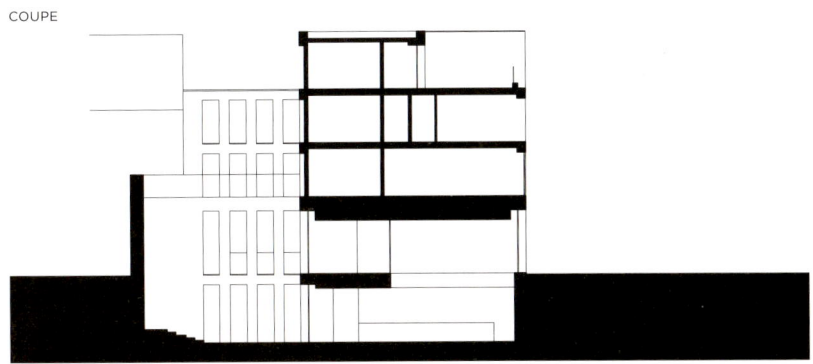

+1

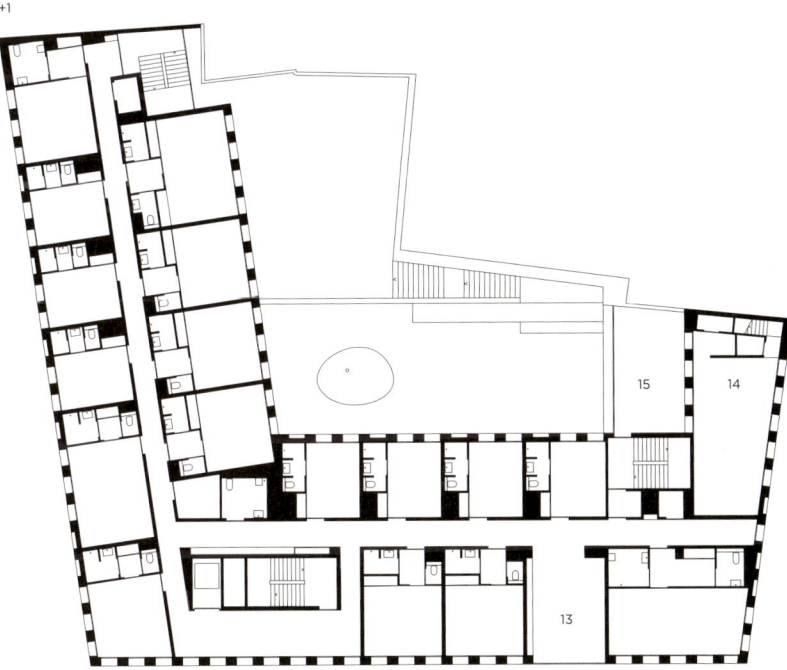

0

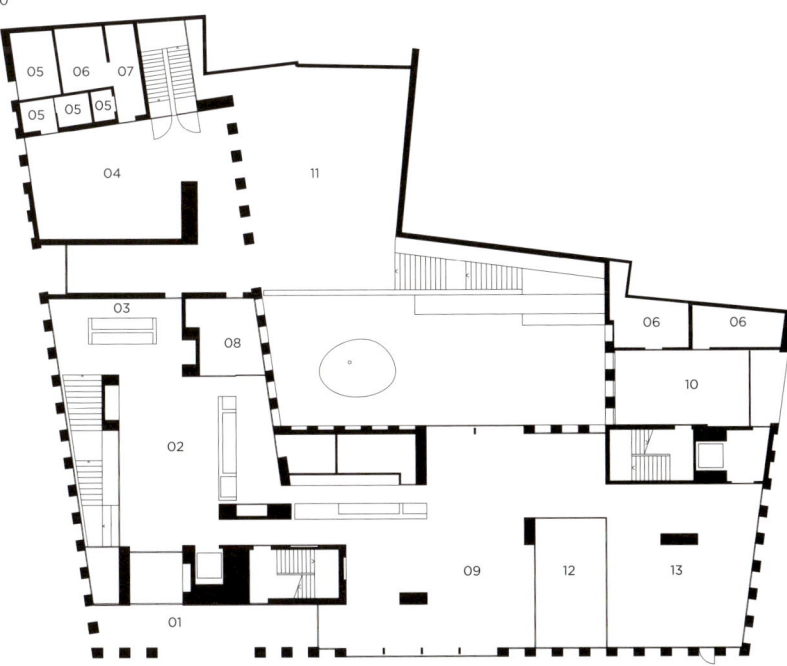

01 Entrance
02 Lobby
03 Mediaroom
04 Bicycle area
05 Technical room
06 Storage
07 Atelier
08 Office
09 Bar
10 Services
11 Coure anglaise
12 Void
13 Lounge
14 Apartment concierge
15 Private terrace

EN
This semi-public building in a new square seamlessly fits into the urban tissue courtesy of its volume, grey façade, and vertical windows but sets itself apart by dint of its scale, the use of natural stone cladding and larger flush windows, enabling it to engage in dialogue with its setting. The reception area and the café on the ground floor are linked by a large void to the restaurant below. The void and a large outdoor patio at basement level have transformed the basement into a fully-fledged storey in its own right. The bedrooms are situated on the upper floors. The materials and furniture pieces are very utilitarian, robust and vandal-proof. Grey polymer concrete, black solid core fibre raisin boards and white plaster form the backdrop to the user and the setting that infuse the project with colour.

FR
Installé en bordure d'une nouvelle place, ce bâtiment semi-public s'intègre à merveille dans le tissu urbain grâce à sa volumétrie, sa façade grise et ses fenêtres verticales. Par son échelle, la pierre naturelle et la taille des baies, le bâtiment se démarque tout en communiquant avec son environnement. L'accueil et le café, situés au rez-de-chaussée ouvert sur la place, sont reliés au restaurant du -1 par un grand espace vide. Le grand patio aménagé au sous-sol fait de ce restaurant un lieu privilégié. Les chambres sont situées aux étages. Les matériaux et le mobilier sont fonctionnels, robustes et résistants au vandalisme. Le béton poli gris, les panneaux noirs en résine synthétique et le plafonnage blanc servent de toile de fond. Aux visiteurs et aux environs d'apporter la touche de couleur à l'ensemble.

NL
Dit semiopenbare gebouw aan een nieuw plein past zich door zijn volumetrie, grijze gevel en verticale ramen in in het stedelijk weefsel, maar onderscheidt zich door zijn schaal, de natuurstenen gevel en de grotere vlakliggende raampartijen, waardoor het in communicatie treedt met de omgeving. De ontvangstruimte en het café op het gelijkvloers aan het plein worden verbonden door een grote vide met het restaurant op -1, een kelderverdieping die dankzij een grote patio op kelderniveau omgevormd werd tot een volwaardige verdieping. De slaapkamers bevinden zich op de verdiepingen. Materiaal en meubilair zijn zeer utilitair qua karakter, robuust en vandalismebestendig. Grijs polybeton, zwarte volkern en witte pleister vormen de achtergrond. Aan de gebruiker en de omgeving om kleur toe te voegen aan het project.

HOUSING/WORKING

2008
CUB'HOUSE

ATELIER MATADOR
Architects/Architectes/Architecten
OLIVIER DUBUCQ
Collaborator/Collaborateur/Medewerker
www.matador.be

CHRISTINE RAVAUX
Client/Maître d'Ouvrage/Opdrachtgever
SITECH sprl
Structural Engineer/Ingénieur Stabilité/
Ingenieur Stabiliteit
www.sitech-sprl.be

RUE DE BOMERÉE 46B
6110 MONTIGNY-LE-TILLEUL
Place/Lieu/Plaats

TIM VAN DE VELDE
Photographer/Photographe/Fotograaf
www.tvdv.be

HOUSING/WORKING

+1

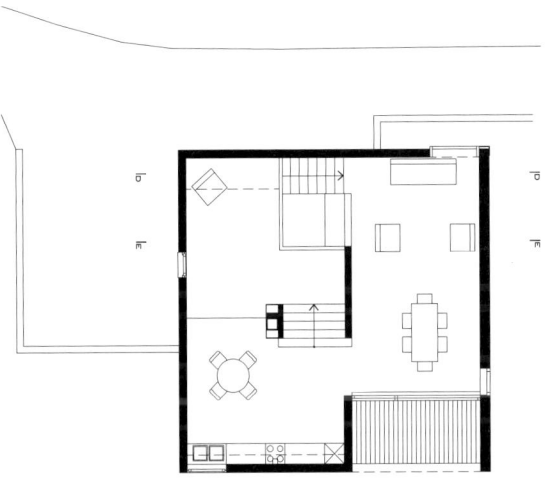

0

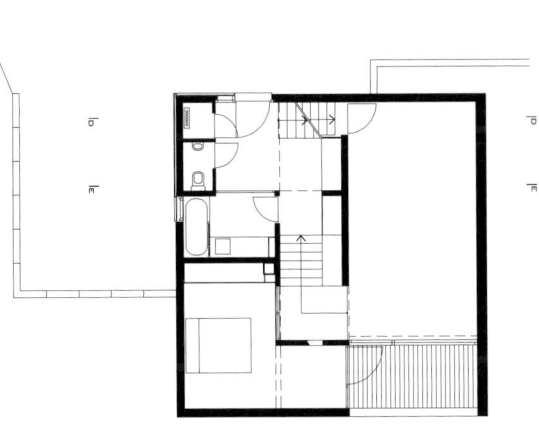

COUPE DD

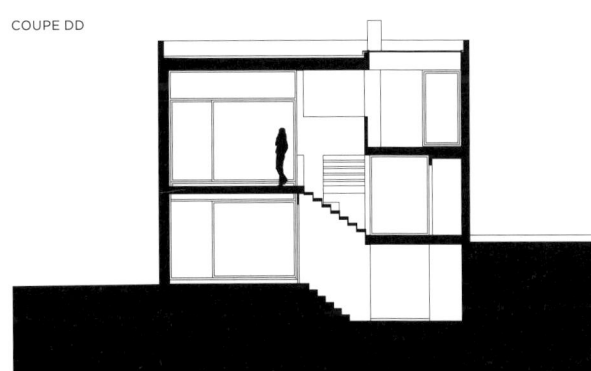

-1

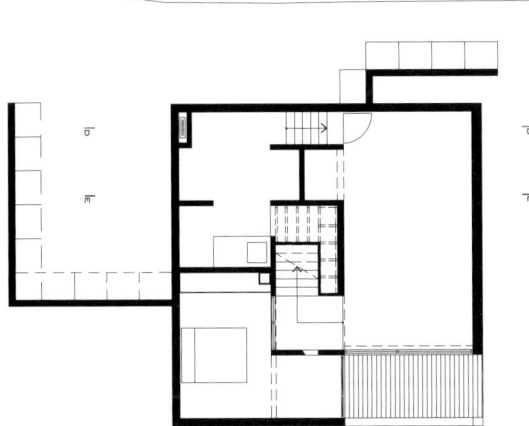

COUPE EE

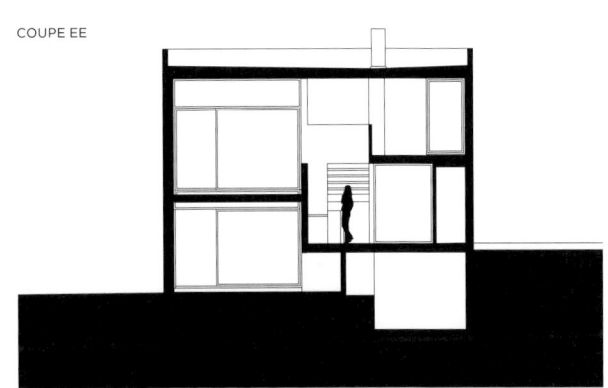

EN
A village in the Charleroi region, its local fabric steeped in tradition, closely knit at the heart of which sits a small private housing subdivision of singular qualities. A plot overhangs an enclosed valley. By dint of its abstract geometry, the complex asserts its status as an eccentric object that challenges the context it has been set in. A square ground plan acts in response to the sketches drafted by the client, a bachelor artist. The white boundary is embedded in the land topography of the grounds to which it is seen to respond by an architectural split-level promenade that connects a continuous open space. The openings are concentrated in a major extrusion in a bid to seek out the sheer scale of the landscape pairing materials to make up the entrance complex. The light is treated as a material in its own right, acting in complement to the space whose very breath it causes to quiver.

FR
Un village de la région de Charleroi, un tissu traditionnel en ordre relativement fermé au cœur duquel un petit lotissement pavillonnaire est singulièrement proposé. Une parcelle surplombe un vallon en bocage. L'édifice affirme par sa géométrie abstraite son statut d'objet insolite qui questionne son contexte. Un plan, carré, répond aux formats des gravures de la cliente, artiste célibataire. La borne blanche s'encastre dans la topographie du terrain et y répond par une promenade architecturale en demi-niveaux qui articule un espace ouvert continu. Les percements se concentrent dans une extrusion majeure pour aller chercher l'échelle du paysage ou se marient aux matières pour composer le système d'entrée. La lumière est traitée comme un matériau à part entière, complémentaire à l'espace dont elle fait vibrer la respiration.

NL
Een dorp in de streek van Charleroi, een traditioneel, vrij gesloten weefsel, met in het hart iets bijzonders: een kleine verkaveling met villaatjes. Een van de percelen kijkt uit op een groen dalletje. De abstracte geometrie geeft het gebouw de status van een ongewoon object dat zijn context ter discussie stelt. Het vierkante grondplan komt overeen met de formaten van de gravures van de klant, een alleenwonende kunstenares. Het witte baken past in de topografie van het terrein en antwoordt erop met een architecturale wandeling op halve niveaus, rond een overdekte doorlopende ruimte. De openingen zijn in een uitstek geconcentreerd, om op schaal van het landschap te blijven, of worden met de materialen gecombineerd om het ingangssysteem te vormen. Het licht wordt als een volwaardig materiaal behandeld, een complement van de ruimte die het doet ademen.

HOUSING/WORKING

2007
SOCIAL DWELLINGS IN DISON

OLIVIER FOURNEAU ARCHITECTES
Architects/Architectes/Architecten
**ERIC VANDEBROEK/
CHRISTELLE LEFORT/BASTIEN PILET**
Collaborators/Collaborateurs/Medewerkers
www.fourneau.eu

**FONDS DU LOGEMENT DES FAMILLES
NOMBREUSES DE WALLONIE**
Client/Maître d'Ouvrage/Opdrachtgever
BUREAU D'ETUDES LEMAIRE
Structural Engineer/Ingénieur Stabilité/
Ingenieur Stabiliteit
www.belemaire.be

**DANIEL STOFFELS/CORMAN-HALLEUX/
WANSART/BONTEN/CLAESSENS/
ROMBOUTS/HALIN**
Contractors/Entreprises/Aannemers

**PRIX EUROPÉEN D'ARCHITECTURE
UGO RIVOLTA 2011:
Mention spéciale**
Prize/Prix/Prijs

**PLACE JEAN ROGGEMAN
4820 DISON**
Place/Lieu/Plaats

SERGE BRISON
Photographer/Photographe/Fotograaf
www.sergebrison.com

+3

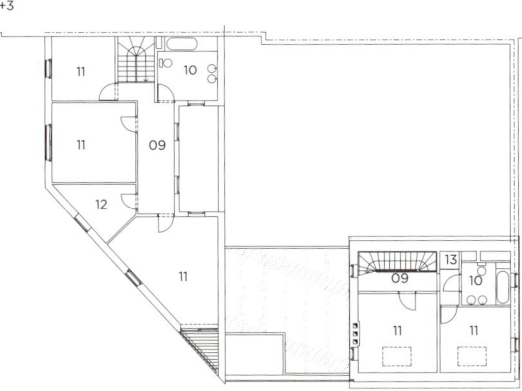

+2

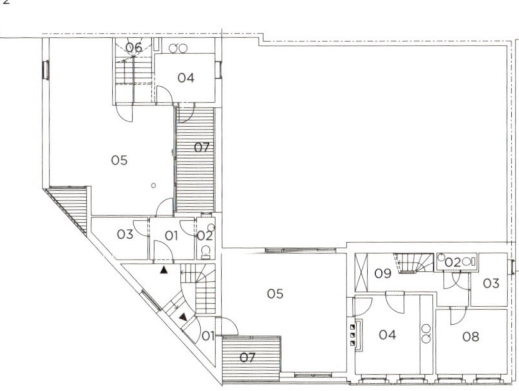

+1

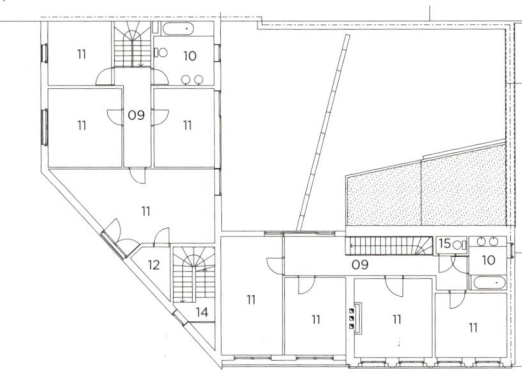

0

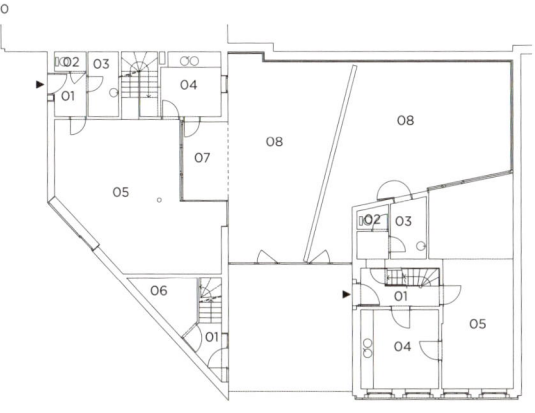

Niveau +3
09 Hall de nuit
10 Salle de bains
11 Chambre
12 Rangement
13 Local technique

Niveau +2
01 Sas d'entrée
02 Wc
03 Buanderie
04 Cuisine
05 Séjour
06 Local technique
07 Terrasse
08 Chambre
09 Hall

Niveau +1
09 Hall de nuit
10 Salle de bains
11 Chambre
12 Dressing
13 Local technique
14 Escalier commun
15 Wc

Niveau 0
01 Sas d'entrée
02 Wc
03 Buanderie
04 Cuisine
05 Séjour
06 Local technique
07 Terrasse
08 Cour extérieure

EN
The remit for this project was to rehabilitate a house and an adjoining car park into dwellings for large families. During the talks with the client, the following priorities were identified: to build supplementary residences in this empty space, to free up the interior section of the block in order to create exterior spaces and to offer a variety of different types of homes. The new corner building gets its peculiar character by the fact that the neighbouring buildings were taken into account, creating advantageous views of the built as well as the natural features as well as the decision not to blatantly lay bare the internal layout of the homes. Autonomous by its form and the treatment it has been given, the new building is linked to the existing ones by way of a suspended volume, thereby creating a palpable link between the two.

FR
Réhabiliter une habitation et un parking attenant en logements pour familles nombreuses, tel est le point de départ de ce projet. Au fil des discussions, le traitement de cette dent creuse par la construction de logements supplémentaires, le dégagement de l'intérieur de l'îlot au profit d'espaces extérieurs ainsi que l'insertion de logements variés apparaissent comme une évidence. Le caractère singulier du volume d'angle est généré par la prise en compte des gabarits voisins, de perspectives intéressantes sur les éléments construits et naturels ainsi que le souhait de ne pas dévoiler clairement l'organisation intérieure des logements. Autonome par son gabarit et son traitement, le nouveau bâtiment est relié à celui déjà existant par un volume suspendu, établissant un lien sensible entre existant et projeté.

NL
Het uitgangspunt van dit project is de renovatie van een woonpand en een aangrenzend parkeerterrein in woningen voor grote gezinnen. In de loop van de gesprekken werd duidelijk dat deze zere plek in het stadsbeeld het best behandeld kon worden door bijkomende woningen te bouwen, de binnenkant van het blok vrij te maken, zodat er meer buitenruimten ontstonden, en gevarieerde woningen in te voegen. Het aparte karakter van het hoekvolume vloeit voort uit de afmetingen van de aanpalende panden, de interessante perspectieven op de gebouwde en natuurlijke elementen, en het verlangen om de inwendige organisatie van de woningen te verbergen. Door zijn afmetingen en zijn benadering is het pand zelfstandig, maar het wordt met het bestaande gebouw verbonden door een zwevend volume, een brug tussen oud en nieuw.

HOUSING/WORKING

2008
REFUGE

WIM GOES ARCHITECTUUR
WIM GOES
Architect/Architecte/Architect

ANJA HOUBAERT
Collaborator/Collaborateur/Medewerker
www.wimgoesarchitectuur.be

WOUTER NOTEBAERT
Structural Engineer/Ingénieur Stabilité/
Ingenieur Stabiliteit

FLORENT DE SPIEGELEIR & OIKOS
General Contractor/Entreprise Générale/
Algemene Aannemer

EUROPE 40 UNDER 40, 2009:
Laureate
Prize/Prix/Prijs

EAST-FLANDERS
Place/Lieu/Plaats

LAURA BOWN
Photographer/Photographe/Fotograaf
www.laurabown.com

LANGE SNEDE BB

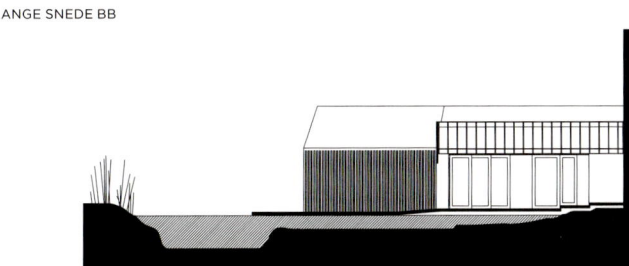

LANGE SNEDE AA

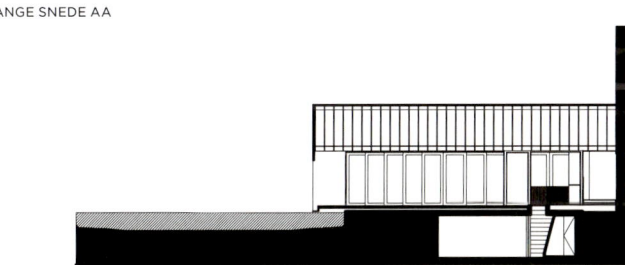

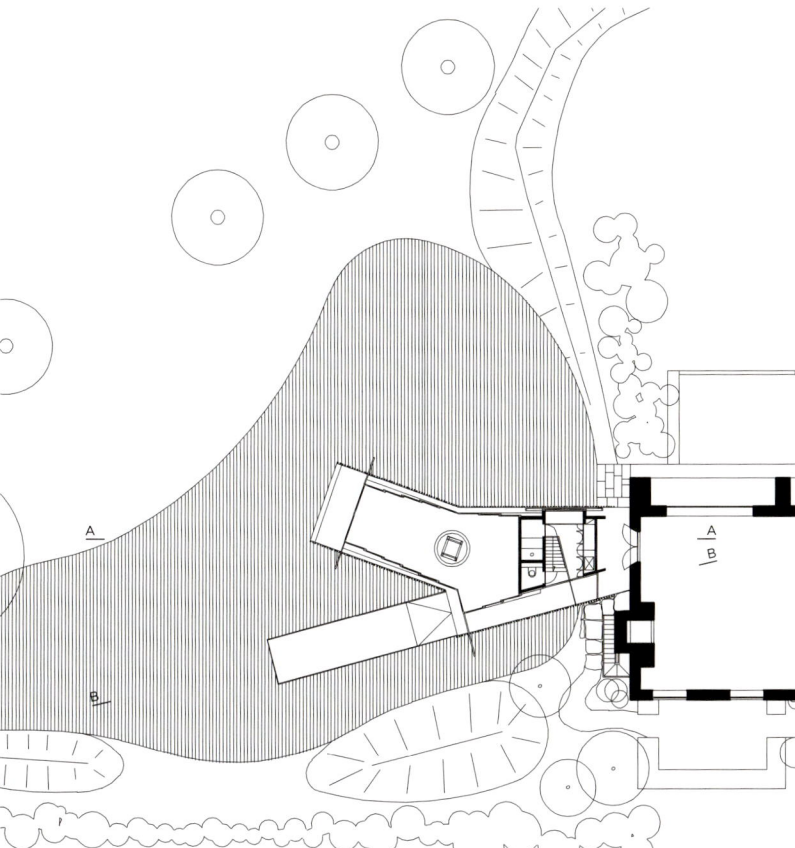

EN In the Flemish farmlands, on a parcel fringed with pollard willows and surrounded by swamps, a pond and shrubbery, a typical north – south oriented farmhouse is situated. The inhabitants commissioned me to design a pavilion at the north side.
The refuge is made in wood. Building in wood is about the knowledge of joints. A wooden floor is cantilevered on a wine cellar over the pond. Wooden vertical beams are bearing the roof. In between, some places are given specific use: a toilet, a hammam, a shower, a chest, a kitchenette, wood supply for the fire and a fireplace. The fireplace braces the whole to resist wind pressure. The roof is covered with red wood shingles to drain the rain. Red copper leads the rainwater to a spout giving back the water to the pond around the pavilion. The spouts are also used for the gliding doors. An inner space can be protected from winds, temperature and sound by gliding doors. The doors give the freedom to change the refuge with the change of nature. Architecture becomes a kind of tool in between the landscape and the human presence.

FR Une fermette traditionnelle, orientée plein sud, dans la campagne flamande. Une parcelle bordée de saules marsault et entourée de marais, d'un étang et d'un jardinet. Les occupants m'ont chargé de concevoir un pavillon côté nord. Le refuge est en bois. La construction en bois exige la maîtrise des joints. Un sol en bois est posé en porte-à-faux sur l'étang, au-dessus d'un cellier. Des poutres verticales en bois soutiennent la toiture. Dans l'enfilade, certains espaces ont reçu une affectation bien précise: des toilettes, un hammam, une douche, une commode, une kitchenette, une réserve de bois pour le feu et un foyer. Ce dernier occupe toute la hauteur pour résister à la pression du vent. La toiture est couverte de bardeaux en bois rouge qui évacuent la pluie. Des gouttières en cuivre rouge récoltent l'eau pluviale et l'acheminent vers des déversoirs qui la rejettent dans l'eau de l'étang entourant le pavillon. Les déversoirs servent aussi d'encadrement aux portes coulissantes, qui protègent l'intérieur du vent, du froid et du bruit. Elles permettent de faire changer le refuge au gré des saisons. L'architecture fait alors office de trait d'union entre le paysage et la présence humaine.

NL Op het Vlaamse platteland, op een perceel met knotwilgen, omgeven door moerassen, een vijver en een heesterhaag, staat een boerderij met een typische noord-zuidoriëntatie. De bewoners hebben mij gevraagd om aan de noordzijde een paviljoen te bouwen. Het is van hout gemaakt. In de houtbouw draait alles om de kennis van de verbindingen. Een houten vloer rust vrijdragend op een wijnkelder boven de vijver. Verticale houten balken schragen het dak. Bepaalde ruimten hebben een specifieke bestemming gekregen: een toilet, een hammam, een douche, een kist, een keukentje, een houtvoorraad voor het vuur, een haard. De haard zet het geheel schrap tegen de druk van de wind. Het dak is bedekt met spanen van sequoiahout die de regen afvoeren. Rood koper brengt het hemelwater via een tuit naar de vijver rond het paviljoen. De tuiten worden ook voor de schuifdeuren gebruikt. Schuifdeuren kunnen de binnenruimte beschermen tegen wind, kou en lawaai. De deuren geven de vrijheid om het paviljoen samen met de natuur te laten veranderen. De architectuur wordt een soort instrument tussen het landschap en de aanwezigheid van de mens.

HOUSING/WORKING   100

15

2007
HOUSE
PASSERELLE

MARC VAN SCHUYLENBERGH
Architect/Architecte/Architect
www.marcvanschuylenbergh.be

**DIRK & ELS HEEREMANS–
VAN DER WEEËN**
Client/Maître d'Ouvrage/Opdrachtgever

JOHAN VAN DORPE
Structural Engineer/Ingénieur Stabilité/
Ingenieur Stabiliteit
www.johan-van-dorpe.be

JORIS VERNAILLEN
Structure Contractor/Entreprise Gros-œuvre/
Algemene Ruwbouw

STATIONSTRAAT 25
9470 DENDERLEEUW
Place/Lieu/Plaats

ANAKLASIS – JAN CAUDRON
Photographer/Photographe/Fotograaf
www.anaklasis.be

SNEDE AA

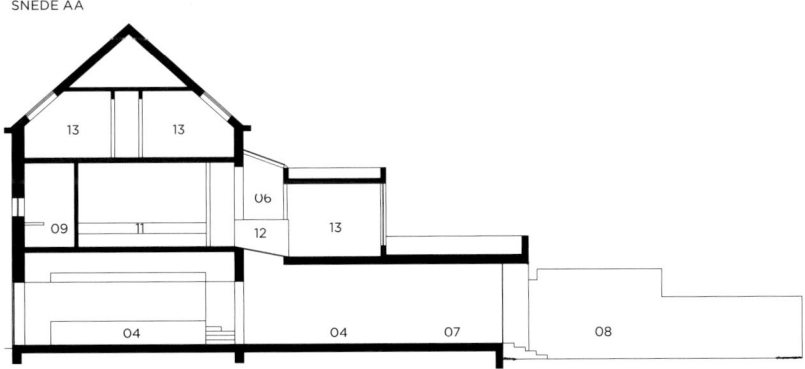

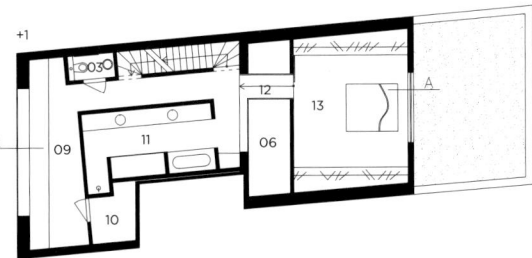

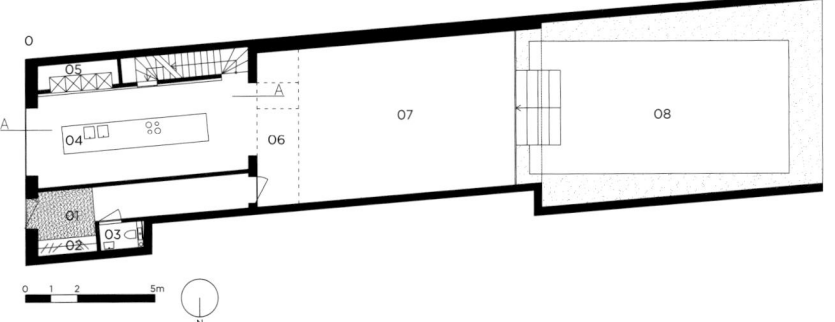

01	Inkom
02	Vestiaire
03	Wc
04	Keuken-eetruimte
05	Frigo-oven
06	Vide
07	Leefruimte
08	Terras
09	Bureel
10	Berging
11	Badkamer
12	Loopbrug
13	Slaapkamer

EN
The renovation of the terraced house was 2-tiered. To the existing main volume, serving as the kitchen-office-bathroom and area for the children as its primary functions, a new volume was added to billet the living space and bedroom for the parents. The new volume is fully openwork towards the garden that sits towards the back, and stands in contrast with the fairly closed front face wall on the street side. A void and a white-lacquered metal footbridge connect and accentuate both volumes. Over the void, a glass sky-light brings extra daylight and a light and airy sense of space. In order to further hit home the spatiality of the entity, bright colour highlights were applied around the home interior. Green for the kitchen, sly blue for the bathroom, red & magenta for the children's rooms. The remaining rooms were all painted white.

FR
Cette maison de rangée rénovée se compose de deux ailes. Le volume principal existant dévolu à un espace cuisine-bureau-salle de bains et à une zone réservée aux enfants s'est vu adjoindre un nouvel espace où sont aménagés les lieux de vie et la chambre parentale. Entièrement ouvert sur le jardin à l'arrière, ce nouveau volume contraste avec la façade avant relativement fermée côté rue. Un vide et une passerelle métallique laquée en blanc relient les deux volumes en les accentuant. Au-dessus du vide, un lanterneau vitré fait entrer la lumière et procure une sensation de légèreté. Des touches de couleurs vives viennent renforcer l'impression d'espace de l'ensemble : vert pour la cuisine, bleu ciel pour la salle de bains, rose et fuchsia pour les chambres d'enfant. Les autres pièces ont été peintes en blanc.

NL
De verbouwing van de rijwoning bestond uit twee delen. Aan het bestaande hoofdvolume – met een keuken-bureau-badkamerzone en een zone voor de kinderen – werd een nieuw volume toegevoegd, waarin de leefruimte en slaapkamer van de ouders werden ondergebracht. Het nieuwe volume is volledig opengewerkt naar de achterliggende tuin en staat in contrast met de vrij gesloten voorgevel aan de straatkant. Een vide en een metalen loopbrug – wit gelakt – verbinden en accentueren beide volumes. Boven de vide zorgt een glazen lichtstraat voor extra daglicht en een luchtig ruimtegevoel. Om de ruimtelijkheid van het geheel nog te versterken, werden in de woning felle kleuraccenten toegepast. Groen voor de keuken, hemelsblauw in de badkamer, rood en fuchsia voor de kinderkamers.
De resterende ruimtes werden in het wit geschilderd.

HOUSING/WORKING

2010
RABBIT HOLE

LENS°ASS ARCHITECTEN
BART LENS
Architect/Architecte/Architect

ANDRI HAFLIDASON/
GEORG SCHMIDTHALS
Collaborators/Collaborateurs/Medewerkers
www.lensass.be

PIET DE MEUTER
Client/Maître d'Ouvrage/Opdrachtgever

VAN ERUM bvba
Structural Engineer/Ingénieur Stabilité/
Ingenieur Stabiliteit
http://users.telenet.be/vanerumbvba

MAURICE VIERENDEEL
General Contractor/Entreprise Générale/
Algemene Aannemer

D'HUYS/HEBU bvba
Contractors/Entreprises/Aannemers

OUDENAASKSESTRAAT 10
1750 GAASBEEK
Place/Lieu/Plaats

PHILIPPE VAN GELOOVEN/
BIEKE CLAESSENS/
LENS°ASS - ANDRI HAFLIDASON
Photographers/Photographes/Fotografen
www.phvg.be
www.biekeclaessens.be
www.lensass.be

COUPE AA

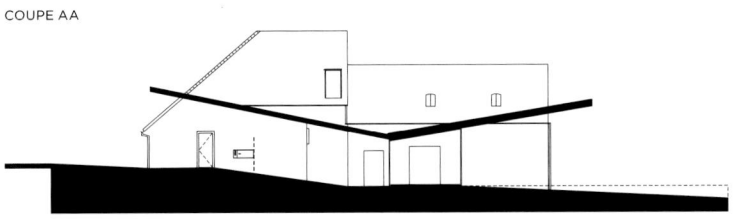

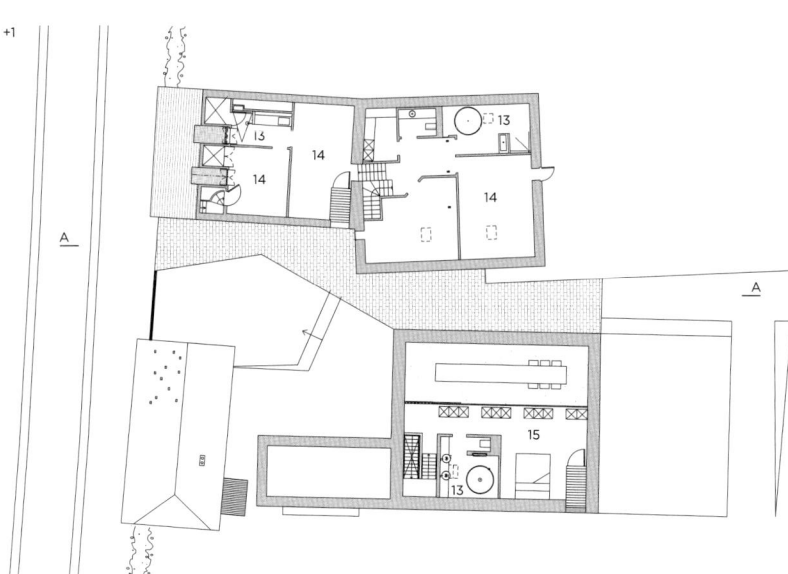

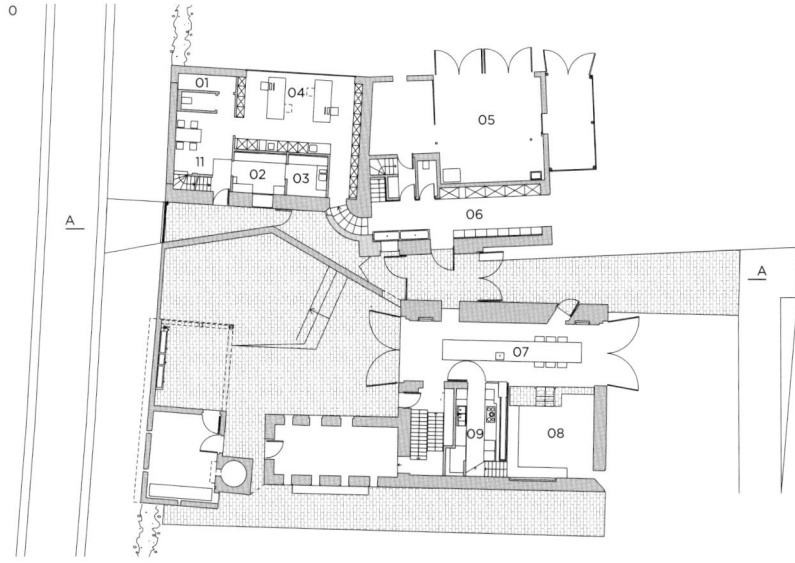

01 Opbergruimte
02 Apotheek
03 Opbergruimte
04 Bureel
05 Carport
06 Berging
07 Keuken
08 Living
09 Keuken/berging
10 Hal
11 Wachtkamer/vergaderzaal
12 Toilet
13 Badkamer
14 Slaapkamer
15 Masterbedroom

PHILIPPE VAN GELOOVEN

EN

A farm in the sloping Pajottenland landscape is converted into a family home and veterinary practice. A masoned brick shaft that connects the practice, the residential quarters and the garden instils a sense of order in a cluster of existing buildings. Leading to an inner courtyard that has also been finished in brickwork, the shaft was soon nicknamed 'the rabbit hole'. From the upland castle of Gaasbeek, the brick roofing of the rabbit hole is easily spotted. Like the castle, it has become a visually strong and culturally defining element in the landscape. Once inside the house, other unexpected surprises await the visitor. Even the smallest of windows frames the age-old landscape with its seventeenth-century castle. The architecture and the surroundings have been an abundant source of mutual stimulation. The effect is so natural-looking that it seems to have been shaped by nature and history alone.

FR

Cette fermette nichée dans le paysage vallonné du Pajottenland a fait place à une habitation et un cabinet de vétérinaire. L'ensemble formé par le cabinet, l'habitation et le jardin existants a été relié par un sas entièrement maçonné en briques. Ce sas a vite été rebaptisé « le terrier du lapin ». Il donne sur la cour intérieure, également pavée de briques. Du château de Gaasbeek, niché sur les hauteurs, on peut bien distinguer la couverture en briques du toit du « terrier ». Tout comme le château, cet édifice constitue un élément architectural et culturel du paysage. L'intérieur réserve encore quelques surprises. Même la plus petite ouverture de fenêtre met en valeur le paysage et son château du XVIIe siècle, comme un tableau. L'architecture et les environs se sont nourris l'un de l'autre. L'effet est tellement naturel qu'il donne l'impression d'être le produit de la nature et de l'histoire.

NL

Een hoeve in het glooiende landschap van het Pajottenland wordt woning en dierenartsenpraktijk. Een clustering van bestaande gebouwen wordt geordend door een volledig in baksteen gemetselde koker die praktijkruimte, woning en tuin verbindt. De koker kreeg algauw de bijnaam 'konijnenpijp'. Hij geeft uit op een binnenhof, eveneens afgewerkt met baksteen. Vanaf het hoger gelegen kasteel van Gaasbeek is de bakstenen dakbekleding van de konijnenpijp goed te zien. Ze vormt net zoals het kasteel een beeld- en cultuurbepalend element in het landschap. In huis wachten het oog onverwachte verrassingen. Zelfs het kleinste vensteropeningetje kadert het oude landschap en het bijbehorende zeventiende-eeuwse kasteel. Architectuur en omgeving hebben elkaar rijkelijk gevoed. Het effect is zo natuurlijk dat men de indruk krijgt dat het concept het product is van natuur en geschiedenis.

2007
HOUSE + OFFICE

SCULPT (IT)
SILVIA MERTENS/PIETER PEERLINGS
Architects/Architectes/Architecten
www.sculp.it

SILVIA MERTENS/PIETER PEERLINGS
Client/Maître d'Ouvrage/Opdrachtgever
STUBECO bvba
Structural Engineer/Ingénieur Stabilité/
Ingenieur Stabiliteit
www.stubeco.be
BELGIUM BUILDING AWARD 2008:
Laureaat
STAALBOUWWEDSTRIJD 2009:
Nominatie
Prize/Prix/Prijs

HUIKSTRAAT 47
2000 ANTWERPEN
Place/Lieu/Plaats

LUC ROYMANS
Photographer/Photographe/Fotograaf
www.roymans.com

DETAIL SNEDE ACHTERGEVEL

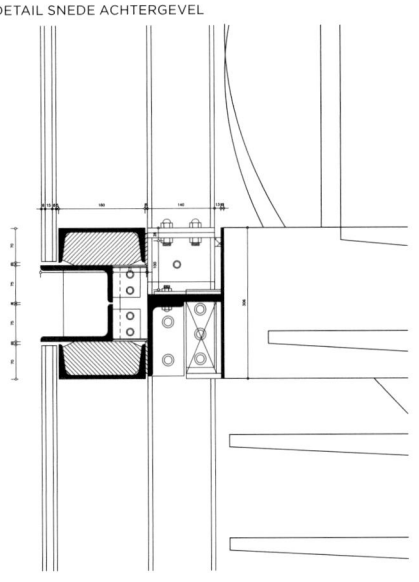

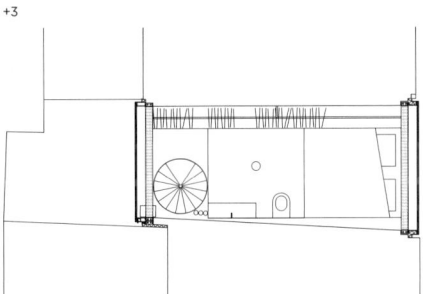

+3

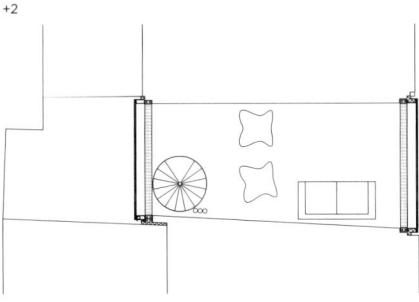

+2

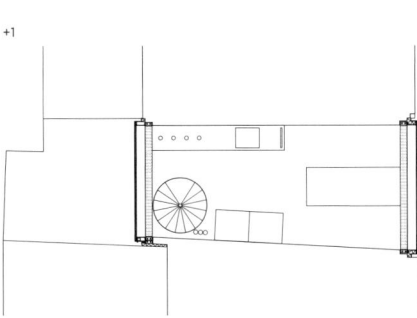

+1

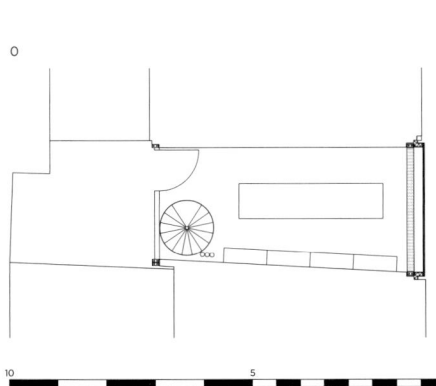

0

SNEDE

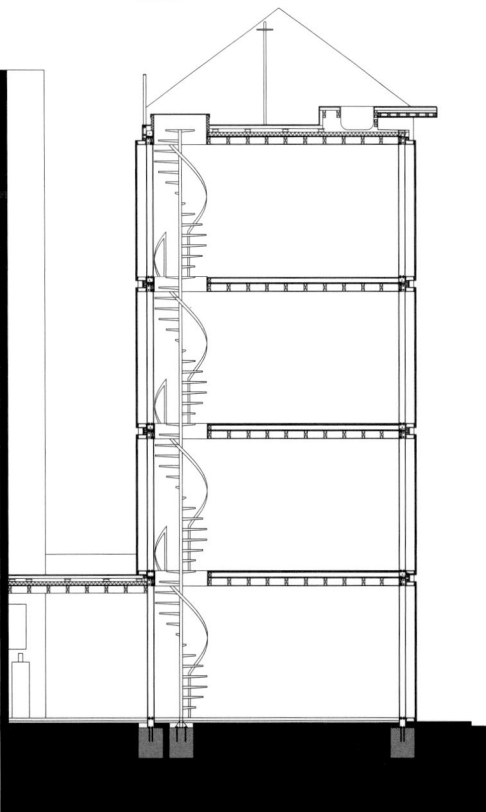

EN

It is as if nothing has happened. What do you do with a residual space of just 2.4 m in width? A search for the ultimate living environment. Four wooden floors between two existing walls, hanging in a steel skeleton, combine to lend structure to the home: the ground floor is for working – the first floor is for eating – the second floor for relaxation and the third floor for sleeping. And on the roof storey there are the views to be enjoyed from the roof garden of the bathtub. The boundary with the great outdoors is made up only of glass. Both the front and the rear are completely glazed. Hyper transparency not only as a need, but also as a strong suit. Where is the boundary if everything is visible? This transparency, imbuing each facet of home life on every floor by means of black window frames is like a living painting. It is also a knowing wink to a former function of the local quarter (prostitution). The restriction of the available surface (60 m²) again moves the boundary between need and luxury. Which means compromises are not an option with this space. Surface is glorious, but then again it is not the be-all and end-all to enjoy a nice home. Respecting one large restriction affords luxury and freedom; a position in the city, comfort and the financial elbowroom to enjoy life to the full.

FR

C'est un peu comme si rien ne s'était passé. Pourtant, le travail fut titanesque. Le projet est plus une question qu'une réponse. C'est la quête de l'habitation idéale. Que faire avec ou sur un espace résiduel de 2,40 m de large? Quatre plateaux entre deux murs de séparation organisent l'habitat. Au rez-de-chaussée, le professionnel, au premier, l'alimentaire, au deuxième, la détente et au troisième le repos. Enfin, sur le toit, on profite de la vue depuis la terrasse ou la baignoire. Seul le verre marque la frontière avec l'extérieur. Les façades avant et arrière sont entièrement vitrées. Cette hypertransparence est à la fois une nécessité et un atout. Où se situe la frontière de l'habitation quand tout peut être vu? Est-ce un inconvénient ou justement une exploitation épurée de l'espace public? Cette transparence, encadrement de la vie, est aussi un clin d'œil subtil aux anciennes fonctions remplies par le bâtiment dans ce quartier. Le résultat est épuré sans être nu.

NL

Het is alsof er niets gebeurd is. En toch ook veel. Misschien eerder een vraag dan een antwoord. Een zoektocht naar het ultieme wonen. Wat doe je op of met een restruimte van 2.40 m breedte? Vier plateaus tussen twee scheidsmuren organiseren het wonen; op het gelijkvloers werken, op de eerste verdieping; eten, op het tweede; relaxen, op het derde slapen; en bovenop het dak genieten van het uitzicht vanop het terras of vanuit het bad. De grens met buiten is enkel glas. Zowel de voorgevel als de achtergevel zijn volledig beglaasd. Hypertransparantie niet alleen als noodzaak, maar ook als troef. Waar is de grens van het wonen als alles zichtbaar is? Is het een nadeel dan juist wel een uitgepuurde exploitatie van de openbare ruimte? Deze transparantie als een omlijsting van het leven – tevens een subtiele knipoog naar de vroegere functies in deze buurt. Doch is het naakt, niet bloot.

HOUSING/WORKING

18

2009

BETWEEN TWO SQUARES:
40 DWELLINGS AND 5 COMMERCIAL SPACES

BOB361 ARCHITECTEN
IVO VANHAMME/GOEDELE DESMET/
JEAN-MICHEL CULAS
Architects/Architectes/Architecten

JAN OPDEKAMP/NATHAN OOMS/
CÉLINE VAN LAMSWEERDE
Collaborators/Collaborateurs/Medewerkers
www.bob361.com

IMPLANT nv
Client/Maître d'Ouvrage/Opdrachtgever

INGENIEURSBUREAU EDDY HENSKENS
Structural Engineer/Ingénieur Stabilité/
Ingenieur Stabiliteit

RVR STUDIEBUREAU
Mechanical Engineer/Ingénieur Techniques Spéciales/
Ingenieur Technieken

DAIDALOS PEUTZ bvba
Acoustic Engineer/Ingénieur Acoustique/
Ingenieur Akoestiek
www.daidalospeutz.be

VAN LAERE nv
General Contractor/Entreprise Générale/
Algemene Aannemer
www.vanlaere.be

**HOGESCHOOLPLEIN/SMETSPLEIN
3000 LEUVEN**
Place/Lieu/Plaats

ANDRÉ NULLENS
Photographer/Photographe/Fotograaf

COUPE

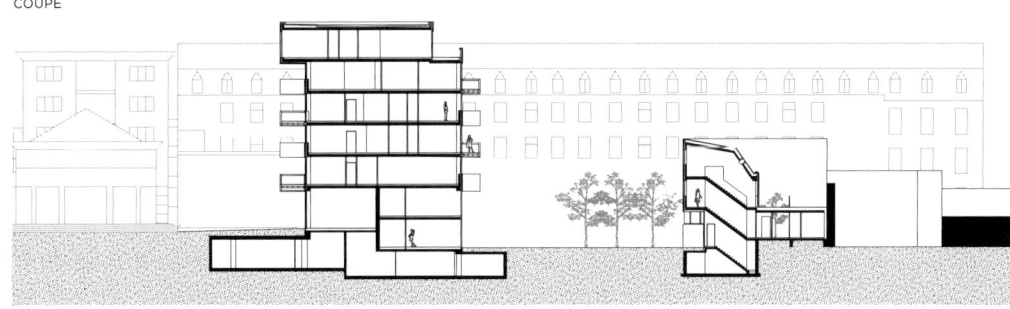

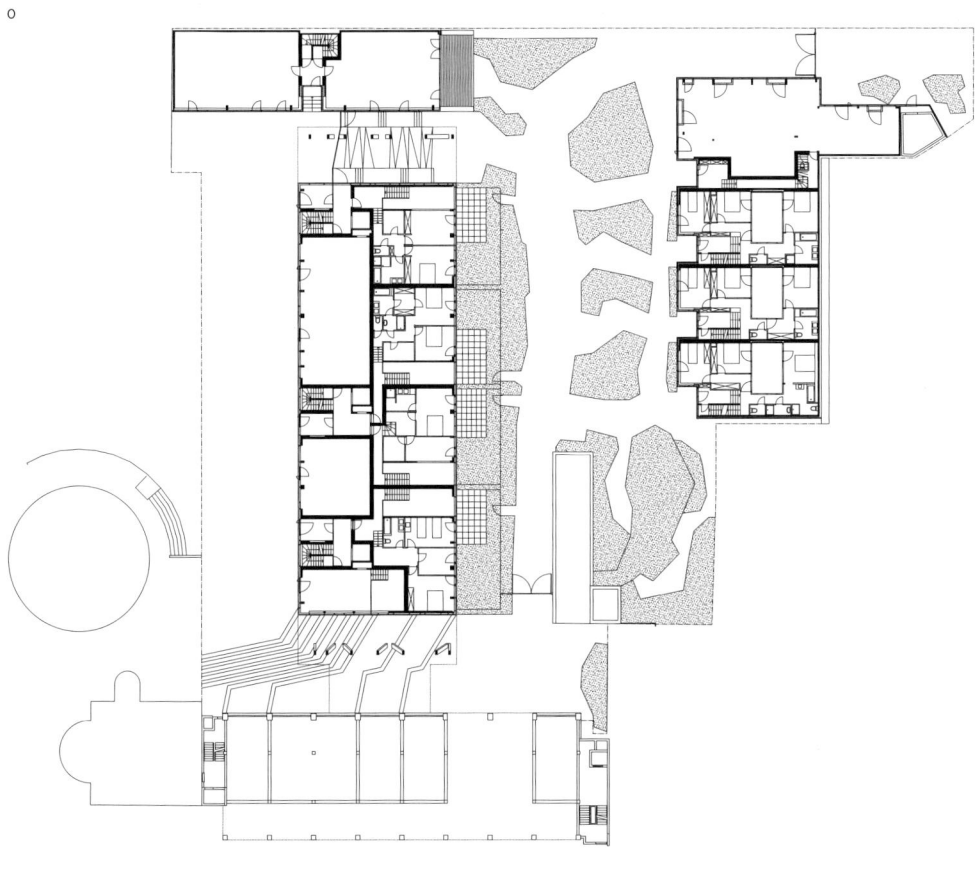

EN

The homes are built at the site of the former swimming pool. The setting is made up of a finely meshed network of narrow alleys and two representative squares in the historic town centre. These systems are further reinforced and used. A third square will be laid out as a communal garden, lined by the buildings. The lower storeys are involved in the small-scale typology of Hogeschoolplein, the higher block of flats serves to complete Smetsplein. The site is an inviting setting to transform the rear sides and remaining premises into front ends. The facades consist of horizontally alternating bands of glass and view concrete. The facade cladding panels and the terrace guardrails are printed with a 'crazing' pattern lifted from a Dirk Bouts painting

FR

Les maisons ont été réalisées à l'emplacement de l'ancienne piscine. Les environs se caractérisent par un réseau dense d'impasses confidentielles et deux places représentatives du centre-ville historique. Cet agencement a été exploité et encore renforcé. Une troisième place a été aménagée : elle accueille un jardin commun autour duquel les bâtiments sont organisés. Les niveaux inférieurs ont été intégrés dans la typologie à petite échelle de la Hogeschoolplein ; les immeubles d'appartements plus hauts complètent la Smetsplein. Le site invite à transformer l'envers du décor et les espaces résiduels en façades avant. Des bandes horizontales de verre et de béton esthétique rythment les façades. Les panneaux de façade et les garde-corps des balcons sont rehaussés d'un motif craquelé imprimé, tiré d'un tableau de Dirk Bouts.

NL

De woningen werden op de site van het voormalige zwembad gerealiseerd. De omgeving bestaat uit een fijnmazig netwerk van intieme steegjes en twee representatieve pleinen in de historische stadskern. Deze systemen werden verder versterkt en aangewend. Er werd een derde plein ingericht, als gemeenschappelijke tuin waarrond de gebouwen zijn georganiseerd. De laagste niveaus werden geïntegreerd in de kleinschalige typologie van het Hogeschoolplein, het hogere appartementsgebouw vervolledigt het Smetsplein. De site nodigt uit om de aanwezige achterzijden en restruimtes te transformeren tot voorzijden. De gevels bestaan uit horizontale afwisselende banden van glas en zichtbeton. De gevelpanelen en terrasleuningen werden bedrukt met een 'craquelure'-patroon uit een schilderij van Dirk Bouts.

HOUSING/WORKING

19

116

2009
CONSTRUCTION OF 3 APPARTMENTS

ARCHITECTENBUREAU JAN MAENHOUT
Architect/Architecte/Architecte

STEF VAN DEN BROECK
Collaborator/Collaborateur/Medewerker
www.arch-janmaenhout.be

RENOVAS
Client/Maître d'Ouvrage/Opdrachtgever

SCES nv
Structural Engineer/Ingénieur Stabilité/
Ingenieur Stabiliteit
www.scesnv.be

VIKI sa
General Contractor/Entreprise Générale/
Algemene Aannemer

GOOSSENSSTRAAT 18
3000 LEUVEN
Place/Lieu/Plaats

JORIS SMET
Photographer/Photographe/Fotograaf

HOUSING/WORKING

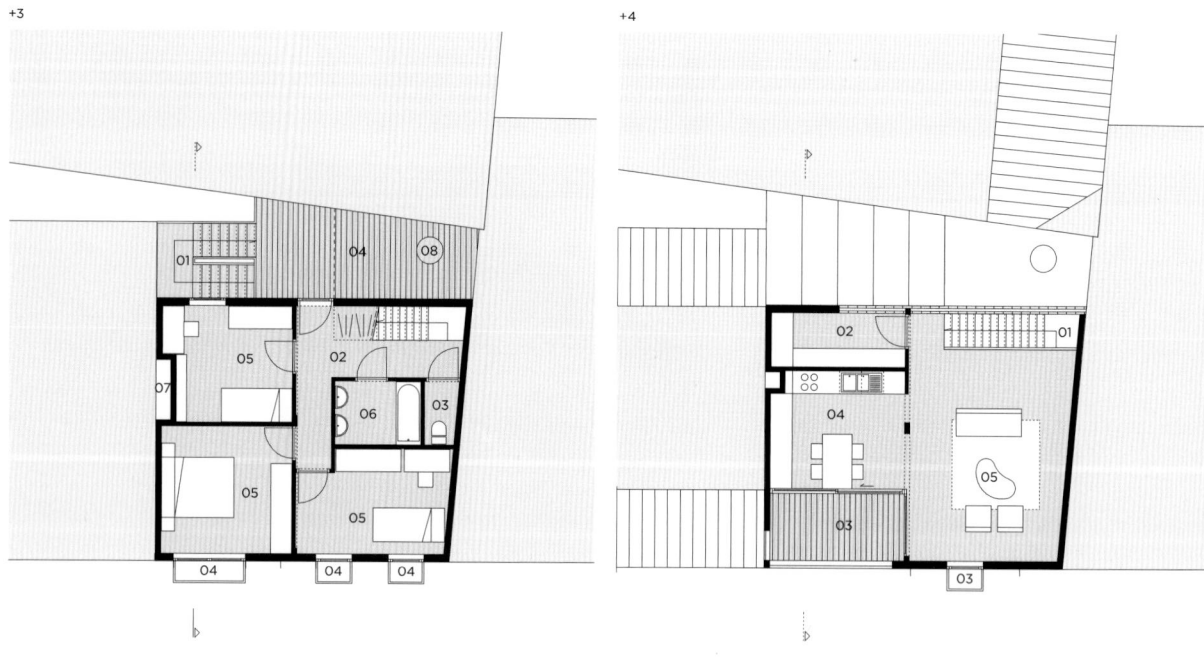

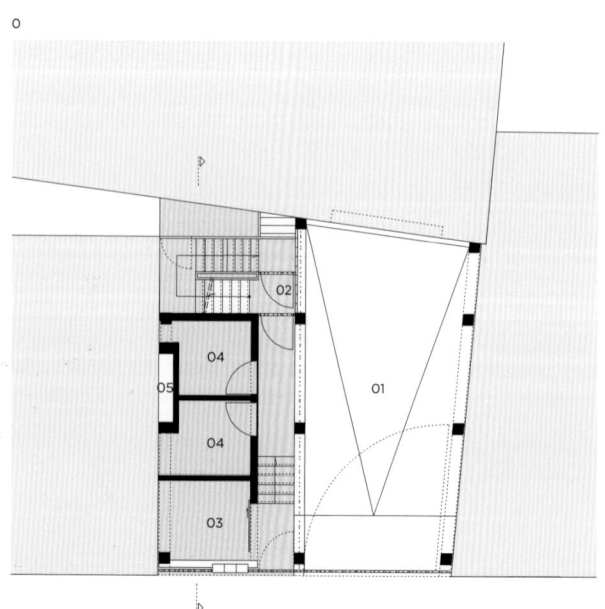

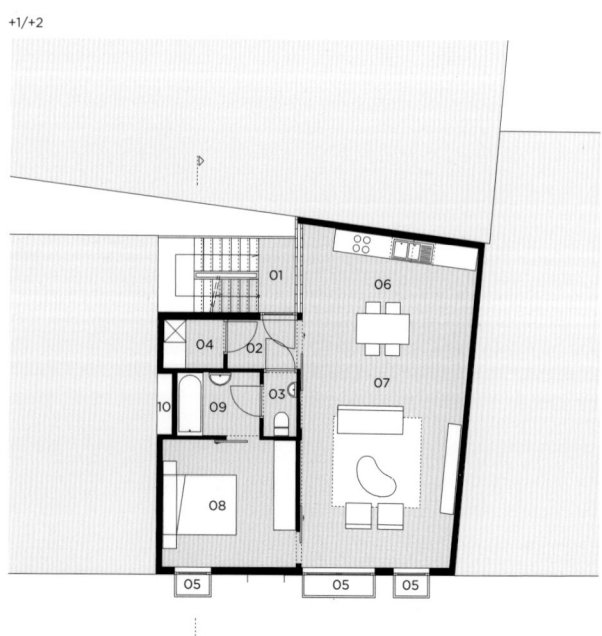

Niveau +4
01 Vide
02 Bergplaats/débarras
03 Terras/terrasse
04 Keukenblok/bloc cuisine
05 Leefruimte/living

Niveau +3
01 Traphal/cage d'escalier
02 Inkom/entrée
03 Toilet/wc
04 Terras/terrasse
05 Slaapkamer/chambre à coucher
06 Badkamer/salle de bains
07 Leidingkoker/gaine technique
08 Lichtkoepel/lumière zenithale

Niveau +1/+2
01 Traphal/cage d'escalier
02 Inkom/entrée
03 Toilet/wc
04 Bergplaats/débarras
05 Terras/terrasse
06 Keukenblok/bloc cuisine
07 Leefruimte/living
08 Slaapkamer/chambre à coucher
09 Badkamer/salle de bains
10 Leidingkoker/gaine technique

Niveau 0
01 Dienstdoorrit/passage d'accès
02 Traphal/cage d'escalier
03 Fietsen/bycyclettes
04 Bergplaats/débarras
05 Leidingkoker/gaine technique

EN
The project is situated on a plot with three dead faces, behind an old cinema theatre of the Novanois music centre. The ground floor, with a service passage to the building to the rear, is a completely open space with the exception of a coloured box that houses the communal entrance to the flats above and access to the storage areas. Vertical traffic is directed by an openwork steel staircase allowing daylight to come flooding in. Facing the street sits a plot-wide fence screen, separating the public and private space whilst creating visual continuity between these two spaces. The new facades are light-grey fibre cement panels that tie in with the colour of the existing facades. The vividly tinted transparent fins offer an accent to the streetscape symbolising the ethnic diversity of the local quarter.

 FR
Le projet est situé sur une parcelle avec trois façades aveugles, à l'arrière d'un ancien cinéma du centre musical Novanoïs. Le rez-de-chaussée, avec un passage de service vers le bâtiment arrière, est ouvert au maximum, à l'exception d'une cage colorée qui abrite l'accès commun aux appartements et aux débarras. La circulation verticale est assurée par un escalier à claires-voies en acier qui fait en même temps office de puits de lumière. Une clôture de la même largeur que la parcelle en continuité avec la rue sépare l'espace public de l'espace privé. Les façades sont réalisées en panneaux préfabriqués gris clair, en harmonie avec la couleur des façades existantes. Les lamelles colorées animent la rue et symbolisent l'ambiance cosmopolite du quartier.

 NL
Het project bevindt zich op een perceel met drie blinde gevels, aan de achterzijde van een oude bioscoopzaal van muziekcentrum Novanoïs. Het gelijkvloers met dienstdoorgang naar het achterliggend gebouw is maximaal opengetrokken, met uitzondering van een gekleurde box die de gemeenschappelijk toegang naar de appartementen en bergingen herbergt. De verticale circulatiezone bestaat uit een open stalen trap die tevens dientdoet als lichtschacht. Een perceelbreed hekwerk dat doorloopt in de straatwand vormt de scheiding tussen de openbare en private ruimte. De gevels bestaan uit lichtgrijze vezelcementplaten, die aansluiten bij de kleur van de bestaande gevels.

LANGSDOORSNEDE/COUPE

VOORGEVEL

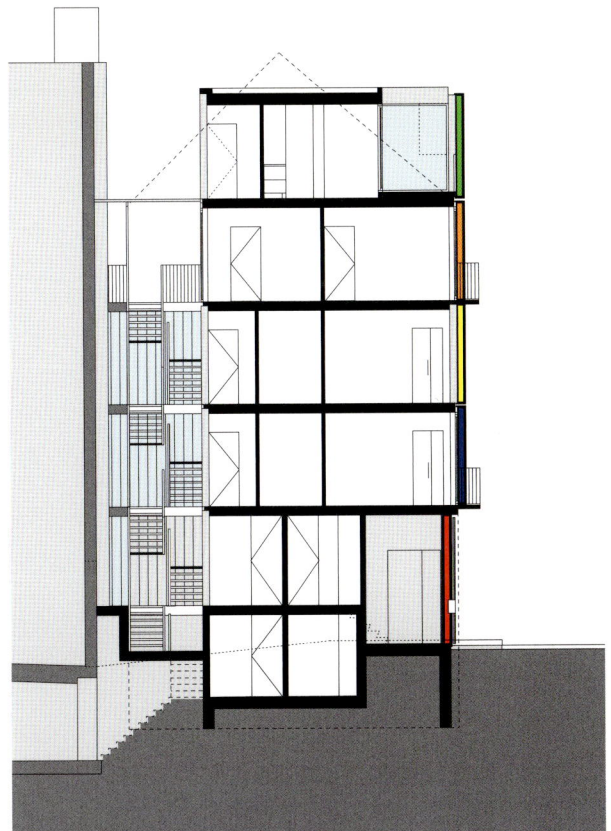

HOUSING/WORKING

2008
LES HEURES CLAIRES

AABE (ERPICUM) sprl
BRUNO ERPICUM
Architect/Architecte/Architect

CAROLINE VERHOFSTEDE
Collaborator/Collaborateur/Medewerker
www.aabe.be

LES HEURES CLAIRES
Client/Maître d'Ouvrage/Opdrachtgever

CONCEPT CONSULT DESIGN bvba
Structural Engineer/Ingénieur Stabilité/
Ingenieur Stabiliteit

POLYVALENCE sa
General Contractor/Entreprise Générale/
Algemene Aannemer

1330 RIXENSART
Place/Lieu/Plaats

JEAN-LUC LALOUX
Photographer/Photographe/Fotograaf
www.laloux.be

HOUSING/WORKING

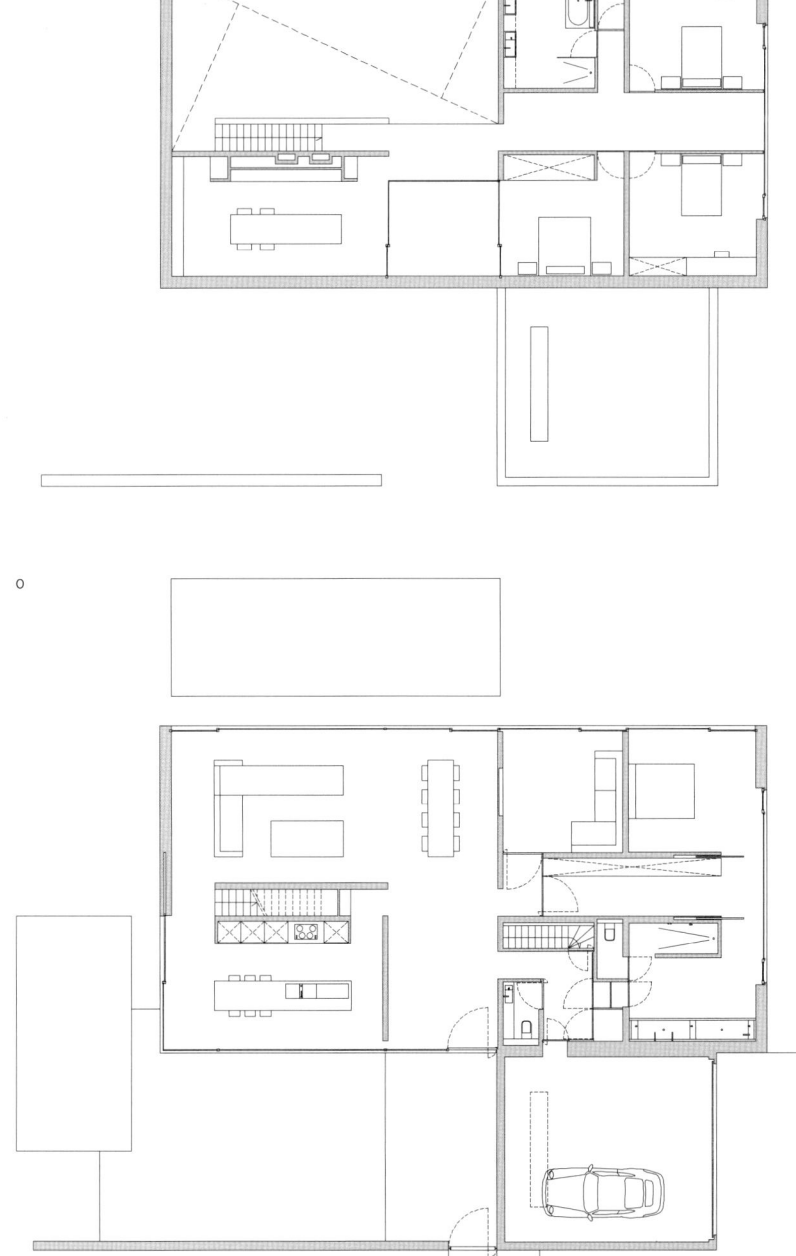

The project involved the all-out transformation of a suburban dwelling of no particular style into a contemporary home that would conjure up the delicate modernism of the 1930s. The client wanted everything to be reconsidered, rethought, reworked: the architect took the volume by the scruff and turned it around to look at it from every angle, much like a sculpture that needs to be controlled from the inside out as well as from the outside, until he had a perfect command of the relations the occupants have with one another. In the project, he unremittingly applied his favourite formula: 'getting the proportions right dispels with the need for any decorations'. As such, two white walls are now seen to punctuate the suburban avenue, preceded by two young trees that will highlight the changing of the seasons. Enter into a vast body of water that will arouse your senses before handing over to a warm family welcome.

Le travail consiste à transformer en profondeur une maison de banlieue au style incertain en une habitation contemporaine qui évoque le modernisme sensible des années 30. Le maître de l'ouvrage désire que tout soit reconsidéré, repensé, retravaillé. L'architecte s'est emparé de ce volume et l'a tourné comme une sculpture qu'il faut contrôler de l'intérieur comme de l'extérieur, jusqu'à la maîtrise parfaite des relations que les occupants entretiendront avec elle. Il y appliquera sans relâche sa formule de prédilection: «la justesse des proportions remplace toute forme de décoration». Depuis, deux murs blancs ponctuent l'avenue de banlieue, ils sont précédés de deux jeunes arbres qui grandiront en affichant les saisons. Entrez, un vaste plan d'eau éveillera vos sens, l'accueil de la famille prendra le relais.

Een huis van onbestemde stijl in een buitenwijk is verbouwd tot een eigentijdse woning die aan het gevoelige modernisme van de jaren 1930 herinnert. De opdrachtgever wenste dat alles opnieuw zou worden bekeken, anders bedacht, anders bewerkt. De architect heeft het volume behandeld als een sculptuur die hij binnen en buiten controleert, tot en met de totale beheersing van de betrekkingen van de toekomstige bewoners met hun huis. Hij past zijn favoriete formule consequent toe: 'de juiste proporties maken elke vorm van decoratie overbodig'. Twee witte muren zijn nu blikvangers in de straat, achter twee jonge bomen die seizoen na seizoen groter zullen worden. Bij het binnenkomen wordt men eerst door een grote waterpartij begroet ... en daarna door de familie.

HOUSING/WORKING 124

2010
HOUSE SATIYA

ADN ARCHITECTURES
Architects/Architectes/Architecten

**DAVID HENQUINET/
NICOLAS IACOBELLIS/
DIDIER VANDER HEYDEN**
Collaborators/Collaborateurs/Medewerkers
www.a-dn.be

SATIYA NAVAPORN
Client/Maître d'Ouvrage/Opdrachtgever

MC CARRÉ
Structural Engineer/Ingénieur Stabilité/
Ingenieur Stabiliteit
www.mc-carre.be

OLBUD sprl
General Contractor/Entreprise Générale/
Algemene Aannemer
www.vikosprl.be

1950 KRAAINEM
Place/Lieu/Plaats

FILIP DUJARDIN
Photographer/Photographe/Fotograaf
www.filipdujardin.be

HOUSING/WORKING 126

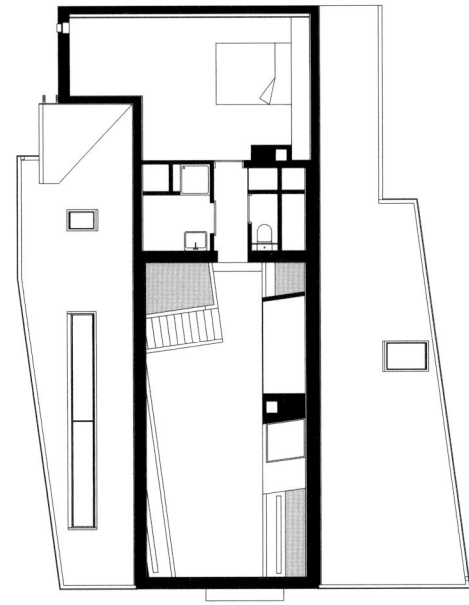

+2

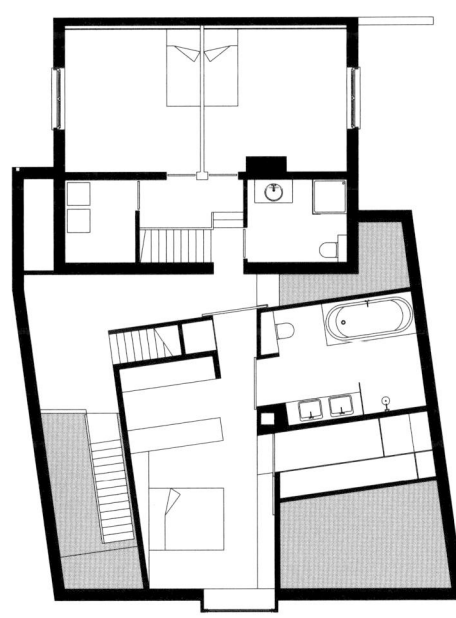

+1

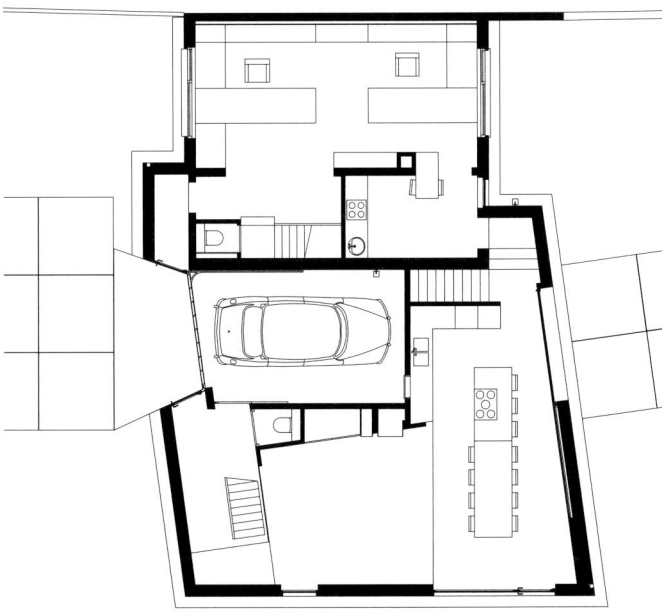

0

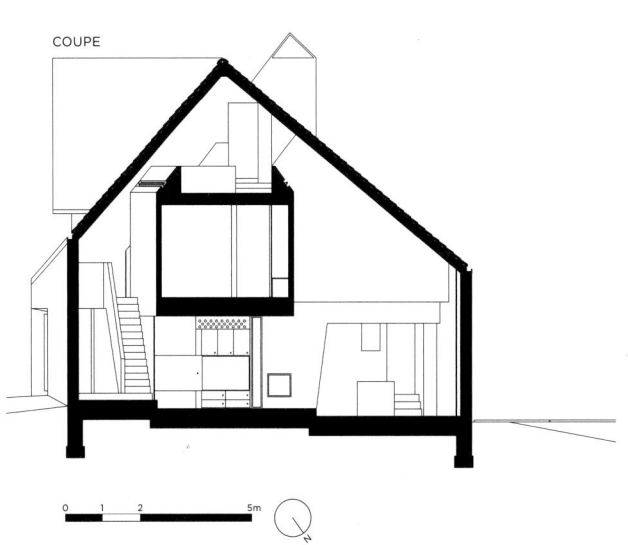

COUPE

EN

The existing situation, a 1930s dwelling of 100 m², was enlarged to become a radically modern home. The foremost aim was to ensure the seamless continuity of the add-on extension with the built context. Secondly, the building was redesigned through the application of the envelope principle covering a volume inside of which the functionalised rooms are inserted around the interplay of full and empty that lends expression to the desire to put in place straight, direct and generous contacts between the different levels. The bay openings meet the internal needs and requirements of the house, bringing a range of vistas looking out across the outdoor surroundings, as well as letting in plenty of sunlight. The facades re-interpret the reading of the spaces that unfold behind them. An interplay of diagonal lines imbues the space with a sense of dynamic.

FR

La situation existante, une maison des années 30 de 100 m², est agrandie pour devenir une habitation résolument contemporaine. La volonté première est une continuité de l'extension avec le contexte bâti. Ensuite, le bâtiment se traduit par un principe d'enveloppe recouvrant un volume dans lequel viennent s'insérer des espaces fonctionnalisés. Il s'agit ici d'un jeu de plein et de vide qui exprime la volonté de rapport étroit, direct, généreux, entre les différents niveaux. Les ouvertures de baies répondent aux besoins internes de la maison, aux choix de vues spécifiques sur l'environnement extérieur, ainsi qu'à l'ensoleillement. Les façades retranscrivent la lecture des espaces qui s'y développent derrière. Un jeu de diagonales induit une dynamique dans l'espace.

NL

Een pand uit de jaren 1930, 100 m² groot, is uitgebouwd tot een heel hedendaagse woning. De continuïteit tussen de nieuwbouw en het bestaande pand was de eerste prioriteit. Vervolgens ontwikkelt het gebouw zich als een omhulsel rond een volume met functionele ruimten. Het spel van open en gesloten volumes vertolkt een streven naar een hechte, directe, gulle verhouding tussen de verschillende niveaus. De vensters en deuren houden rekening met de interne behoeften van het huis, de uitkijk op de buitenwereld en de bezonning. De gevels nemen de structuur van de binnenruimten over. Een spel van diagonalen geeft de ruimte dynamiek.

HOUSING/WORKING

2010
VILLA ARRA

NFA ARCHITECTS
NICOLAS FIRKET &
MARIE-NOËLLE MEESSEN
Architecten/Architectes/Architects
www.NFAoffice.com

PHILIPPE CLOSSET
Structural Engineer/Ingénieur Stabilité/
Ingenieur Stabiliteit

D.S. STOFFELS sprl/IBIC bvba/
ALUSTYL/CALLEBAUT bvba
Contractors/Entreprises/Aannemers

4610 QUEUE-DU-BOIS
Place/Lieu/Plaats

MARIE-FRANCOISE PLISSART
Photographer/Photographe/Fotograaf

0

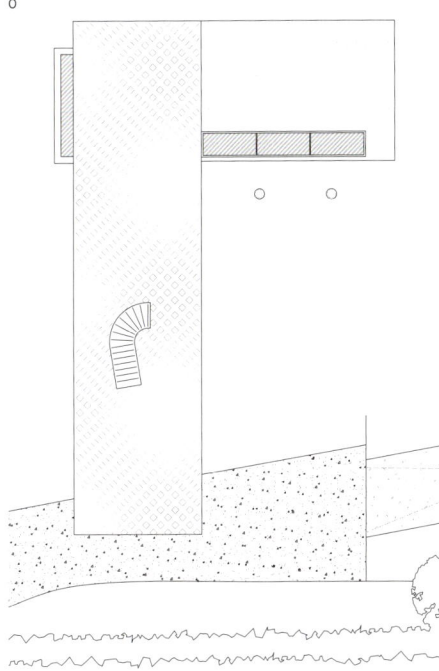

-1

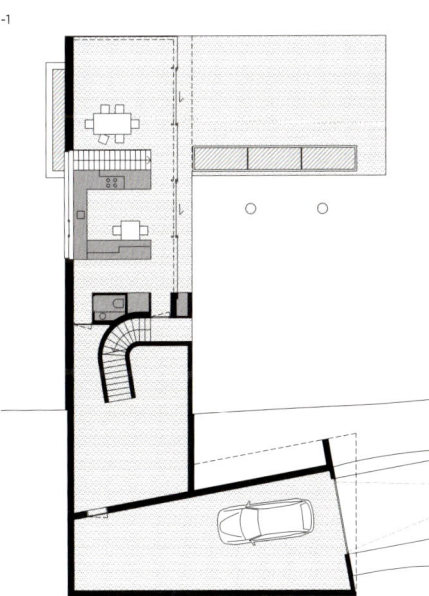

-2

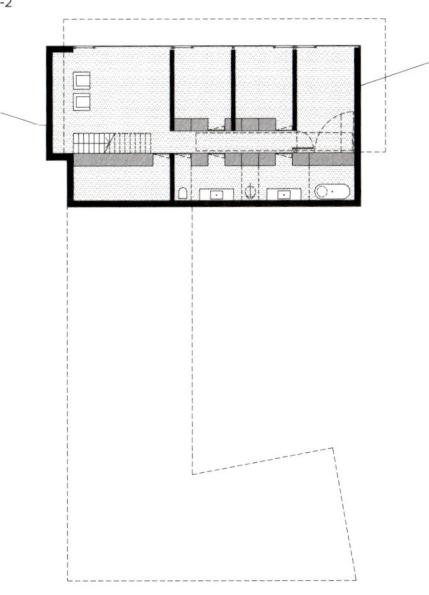

🇬🇧 The idea is not to quote history, but to come up with new existential and domestic schemes time and again. Here, access to the building is via the roof. Family life is organised in an 'inverted' sequence order: the bedrooms are situated below the living floor, with a circulation that enlarges the 200 m² surface area that is more compact than it looks. The levels created by this approach draw on the vocabulary of the modern villa and open up onto a protected landscape that sits on the edge of the mining community. The way some of the facades have been buried in dispels every orientation towards the north. The slope of the hill opens up the vista in every direction, with an orientation that follows the sunlight, in search of morphological efficiency.

🇫🇷 Il ne s'agit pas de citer l'histoire, mais de tenter à chaque fois de formuler de nouveaux schémas existentiels et domestiques. Ici, l'accès se fait par le toit. La vie de famille s'y organise selon une séquence «inverse»: on y descend vers l'étage de nuit, suivant la circulation pavillonnaire qui se propose comme une augmentation d'un plan plus compact qu'il n'y paraît (200 m²). Les niveaux créés par ce dispositif usent du vocabulaire du pavillon moderne, s'ouvrant sur un paysage préservé en bordure de corons. L'enfouissement de certaines façades annule toute orientation au Nord. La pente du coteau offre de s'ouvrir aux azimuts choisis, le plan suivant le fil de l'ensoleillement, ou la recherche d'une performance morphologique.

🇳🇱 Het is niet de bedoeling om uit de geschiedenis te citeren maar wel om telkens nieuwe existentiële en woonschema's te formuleren. Hier gaat men langs het dak naar binnen. Het familieleven is in een 'omgekeerde' volgorde georganiseerd: de slaapkamers liggen onder de woonverdieping, met een meeklimmende circulatie die de oppervlakte – die met haar 200 m² kleiner is dan ze lijkt – vergroot. De niveaus die uit deze benadering ontstaan, gebruiken het vocabularium van de moderne villa en openen zich naar een beschermd landschap aan de rand van de mijnwerkersbuurt. De ingraving van enkele gevels elimineert elke noordelijke ligging. De helling van de heuvel opent de blik in alle richtingen, met een oriëntatie die de bezonning volgt, op zoek naar morfologische efficiëntie.

HOUSING/WORKING

23

2011
MELKRIEK
SOCIAL HOUSING

PIERRE BLONDEL ARCHITECTES
PIERRE BLONDEL
Architect/Architecte/Architect

**SERGE ELOI/AMAYA MANSITO/
GENEVIÈVE VAN RANST/
DANIEL DE BUCK**
Collaborators/Collaborateurs/Medewerkers
www.pblondel.be

SOCIÉTÉ UCCLOISE DU LOGEMENT
Client/Maître d'Ouvrage/Opdrachtgever

JZH & PARTNERS scrl
Structural Engineer/Ingénieur Stabilité/
Ingenieur Stabiliteit
www.jzh.be

BUREAU DÉTANG sa
Mechanical Engineer/Ingénieur Techniques Spéciales/
Ingenieur Technieken
www.detang.be

BAM-GALÈRE sa
General Contractor/Entreprise Générale/
Algemene Aannemer
www.galere.be

**RUE FRANÇOIS VERVLOET 152-188
1180 BRUXELLES**
Place/Lieu/Plaats

SERGE BRISON
Photographer/Photographe/Fotograaf
www.sergebrison.com

EN
The site is marked by a very high degree of diversity, an accumulation that has not always been propitiously managed in terms of different layouts. In-between them, the private collective or public space has been mixed in without any clarity. The project clarifies the situation to give a more self-explanatory interpretation of the spaces. With this aim in mind a series of built and unbuilt features are put in place: a new street between rue Vervloet and rue des 3 Rois taking on a serpentine course. On the one hand to establish the course of an array of aligned residential homes with private gardens around the back facing south. On the other hand, a public square and a small East-West oriented building. Several types of residences are available, to avoid any kind of social stratification and repetitive monotony: adapted housing for disabled people, 4-bedroom homes, and flats

FR
Le site se caractérise par une très grande hétérogénéité, accumulation pas toujours gérée avec bonheur d'implantations et de type divers. Entre lesquelles, l'espace privé collectif ou public se mélange sans clarté. Le projet clarifie la situation pour donner une lecture plus évidente des espaces. Dans ce but sont mis en place une série de dispositifs bâtis et non bâtis. Une nouvelle rue entre la rue Vervloet et la rue des 3 rois avec un tracé serpentant. D'un côté pour établir le tracé d'un ensemble de logements en alignement avec jardin privé à l'arrière au sud. De l'autre côté, un square public et un petit immeuble traversant est-ouest. Plusieurs types de logements sont proposés, pour éviter toute stratification sociale et monotonie répétitive: logement pour personnes à mobilité réduite, maisons 4 chambres, appartements.

NL
De site wordt gekenmerkt door een zeer grote heterogeniteit, met een niet altijd geslaagde mix van inplantingen en stijlen. De grenzen tussen private, collectieve en openbare ruimte zijn vaag. Het project schept duidelijkheid in die situatie door de ruimte beter leesbaar te maken. Dat gebeurt door middel van een reeks ingegrepen in de bebouwing en de open ruimten. Tussen de Vervloetstraat en de Driekoningenstraat verschijnt een nieuwe straat met een kronkelend tracé. Aan de ene kant, een reeks woningen met een eigen tuin op het zuiden. Aan de andere, een plein en een gebouwtje dat het van west naar oost dwarst. Om elke sociale stratificatie en repetitieve monotonie te voorkomen, heeft men voor verscheidene woningtypes gekozen: woningen voor gehandicapten, huizen met vier slaapkamers, appartementen.

+1

0

HOUSING/WORKING

(photograph of Astronef building)

2008
ASTRONEF

CRAHAY & JAMAIGNE
Architect/Architecte/Architect

ELISE DEFAWES
Collaborator/Collaborateur/Medewerker
www.crahayjamaigne.com

LAURENT REMELS
Client/Maître d'Ouvrage/Opdrachtgever

DELTA
Structural Engineer/Ingénieur Stabilité/
Ingenieur Stabiliteit

COLLIGNON sa/ART BOISERIE/ECS
Contractors/Entreprises/Aannemers

RUE DES MÉSANGES 12
5100 JAMBES
Place/Lieu/Plaats

LAURENT BRANDAJS
Photographer/Photographe/Fotograaf
www.brandajs.com

EN
The dwelling is made up of a residential section and a professional space. It is embedded in an allotment made up of 'traditional' constructions. The project articulates a simple volume with sleek lines and neutral natural hues. A concrete podium block serves as the basis for the wood volume. The latter, cantilevered towards the West, is divided into two staggered volumes which accordingly renegotiate the alignment of the adjacent constructions whilst providing for a duly protected rear terrace. The residential spaces, made up of a wood structure and clad in cedar wood, have been given excellent insulation, whilst providing first-rate sealing against drafts.
The engineering techniques used in the project serve to underscore its ecological and sustainable character: heat pump, in-floor and in-wall heating, dual-flow mechanical ventilation, ground-coupled heat exchanger, organic home automation,…

FR
L'habitation se compose d'un logement et d'un espace professionnel. Elle s'implante dans un lotissement composé de constructions «traditionnelles». Le projet exprime un volume simple aux lignes épurées et aux teintes naturelles et neutres. Un socle en béton sert de base au volume en bois. Celui-ci, en encorbellement à l'ouest, est divisé en deux volumes décalés repensant ainsi l'alignement des constructions voisines et offrant une zone protégée pour la terrasse arrière. Composées d'une structure bois et bardées de cèdre, les zones habitables sont fortement isolées et présentent une étanchéité à l'air poussée. Les techniques du projet renforcent son caractère écologique et durable: pompe à chaleur, rayonnement sols et murs, ventilation mécanique double flux, puits canadien, bio-domotique,…

NL
Het pand omvat een woon- en een werkgedeelte. Het staat in een verkaveling met 'traditionele' huizen. Het project heeft een eenvoudig volume met zuivere lijnen en natuurlijke, neutrale tinten. Een betonnen sokkel draagt een volume van hout dat naar het westen uitkraagt en in twee verspringende delen gesplitst is, als echo van de aanpalende gebouwen. De hoek die zo ontstaat, vormt een beschutte zone voor het terras achter het huis. De woonzones, een houten structuur met een bekleding van cederhout, zijn sterk geïsoleerd en volledig winddicht. De toegepaste technieken versterken het ecologische en duurzame karakter van het project: warmtepomp, vloer- en wandverwarming, mechanische ventilatie met dubbele luchtstroom, aardwarmtewisselaar, biodomotica,…

+1

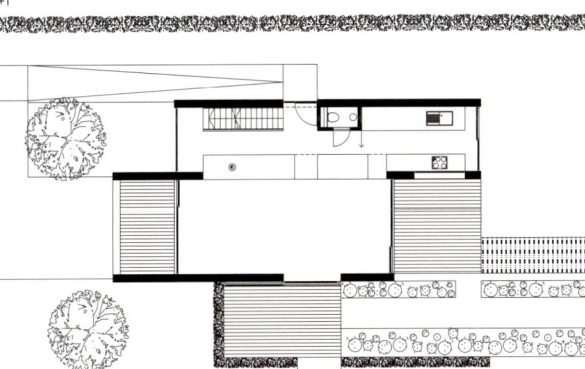

0

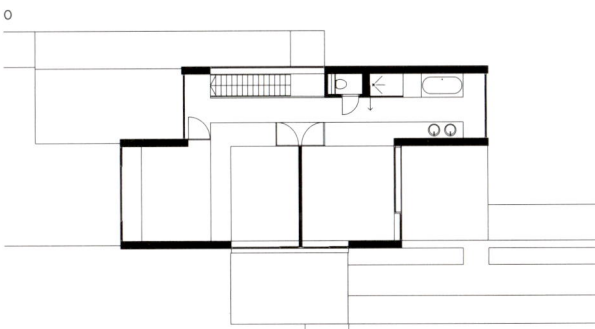

-1

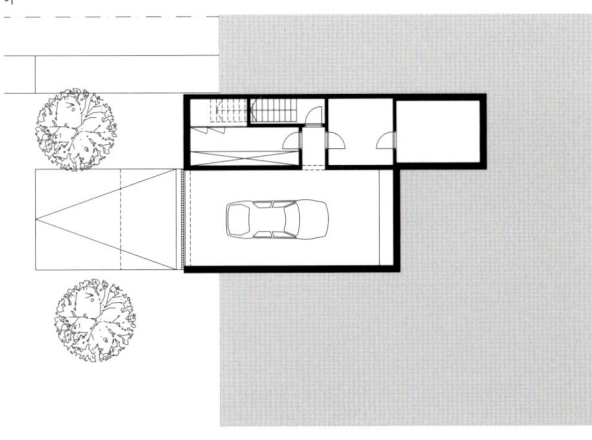

HOUSING/WORKING

2009
THE NARROW HOUSE

BASSAM EL OKEILY
Architect/Architecte/Architect
KARLA MENTEN
Collaborator/Collaborateur/Medewerker
www.bassamelokeily.com

MSS BIENKENS & MR MENTEN
Client/Maître d'Ouvrage/Opdrachtgever
HALF TEN
Structural Engineer/Ingénieur Stabilité/
Ingenieur Stabiliteit
**DANNY MEYER bvba/SCHEIFLEER/
KRIS LELIAERTS bvba/MOORS bvba
& MOUCHAERS bvba**
Contractors/Entreprises/Aannemers

3740 BILZEN
Place/Lieu/Plaats
TIM VAN DE VELDE
Photographer/Photographe/Fotograaf
www.tvdv.be

EN

It's a narrow house (5.30 m) in a small city called Bilzen, near the Holland frontier. It's my first house, and the building master are a couple in their sixties. The gentleman is a history of art aficionado while his wife is an artist. The house has a closed ground floor exterior (entrance & garage) topped by a total transparency in glass. The display window reveals two balconies in skewed positions projecting from a white façade. The lower balcony contains a reading corner for a library belonging to the gentleman of the house, while providing him with a sheltered view of the street. The upper balcony accommodates an artist's studio, the private domain of his wife. Blue light turns the façade into a spectacular light sculpture after dark. It's a narrow house in a narrow street, which offers the tale of a man, a woman and their passion. Architecture becomes a pretext to chair something else other than the sidewalk. A house is a space to live; it could also be a place to remain.

FR

Cette maison de rangée (5,30 m) est située dans la petite ville de Bilzen, à deux pas de la frontière néerlandaise. C'est ma première réalisation; le maître d'ouvrage est un couple de sexagénaires. Monsieur est féru d'histoire de l'art, son épouse est artiste. La maison dispose d'un rez-de-chaussée fermé (entrée et garage) surmonté d'une structure totalement transparente en verre. Cette «vitrine» révèle deux balcons en projection asymétrique, en débord d'une façade blanche. Le balcon inférieur abrite le coin lecture de la bibliothèque du maître des lieux, à l'abri des regards indiscrets de la rue. Le balcon supérieur accueille un atelier d'artiste, propriété privée de Madame. La lumière bleue métamorphose la façade en sculpture lumineuse à la nuit tombée. Cette maison étroite, dans une rue étroite, traduit l'histoire d'un homme, d'une femme et de leur passion. L'architecture s'ouvre sur la rue. Une maison est un lieu de vie. C'est aussi un lieu de contemplation.

NL

Het is een smal huis (5,30 m) in het stadje Bilzen, bij de grens met Nederland. Het is mijn eerste huis en de opdrachtgever is een echtpaar van een jaar of zestig. Hij is een liefhebber van kunstgeschiedenis, zij is artieste. Het huis heeft een gesloten benedenverdieping (ingang en garage) onder een volledig transparant glasvolume. De vitrine toont twee asymmetrische balkons die uitspringen uit een witte gevel. Het onderste balkon bevat een leeshoek voor de bibliotheek van de eigenaar, die hier een beschutte uitkijk heeft op de straat. Het bovenste herbergt een atelier, het privédomein van mevrouw. Als het donker wordt, verandert blauw licht de gevel in een spectaculaire lichtsculptuur. Het is een smal huis in een smalle straat. Het verhaal van een man, een vrouw en hun passie. De architectuur wordt een voorwendsel om over iets anders te heersen dan het voetpad. Een huis is een ruimte om te leven. Het kan ook een plaats zijn om te blijven.

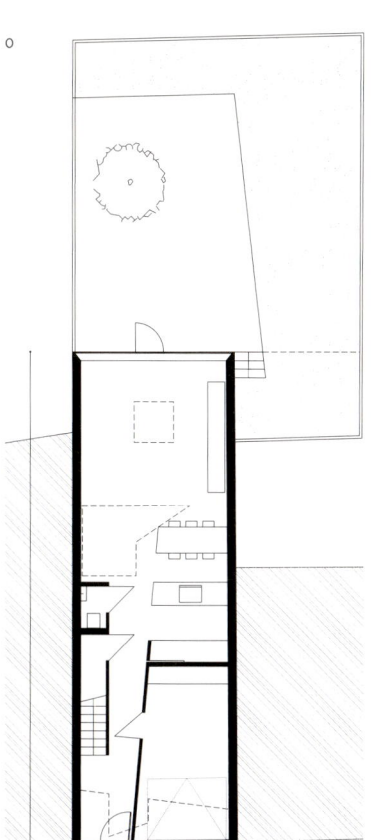
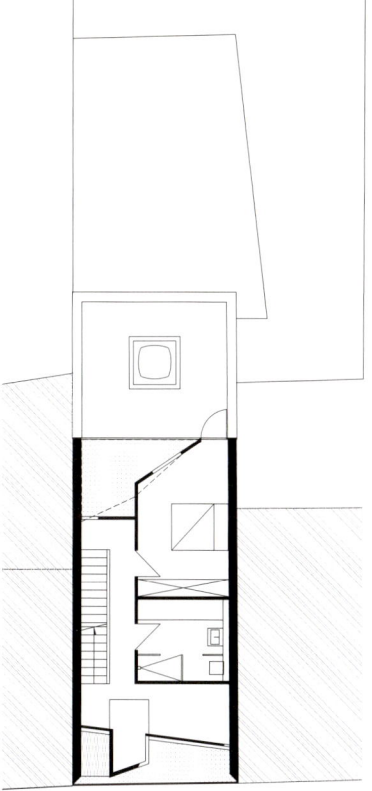
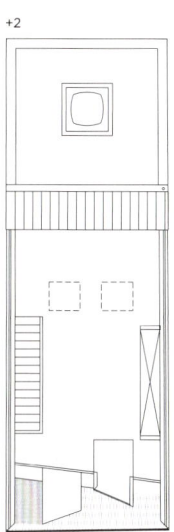

HOUSING/WORKING

26 144

2011
LE LORRAIN
HOUSING COMPLEX

MDW ARCHITECTURE
MARIE MOIGNOT / XAVIER DE WIL
Architects/Architectes/Architects

DANY DEPUYDT / FABIAN DHAUSSY /
LUDOVIC RAQUET
Collaborators/Collaborateurs/Medewerkers
www.mdwarchitecture.com

COMMUNE DE MOLENBEEK-ST-JEAN
Client/Maître d'Ouvrage/Opdrachtgever

WATERMAN tca
Structural Engineer/Ingénieur Stabilité/
Ingenieur Stabiliteit
www.watermangroup.com

MK ENGINEERING
Mechanical Engineer/Ingénieur Techniques Spéciales/
Ingenieur Technieken
www.mkengineering.eu

TECHNOTRA
General Contractor/Entreprise Générale/
Algemene Aannemer

**PRIX BELGE POUR L'ARCHITECTURE ET
L'ENERGIE 2011:**
Nominé Catégorie logement collectif
Prize/Prix/Prijs

**RUE LE LORRAIN 6-8
1080 MOLENBEEK-ST-JEAN**
Place/Lieu/Plaats

JULIEN LANOO
Photographer/Photographe/Fotograaf
www.ju-la.be

HOUSING/WORKING

COUPE

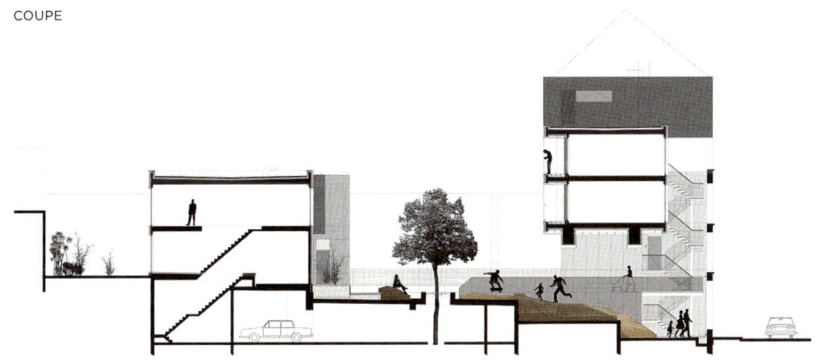

+2

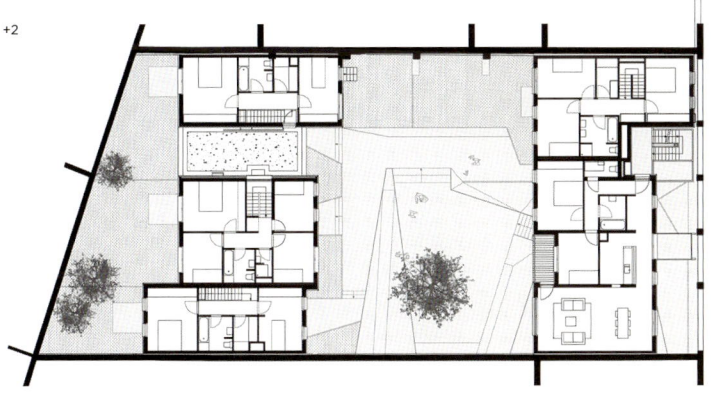

+1

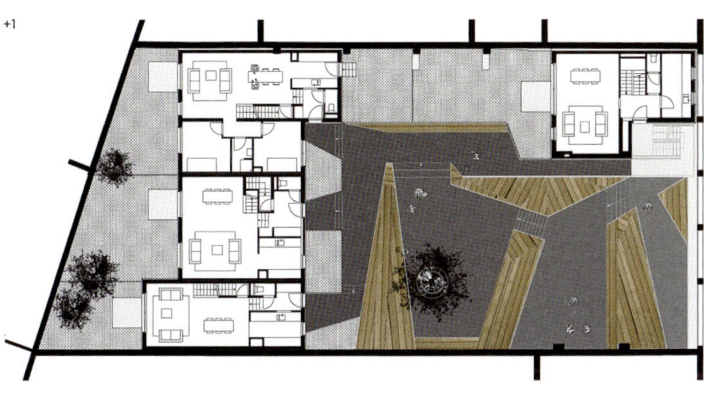

EN
Renovation of a former dealer of old iron into a social housing complex composed of a 4-flat building connected by a large common open space to 3 maisonettes at the rear of the site. The project clears up the interior of the inhabited block and opens it up, allowing this portion of the street to 'breathe' thanks to a wide opening. The maisonettes are raised in order to maximise the amount of light captured and to accommodate a garage at street level. The buildings are clad with grey metallic sheets whose look reminds of the industrial past of the plot. A large circulation area is carved within the site and creates a wide meeting and playing area for residents. The existing façade has been preserved on the street side, enabling it to enter into dialogue with the apartments through the volumes and the bridges/terraces.

FR
Rénovation d'un ancien dépôt de ferrailles en un ensemble de logements composé d'un immeuble de 4 appartements relié à trois maisonettes à l'arrière du site par un grand espace ouvert commun. Le projet a consisté à dégager et désenclaver la parcelle totalement construite et à faire respirer ce tronçon de la rue par une grande ouverture. Les maisonettes sont surélevées pour maximiser la quantité de lumière captée et pour accueillir un garage au rez-de-chaussée. Les immeubles sont habillés d'un bardage en métal gris dont l'aspect rappelle le passé industriel du terrain. Une grande zone de circulation aménagée au sein du site crée un grand espace de rencontre et de jeu pour les résidents. La façade à rue existante a été conservée. Elle établit le dialogue avec les appartements par l'entremise de volumes et de passerelles/terrasses.

NL
Transformatie van een gewezen opslagplaats voor schroot in een sociaal wooncomplex met vier appartementen, die door een grote open gemeenschappelijke ruimte met drie huisjes achteraan op het terrein verbonden worden. Het project maakt de binnenkant van het volledig bebouwde blok vrij en opent het, zodat dit deel van de straat dankzij een brede opening kan 'ademen'. De huisjes zijn verhoogd, om een maximum aan licht op te vangen en op straatniveau plaats te maken voor garages. De gebouwen zijn met grijze metaalplaten bekleed, een verwijzing naar het industriele verleden van het perceel. Binnen de site vormt een grote circulatiezone een ruime ontmoetings- en speelruimte voor de bewoners. Aan de straatkant is de bestaande gevel bewaard, waar hij via de volumes en de bruggen/terrassen in dialoog treedt met de appartementen.

2010
CONVERSION OF INDUSTRIAL BUILDINGS INTO HOUSING

BANETON-GARRINO ARCHITECTES
THIERRY BANETON/GIOVANNA GARRINO
Architects/Architectes/Architects

NICOLAS BOUQUELLE
Collaborator/Collaborateur/Medewerker
www.bgarchitectes.com

COMMUNE DE SAINT GILLES-RÉGIE FONCIÈRE
Client/Maître d'Ouvrage/Opdrachtgever

JZH & PARTNERS scrl
Structural Engineer/Ingénieur Stabilité/
Ingenieur Stabiliteit
www.jzh.be

SOPHIA ENGINEERING
Mechanical Engineer/Ingénieur Techniques Spéciales/
Ingenieur Technieken
www.sophia-group.be

M&M SITTY sa
General Contractor/Entreprise Générale/
Algemene Aannemer
www.mmsitty.be

RUE DE BELGRADE 124-126
1060 BRUXELLES
Place/Lieu/Plaats

SERGE BRISON
Photographer/Photographe/Fotograaf
www.sergebrison.com

HOUSING/WORKING

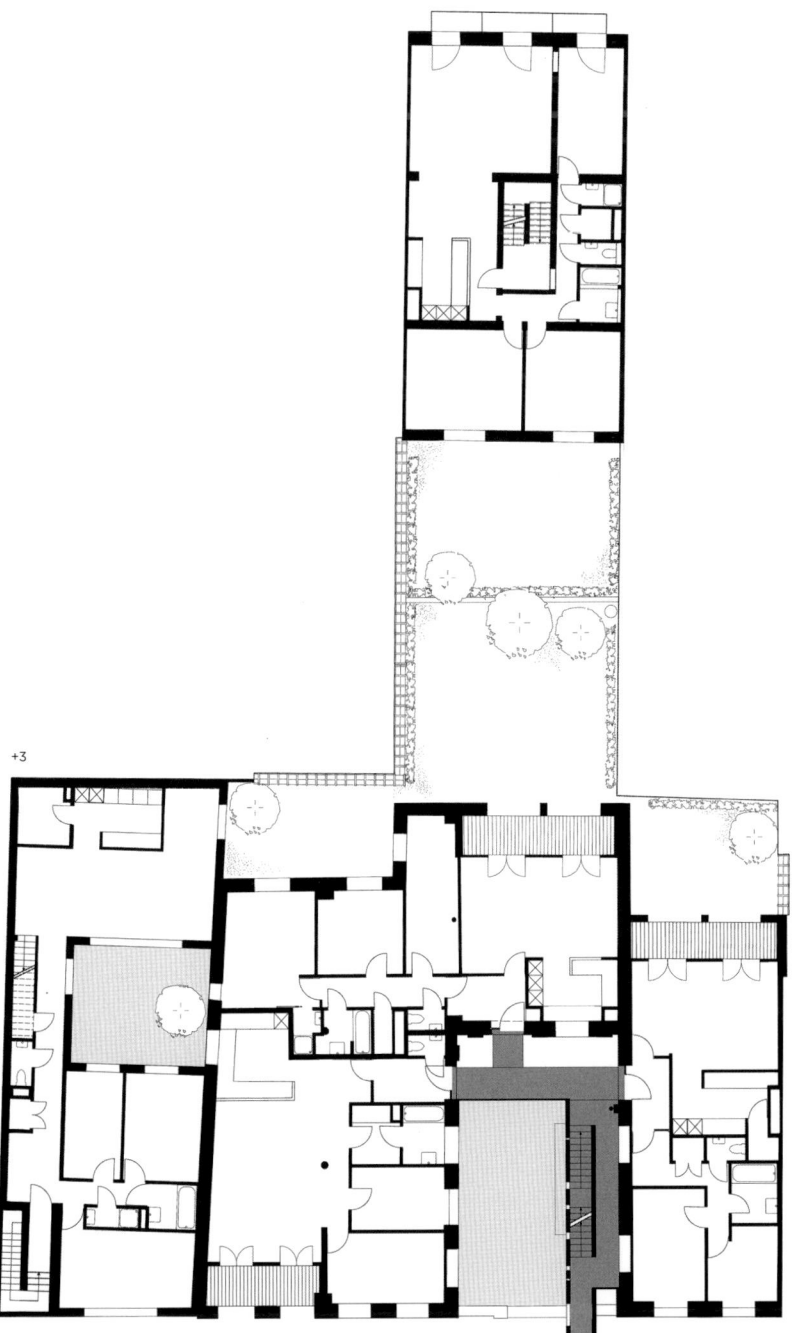

+3

EN

In a very dense urban context, constructions considered to be mediocre from a technical and architectural perspective have been 'effaced' so as to give fresh prominence to the original main building with its gables and courtyard looking out onto rue de Belgrade. The composition of volumes of the new and existing buildings at the site has been redesigned in order to ensure matching urbanistic connections whilst letting natural sunlight into the residences. The original open-air courtyard recreates a common and central space around which the residences are distributed by way of a new staircase that has been treated as a geometric sculpture in smooth concrete. A new low-rise building, structured around a central patio ensures the link-up between the gabled building and the adjacent 'maison des cultures'. The building on Avenue Fonsny has been given a lighter touch in the way it has been renovated, except for its 'facade looking out onto the avenue' whose bay windows have been restyled to take on more slimline proportions and long private galleries in smooth concrete, acting as a sun screen and ensuring fire stopping.

FR

Dans un contexte urbain très dense, les constructions médiocres d'un point de vue technique et architectural ont été «effacées» afin de remettre en évidence le bâtiment principal d'origine avec ses pignons et sa cour sur la rue de Belgrade. La volumétrie des bâtiments existants et nouveaux sur le site à été travaillée afin d'assurer des raccords urbanistiques et harmonieux et des apports de lumière naturelle aux logements. La cour d'origine à ciel ouvert recrée un espace commun central de distribution de logements par le biais d'un nouvel escalier traité comme une sculpture géométrique de béton lisse. Un nouvel immeuble bas, organisé autour d'un patio central assure la liaison entre le bâtiment à pignons et la «maison des cultures» voisine. L'immeuble de l'Avenue Fonsny a été rénové de manière plus légère, sauf pour sa «façade sur avenue» dont les baies ont retrouvé des proportions plus élancées et de longues coursives privatives en béton lisse, faisant office de pare-soleil et assurant le compartimentage incendie.

NL

In een heel dichte stedelijke context zijn technisch en architecturaal middelmatige gebouwen 'uitgevlakt' om het oorspronkelijke hoofdgebouw met trapgevels en een binnenpleintje aan de Belgradostraat tot zijn recht te laten komen. De volumetrie van de bestaande en de nieuwe gebouwen zorgt voor een harmonieuze stedenbouwkundige inplanting en geeft de woningen veel daglicht. Het oorspronkelijke open binnenpleintje wordt een centrale gemeenschappelijke distributieruimte voor de woningen, dankzij een nieuwe trap, uitgevoerd als een geometrische sculptuur van glad beton. Een lage nieuwbouw rond een centrale patio verbindt het huis met trapgevels met het aanpalende 'cultuurhuis'. Het pand aan de Fonsnylaan is minder ingrijpend gerenoveerd, met uitzondering van de gevel aan de straatkant: hier hebben de openingen slankere proporties en galerijen van glad beton gekregen, die als zonnewering dienen en de brandcompartimentering verzekeren.

HOUSING/WORKING

2011
HOUSE STINE-GYBELS

ATELIER D'ARCHITECTURE
PIERRE HEBBELINCK sa
PIERRE HEBBELINCK/PIERRE DE WIT
Architects/Architectes/Architecten

GÉRALDINE BOSLY/DIDIER BRANDT/
DAVID HENQUINET/MARGARIDA
SERRÃO/VALÉRIE STEYAERT
Collaborators/Collaborateurs/Medewerkers
www.pierrehebbelinck.net

LAURENT STINE-ELISABETH GYBELS
Client/Maître d'Ouvrage/Opdrachtgever

BUREAU D'ETUDES GREISCH sa
Structural Engineer/Ingénieur Stabilité/
Ingenieur Stabiliteit
www.greisch.com

DEREYMAEKER sprl/SMET F&C nv/
MMC sa/DEFLANDRE CHAUFFAGE sprl/
KS SEPPI sa/JACKY DEDERIX sprl
Contractors/Entreprises/Aannemers

BRUXELLES
Place/Lieu/Plaats

FRANÇOIS BRIX
Photographer/Photographe/Fotograaf

EN

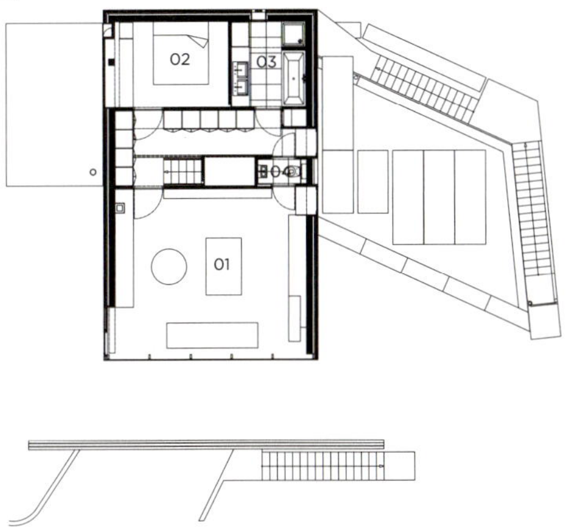

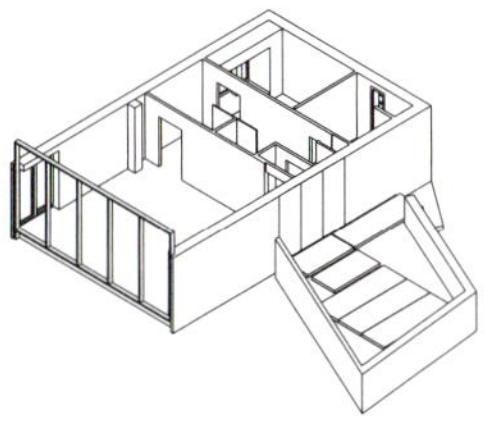

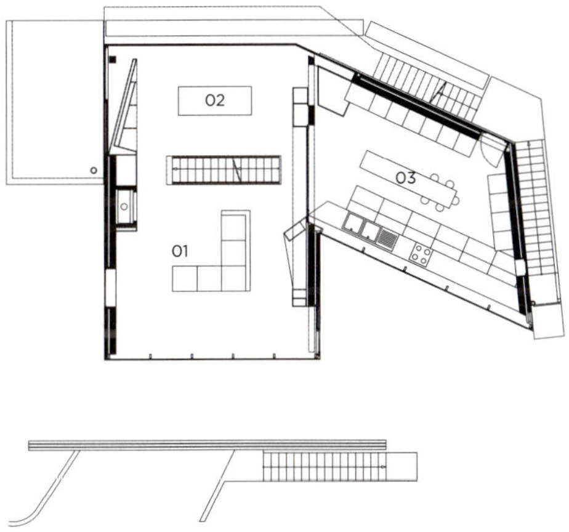

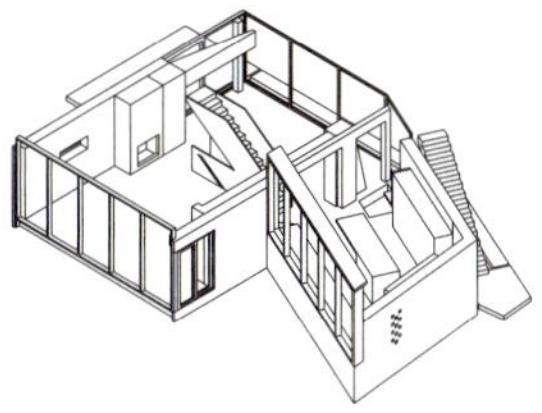

The programme consists of a single-family home taking in five rooms and comprising two lock-up garages as well as an area that has been assigned to an audiovisual production company. The supporting structure has resulted in a construction consisting of two volumes in the shape of a tower. This layout has enabled us to maintain a maximum of sloping space and terrain in such a way so as to preserve the 'undergrowth' feel. The spaces are built in successive plateaus in different configurations varying from very compartmentalised to completely open. The material chosen for the facade is brick so as to connect with the built environment. The bricks, in artisanal shapes and not particularly appealing, are placed using a reflux joint, the idea being to progressively fade out the masonry by anchoring it into the scenery by hanging out mosses and micro plants.

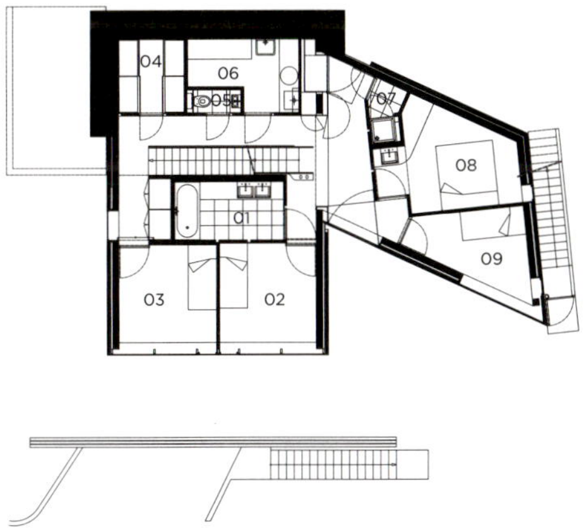

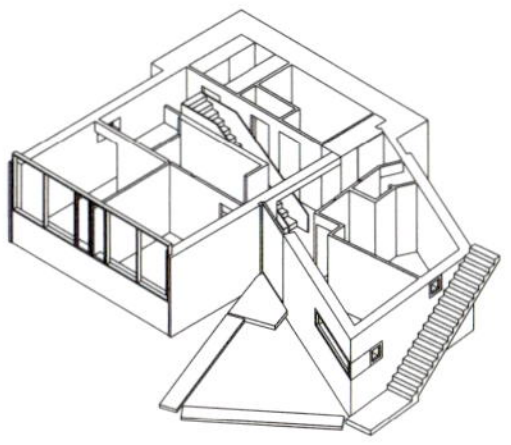

FR

Le programme consiste en une habitation unifamiliale de cinq chambres comprenant deux garages fermés et possédant, en outre, une zone dévolue à une société de production audiovisuelle. La structure de soutènement a conduit à une articulation de deux volumes en forme de tour. Cette implantation a ainsi permis de maintenir le maximum d'espace de talutage et de terrain de telle manière à conserver l'esprit du «sous-bois». Les espaces s'articulent en plateaux successifs déclinant des configurations variées, de très cloisonnées à totalement ouvertes. Le matériau de façade choisi est la brique de manière à se raccorder à l'environnement bâti. Les briques, de formes artisanales, peu avenantes, sont placées à joint à reflux, l'idée étant d'effacer progressivement la maçonnerie en l'ancrant dans le paysage par l'accroche des mousses et micro végétaux.

NL

Het programma bestaat uit een gezinswoning met vijf slaapkamers, twee gesloten garages en een gedeelte voor een audiovisueel productiebedrijf. De dragende structuur leidt tot een verdeling in twee torenvormige volumes. Dankzij deze inplanting kon men ook de aanberming en het terrein zoveel mogelijk sparen, zodat de sfeer van een bosgezicht behouden blijft. De ruimten vormen opeenvolgende plateaus met afwisselende configuraties, van heel gesloten tot volledig open. De bakstenen gevels passen goed in de bouwomgeving. Het zijn ambachtelijke, rustieke stenen, gemetseld in een terugwijkend verband dat de gevel na verloop van tijd 'onzichtbaar' zal maken, wanneer mossen en microvegetatie hem bedekken en in het landschap verankeren.

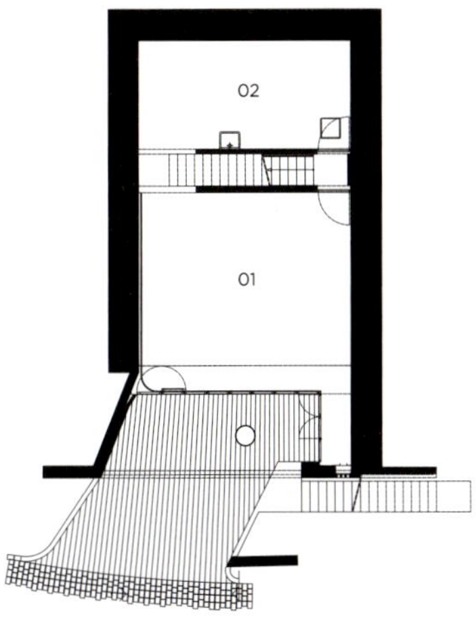

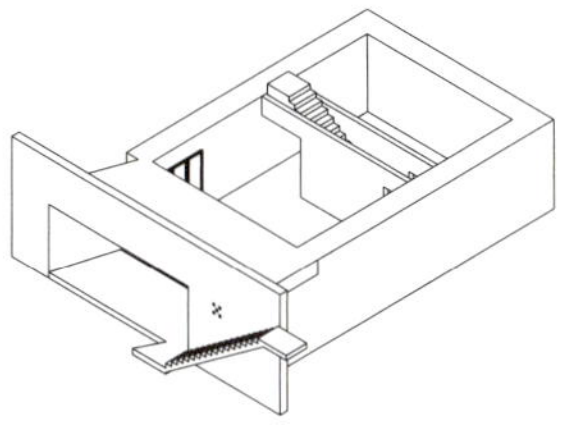

Niveau +3
01 Bureau
02 Chambre parent
03 Salle de bain
04 Wc

Niveau +2
01 Sejour
02 Salle a manger
03 Cuisine

Niveau +1
01 Salle de bain
02 Chambre 1
03 Chambre 2
04 Dressing
05 Wc
06 Buanderie
07 Salle de douche
08 Chambre d'amis
09 Chambre 3

Niveau 0
01 Garage
02 Cave

HOUSING/WORKING

156

2007
HOUSE MS

MARTIAT + DURNEZ ARCHITECTES
Architects/Architectes/Architecten
www.mdarchitectes.be

MARTIAT-SCHOUBEN
Client/Maître d'Ouvrage/Opdrachtgever

ETUDES TECHNIQUES sprl
Structural Engineer/Ingénieur Stabilité/
Ingenieur Stabiliteit

ETS DALAIDENNE sa
General Contractor/Entreprise Générale/
Algemene Aannemer

DE BIENONSART 195B
4520 HUCCORGNE
Place/Lieu/Plaats

CAROLINE DETHIER
Photographer/Photographe/Fotograaf

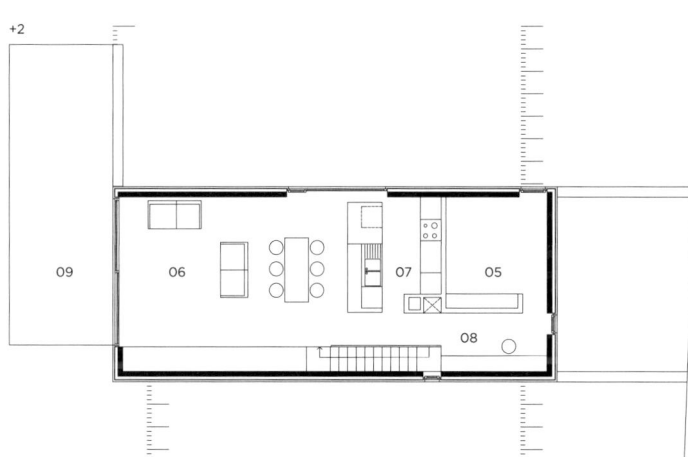

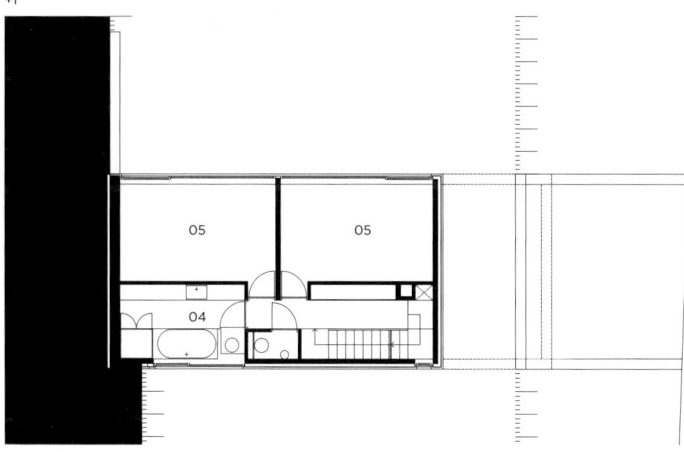

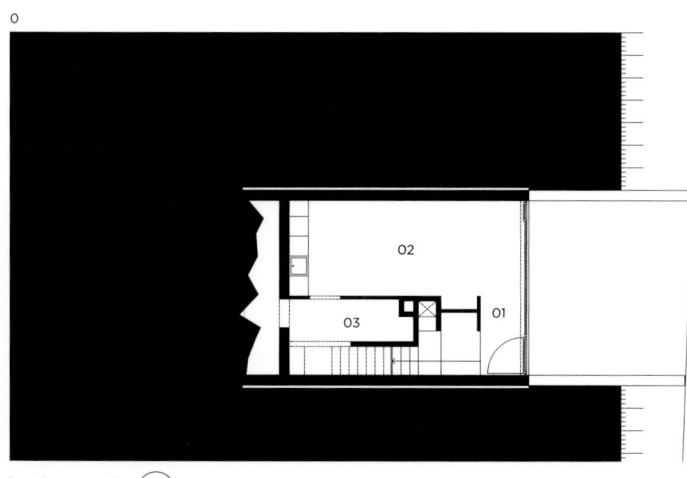

Second floor
05 Bedroom
06 Living room
07 Kitchen
08 Work
09 Terrace

First floor
04 Bathroom
05 Bedroom

Ground floor
01 Entrance
02 Play room
03 Technical room

EN
The plot is located on the outskirts of a village, in a rural residential area recognised for its scenic interest. The vegetation is dense, with the relief lending structure to the surroundings. The house is partially concealed underground to preserve the slope as much as possible. The storeys have been superimposed, staggered according to function, and so to coincide with the existing relief. The overhang avoids impacting on the ground on three levels. The land take of each function is carefully studied in order to limit the number of square metres. The simple and massive volumetric balance allows maximum preservation of the rural setting and scenery. The levels in contact with the ground have been cemented to minimise their impact. The upper part is panelled in timber. Intrusive elements are integrated into the facade panelling. The elemental aspect and the materials used for the building show how the home has been fully integrated into its surroundings.

FR
Le terrain se situe en bord de village, dans une zone d'habitat rural d'intérêt paysager. La végétation est dense, le relief structurant. La maison est partiellement enfouie dans le sol pour conserver au maximum le talus. Les niveaux se superposent, décalés suivant les fonctions, pour coller au relief existant. Le porte-à-faux de la partie supérieure évite d'entailler le terrain sur trois niveaux. L'emprise de chaque fonction est étudiée pour limiter les mètres carrés. La volumétrie simple et massive permet de conserver au maximum l'ouverture paysagère. Les niveaux en contact avec les terres sont cimentés pour minimiser leur impact. Le volume supérieur est bardé de bois. Les éléments perturbateurs sont intégrés au bardage. L'expression élémentaire et les matériaux du bâtiment visent son intégration.

NL
Het terrein ligt aan de rand van een dorp, in een woonzone met een mooi landschap. De vegetatie is dicht en het reliëf is gestructureerd. Om zoveel mogelijk met de helling mee te gaan, is het huis gedeeltelijk verzonken in de grond. De niveaus bevinden zich boven elkaar, verschoven volgens hun functie en aansluitend op het natuurlijke terrein. Dankzij de overhang bovenaan moest het terrein niet op drie niveaus worden inkerft. Om het aantal vierkante meters te beperken, is de oppervlakte van elke functie zorgvuldig bestudeerd. De eenvoudige en massieve volumes openen zich maximaal voor het landschap. De niveaus die het terrein raken, zijn met cement afgewerkt, om hun impact te beperken. Het bovenvolume is met hout bekleed, zodat alle storende elementen aan het oog worden onttrokken. Zowel de elementaire vormgeving als de gebruikte materialen streven naar een integratie met het landschap.

HOUSING/WORKING

30

160

2007-2008
LAGUNA

CHRISTIAN KIECKENS
Architect/Architecte/Architect

**KAREN VAN DE STEENE/
KELLY HENDRIKS/KURT VAN BELLE/
PIETER D'HAESELEER**
Collaborators/Collaborateurs/Medewerkers
www.christiankieckens.be

VESTEDA PROJECT bv
Client/Maître d'Ouvrage/Opdrachtgever
www.vesteda.nl

ADVIESBUREAU BUIZER bv
Structural Engineer/Ingénieur Stabilité/
Ingenieur Stabiliteit
www.buizerbv.nl

VIAC bv
Mechanical Engineer/Ingénieur Techniques Spéciales/
Ingenieur Technieken
www.viac.nl

BREMEN BOUWADVISEURS bv
Technical Control/Contrôle Technique/
Technische Controle
www.bremenbouwadviseurs.nl

BAM WONINGBOUW BREDA
General Contractor/Entreprise Générale/
Algemene Aannemer
www.bam.nl

**ANSJOVISLAAN 283
4617 AT BERGEN OP ZOOM**
Place/Lieu/Plaats

GREGORY BRANDENBOURGER
Photographer/Photographe/Fotograaf
www.gregory-brandenbourger.net

NIVEAU TYPE

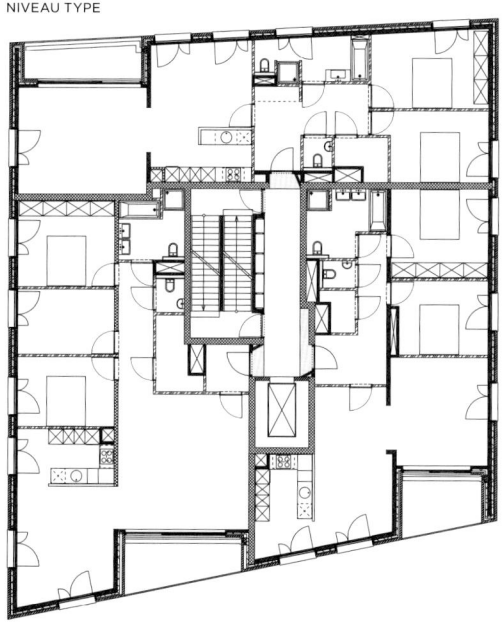

+1

0

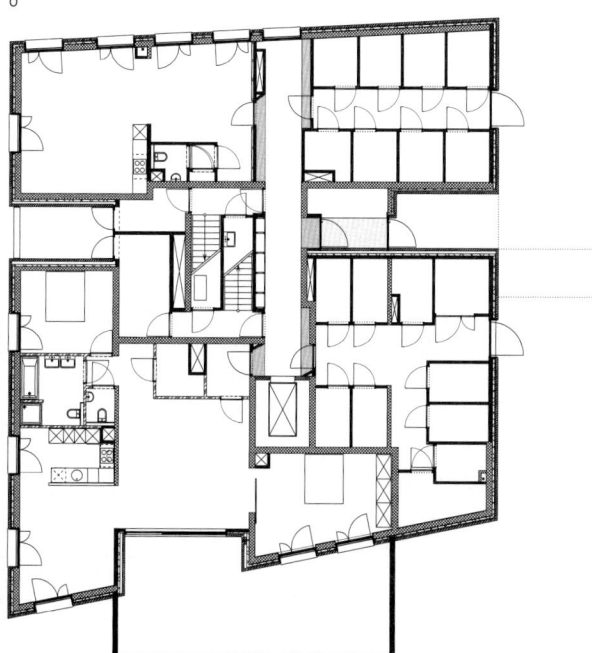

COUPE

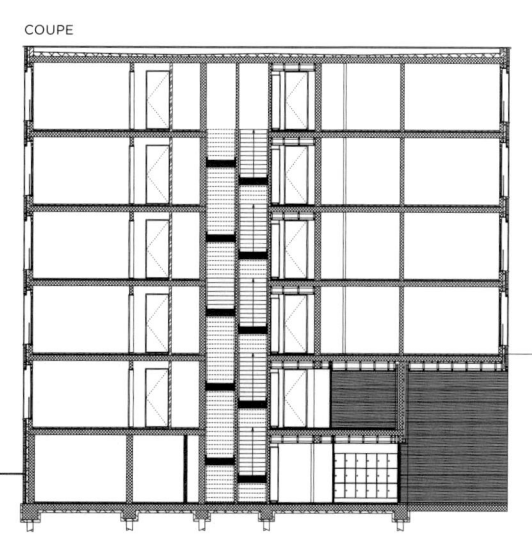

EN The 'urban villa' is set in a park area, and is part of a set of six residential buildings, each home to some 15 residential units. The project has its own inherent expressiveness: a black-brick volume (from a planning perspective) pulled out of position according to plan. As such, it fits in with a joint connection of three residential towers that act as one entity, based on the use of identical materials, albeit that each has its own design. The building appears colourless. But this destitution of colour very much makes that what colour there is comes into its own in all manner of fragments, in the interplay with the garden and the landscape, in the context of the other architectural features. The building is eager to remain upright as a mental image within the context. But, more than that, it is eager to tell a tale of the best favourable use of space, based on the time-honoured theme of *rooms with a view*.

FR Cette «villa urbaine» est implantée dans une zone de parc et fait partie d'un ensemble de six immeubles d'appartements comportant chacun 15 unités d'habitation. Le projet possède une éloquence intrinsèque: un volume à parement noir (prescriptions urbanistiques) dont le plan est agencé en biais. Il s'intègre donc dans une liaison commune à trois immeubles d'appartements qui forment un ensemble, conditionné par la mise en œuvre de matériaux identiques, mais qui ont leur propre forme. Le bâtiment semble monotone. Cette absence de couleur fait précisément en sorte que la couleur s'invite dans toutes sortes de fragments, dans un jeu entre jardin et paysage, dans le contexte des autres éléments architecturaux. Le bâtiment veut rester conforme à sa vocation dans ce contexte. Plus que cela, il veut raconter une histoire et exploiter au mieux l'utilisation de l'espace, sur la base du thème des «chambres avec vue». *Rooms with a view.*

NL De 'urban villa' staat ingeplant in een parkzone en maakt deel uit van een geheel van zes woongebouwen, elk met ongeveer 15 wooneenheden. Het project heeft een eigen inherente zeggingskracht: een zwartbakstenen (stedenbouwkundige voorschriften) planmatig schuingetrokken volume. Het past zich als dusdanig in in een gezamenlijke aansluiting van drie woontorens, die één geheel vormen dankzij het gebruik van hetzelfde materiaal, maar elk met een eigen vormgeving. Het gebouw lijkt kleurloos, maar dit ontbreken van kleur zorgt er net voor dat de kleur zich inlaat met allerlei fragmenten, met het spel tussen tuin en landschap en met de context van de andere architecturale elementen. Het gebouw wil in deze context niet alleen zijn eigenheid bewaren, maar ook uitdrukking geven aan optimaal ruimtegebruik, gebaseerd op het aloude thema van 'kamers' met elk een eigen uitzicht. *Rooms with a view.*

HOUSING/WORKING

31

164

2008
PROJECT RAMEN

TOMAS NOLLET EN HILDE HUYGHE
ARCHITECTEN
Architects/Architectes/Architecten

TANIA VANDENBUSSCHE/
ELS CLAESSENS/JAN DEMUYNCK/
SABINE VAN MEERBEEK/
KAREL VANDENHENDE
Architects/Architectes/Architecten
www.tomasnolletenhildehuyghe.be

PARKEERBEDRIJF STAD GENT
Client/Maître d'Ouvrage/Opdrachtgever

STUDIEBUREAU MOUTON
Structural Engineer/Ingénieur Stabilité/
Ingenieur Stabiliteit
www.studieburomouton.be

INGENIUM
Mechanical Engineer/Ingénieur Techniques Spéciales/
Ingenieur Technieken
www.ingenium.be

STRABAG-AB
General Contractor/Entreprise Générale/
Algemene Aannemer
www.strabag.be
www.antwerpsebouwwerken.be

VERMELDING BELGISCHE PRIJS VOOR
ARCHITECTUUR 2009
CULTUURPRIJZEN OOST-VLAANDEREN
ARCHITECTUUR 2009: PRIJS ORDE VAN
ARCHITECTEN
Prize/Prix/Prijs

BROUWERSSTRAAT-RAMEN
9000 GENT
Place/Lieu/Plaats

JEAN GODECHARLE
Photographer/Photographe/Fotograaf
www.jeangodecharle.be

COUPE

+1

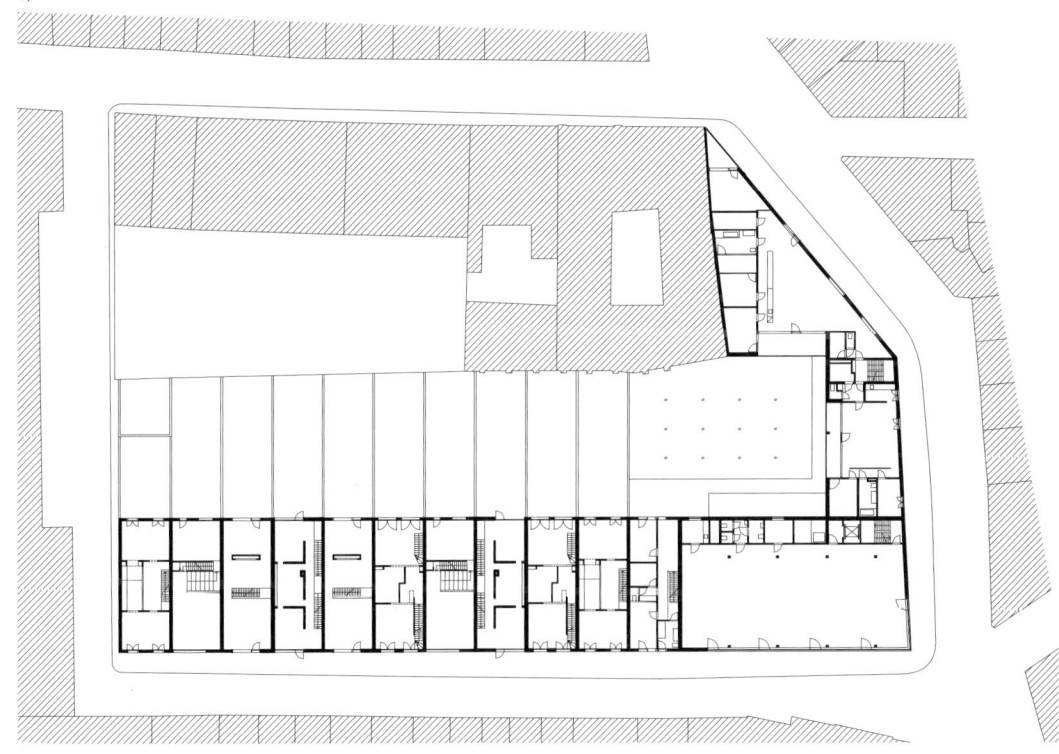

0

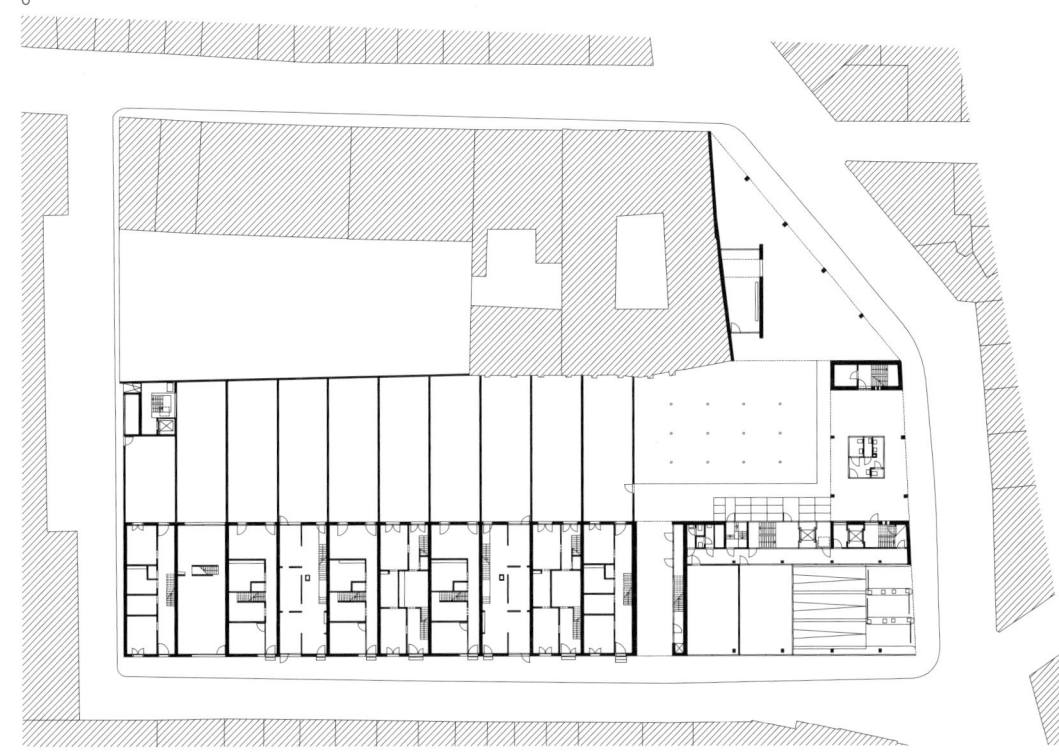

EN

Embedment: The new construction volumes act to restore the existing urban structure. Brouwersstraat terraced houses: On this strip, ten ground-based terraced houses were built that were designed by four young and talented architectural engineering agencies: Els Claessens & Tania Vandenbussche architects, Jan Demuynck & Sabine Van Meerbeek architects and Karel Vandenhende ir. architect. 4 flats Ramen and duplex apartment Brouwersstraat: the four flats are located at the Ramen side. On the corner of the plot, on the side of Komijnstraat will be two flats. The two adjoining flats on the Ramen side have two bedrooms each. Parking garage: the underground parking garage, to be built using 6 underground split-levels, provides 280 parking spaces. The public entrances are light shafts and the sun permeates all the way down to the -6 level. Office: The office is situated above the entrance of the car park's three access ramps.

FR

Implantation: l'implantation des nouveaux volumes bâtis a restauré la structure urbaine existante. Maison de rangées de la Brouwerstraat: sur cet alignement, 10 maisons de rangées mitoyennes ont vu le jour. Les maisons ont été conçues par 4 bureaux d'architectes différents : Jan De Muynck, Sabine Van Meerbeek, Karel Vandenhende, Tania Vandenbussche et Els Claessens. 4 appartements sur Ramen et duplex de la Brouwersstraat: quatre appartements ont élu domicile côté Ramen. Deux appartements sont prévus à l'angle de la parcelle. Les deux appartements voisins côté Ramen comptent deux chambres. Parking souterrain: 280 places de stationnement ont été prévues sur 6 doubles niveaux souterrains. Bureaux: l'immeuble de bureaux se trouve au-dessus des trois rampes d'accès.

NL

Inplanting: Bij de inplanting van de nieuwe bouwvolumes werd de bestaande stedelijke structuur hersteld. Rijwoningen Brouwerstraat: Op deze strook werden tien grondgebonden rijwoningen opgetrokken. De woningen werden door vier verschillende architectenbureaus ontworpen: Jan De Muynck en Sabine Van Meerbeek, Karel Vandenhende en Tania Vandenbussche en Els Claessens. Vier appartementen Ramen en duplexappartement Brouwersstraat: Aan de zijde van Ramen bevinden zich vier appartementen. Op de hoek van het perceel werden twee appartementen voorzien. De twee aanpalende appartementen aan de zijde van Ramen hebben twee kamers. Parkeergarage: Er zijn 280 parkeerplaatsen voorzien op zes ondergrondse bouwlagen en dit volgens het splitlevelsysteem. Kantoorgebouw: Het kantoorgebouw bevindt zich boven de drie toegangshellingen.

HOUSING/WORKING

32

168

2008
PRIVATE HOUSE

PASCAL FRANÇOIS
Architect/Architecte/Architect

PETER VAN GELDER
Collaborator/Collaborateur/Medewerker
www.pascalfrancois.be

LUDWIG VAN IMPE
General Contractor/Entreprise Générale/
Algemene Aannemer

BERLARE
Place/Lieu/Plaats

GRAZIA IKE-BRANCO
Photographer/Photographe/Fotograaf
www.ikebranco.ch

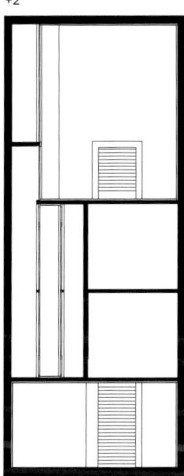

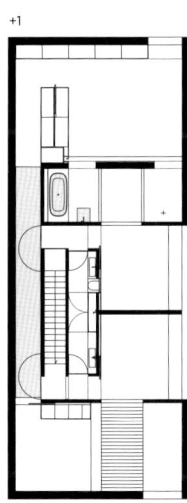

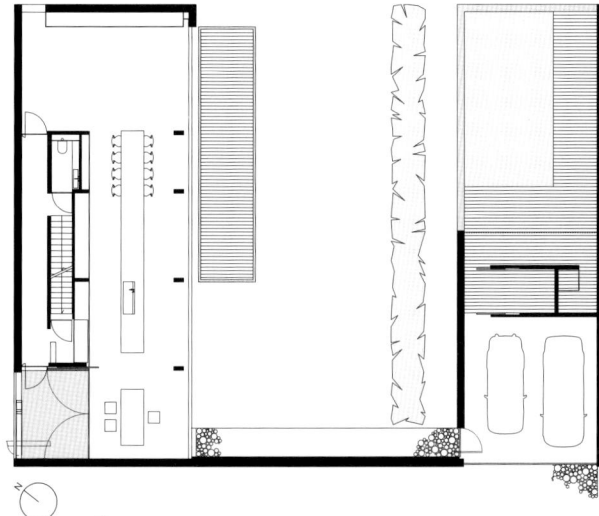

EN

Even though the dwelling appears as a fairly monolithic volume on the outside, the interior has plenty of light and openness on both storeys. By dissociating the garage and the swimming pool from the residential functions, an XXL patio is created between the two, through which day light enters the home. On the storey, two internal outdoor spaces and a linear cut-out made into the roof pull the home wide open. The ground floor has been designed as an open space around a central piece of furniture. In addition to kitchen, storage and wardrobe units, this piece of furniture also holds the vertical traffic and the sanitary facilities of the home. So as to enable a view looking out onto the pastures, the ground floor wall is folded away as it were, thereby pulling the setting into the home. Minimal window profiles serve to dematerialise the boundaries between outdoors and indoors. A fairly intensive detailing of this project is visually absent but fully supports the robustness of the exterior alongside the fragility of the interior.

FR

De l'extérieur, la maison se présente comme un volume relativement monolithique: à l'intérieur, la lumière et l'ouverture sont au rendez-vous sur les deux niveaux. On a sorti le garage et la piscine des fonctions d'habitation pour créer, entre les deux, un patio gigantesque qui fait entrer la lumière dans l'habitation. À l'étage, deux espaces intérieurs en plein air et une découpe linéaire dans la toiture ouvrent totalement l'habitation. Le rez-de-chaussée est conçu comme un espace ouvert articulé autour d'un meuble central, qui accueille des armoires de cuisine et de rangement ainsi qu'un vestiaire, la circulation verticale et les sanitaires de la maison. Pour préserver la vue sur les prairies avoisinantes, le mur du rez-de-chaussée a été pour ainsi dire replié pour faire entrer le décor extérieur dans la maison. Des profilés de fenêtre minimaux dématérialisent la frontière entre le dedans et le dehors. Le foisonnement de détails est visuellement absent de ce projet, mais sous-tend totalement la robustesse de l'extérieur et la fragilité de l'intérieur.

NL

Hoewel de woning zich aan de buitenzijde presenteert als een vrij monolithisch volume, kenmerkt het interieur zich door licht en openheid op beide niveaus. Door de garage en het zwembad los te koppelen van de woonfuncties, ontstaat er tussen beide een XXL-patio waarlangs het daglicht de woning binnendringt. Op de verdieping trekken twee inwendige buitenruimtes en een lineaire insnijding in het dak de woning helemaal open. Het gelijkvloers is als een open ruimte rond een centraal meubel opgevat. Dit meubel bevat naast keuken-, opberg- en vestiairekasten de verticale circulatie en het sanitair van de woning. Om het uitzicht op de weilanden mogelijk te maken, werd de gelijkvloerse wand als het ware weggeplooid, zodat de omgeving tot in de woning doorgetrokken wordt. Minimale raamprofielen doen de grens tussen binnen en buiten volledig vervagen. Een vrij intensieve detaillering van dit project is visueel afwezig, maar ondersteunt volledig de robuustheid van het exterieur en de breekbaarheid van het interieur.

HOUSING/WORKING

2010
31 HOUSING-UNITS/ STUDIOS FOR ARTISTS

L'ESCAUT-GIGOGNE (MOMENTARY ASSOCIATION) NELE STRAGIER/DAVID CRAMBERT/ OLIVIER BASTIN/PIERRE VAN ASSCHE
Architects/Architectes/Architecten

VINCENT PIROUX/CÉDRIC LIBERT/ STÉPHANE CAPRASSE
Collaborators/Collaborateurs/Medewerkers
www.escaut.org
www.gigogne.net

FONDS DU LOGEMENT – RÉGION DE BRUXELLES-CAPITALE
Client/Maître d'Ouvrage/Opdrachtgever

NEY & PARTNERS
Structural Engineer/Ingénieur Stabilité/ Ingenieur Stabiliteit
www.ney.be

SECA BENELUX
Mechanical Engineer/Ingénieur Techniques Spéciales/ Ingenieur Technieken
www.groupe-seca.com

KAMAR & ASSOCIÉS
Technical Control/Contrôle Technique/ Technische Contrôle
www.kamar.be

DE CONINCK nv
General Contractor/Entreprise Générale/ Algemene Aannemer
www.de-coninck.be

WILFRIED WATZEELS bvba
Steelwork Construction Manufacturer/ Constructeur Métallique/Metaalconstructeur
www.watzeels.be

PLATTEAU bvba
Zinc Façade Cladding/Revêtement de Façade Zinc/ Zinkbekleding voor Gevels
www.platteaubvba.be

PRIX BELGE POUR L'ARCHITECTURE ET L'ENERGIE 2011:
Nominé
Prize/Prix/prijs

RUE CHEVAL NOIR 17 1080 MOLENBEEK
Place/Lieu/Plaats

MARC DETIFFE
Photographer/Photographe/Fotograaf
www.detiffe.com

HOUSING/WORKING

COUPE PERSPECTIVE

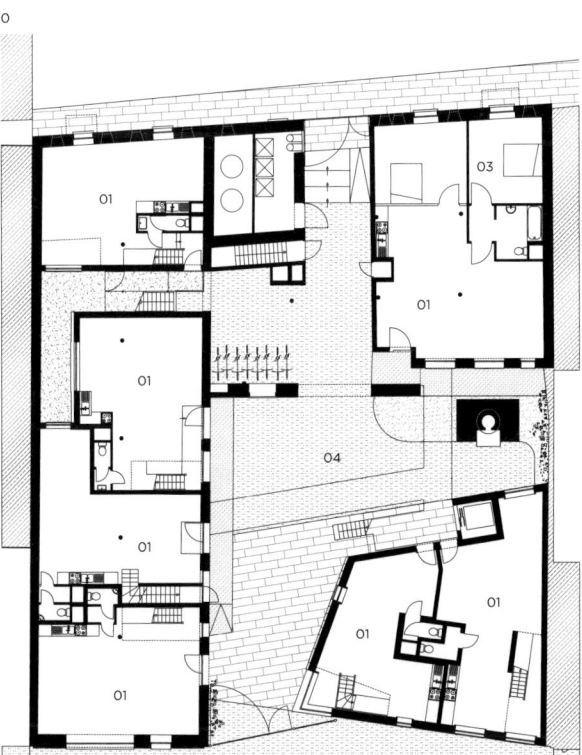

 EN
The remit of the competition, held in 2003, was to transform the former Hallemans breweries into 31 housing units/studios for artists. With the amount of available space on offer inside the main building at a premium, alongside the transformation of the existing building a new construction was required to provide the surface space needed. The new construction frees up space in the courtyard and allows light to penetrate. The new construction houses the lift that serves all the units in the complex by way of footbridges that cut across the courtyard and corridors in the old building. This outdoor circulation has been designed to prompt social intercourse between residents. Since the site sits in-between two public spaces (a street and a square), both of them have an entrance to the building, which serves to create a visual connection between the two spaces.

 FR
Le concours (2003) proposait la transformation des brasseries Hallemans en 31 logements/ateliers pour artistes. La surface du bâtiment principal étant exiguë, une nouvelle construction vient compléter l'ensemble; elle libère de l'espace dans la cour et permet à la lumière d'y pénétrer. Cette nouvelle construction comprend l'ascenseur desservant l'ensemble des logements/ateliers par l'intermédiaire de passerelles franchissant la cour et de coursives dans les parties anciennes. La conception de ces espaces de distribution favorise la rencontre et les échanges. Tenant compte du caractère traversant de la parcelle, une nouvelle entrée est réalisée du côté de la place Brunfaut afin de créer une connexion visuelle entre les 2 espaces publics de part et d'autre : la place et la rue du Cheval Noir.

 NL
In het kader van de wedstrijd (2003) moest de voormalige Hallemansbrouwerij verbouwd worden tot 31 atelierwoningen voor kunstenaars. Omdat de oppervlakte van het hoofdgebouw erg klein was, is het aangevuld met een nieuwe constructie, die de ruimte van het binnenplein vrijmaakt en het licht naar binnen laat. De nieuwbouw bevat een lift die via loopbruggen over het binnenplein en de gangen van de oude delen alle atelierwoningen bedient. Het ontwerp van deze verbindingsruimten bevordert ontmoetingen en uitwisselingen. Omdat het perceel een doorgangsfunctie heeft, is aan het Brunfautplein een nieuwe ingang aangebracht, zodat de twee openbare ruimten aan weerszijden van het gebouw – de Zwarte Paardstraat en het plein – visueel met elkaar in verbinding staan.

01 Main space (living/workshop)
02 Secondary space (workshop/bedroom(s))
03 Bedroom
04 Common courtyard

HOUSING/WORKING

2011
LEP 021
PENTHOUSE

URBAN PLATFORM
CEDRIC FRANCK/ALICIA REIBER/
OLIVIER PÉRIER/EVELINE VYNCKE
Architects/Architectes/Architecten

YVAN BREITHOF/LUC PÉCOURT/
BASSAM EL OKEILY
Collaborators/Collaborateurs/Medewerkers
www.urbanplatform.com

DAN ET DIANA BECA
Client/Maître d'Ouvrage/Opdrachtgever

NEY & PARTNERS
Structural Engineer/Ingénieur Stabilité/
Ingenieur Stabiliteit
www.ney.be

CAN INFRA
Coordination sécurité
www.caninfra.be

BRUXELLES BULAI
General Contractor/Entreprise Générale/
Algemene Aannemer

RUE LÉON LEPAGE 21
1000 BRUXELLES
Place/Lieu/Plaats

TIM VAN DE VELDE
Photographer/Photographe/Fotograaf
www.tvdv.be

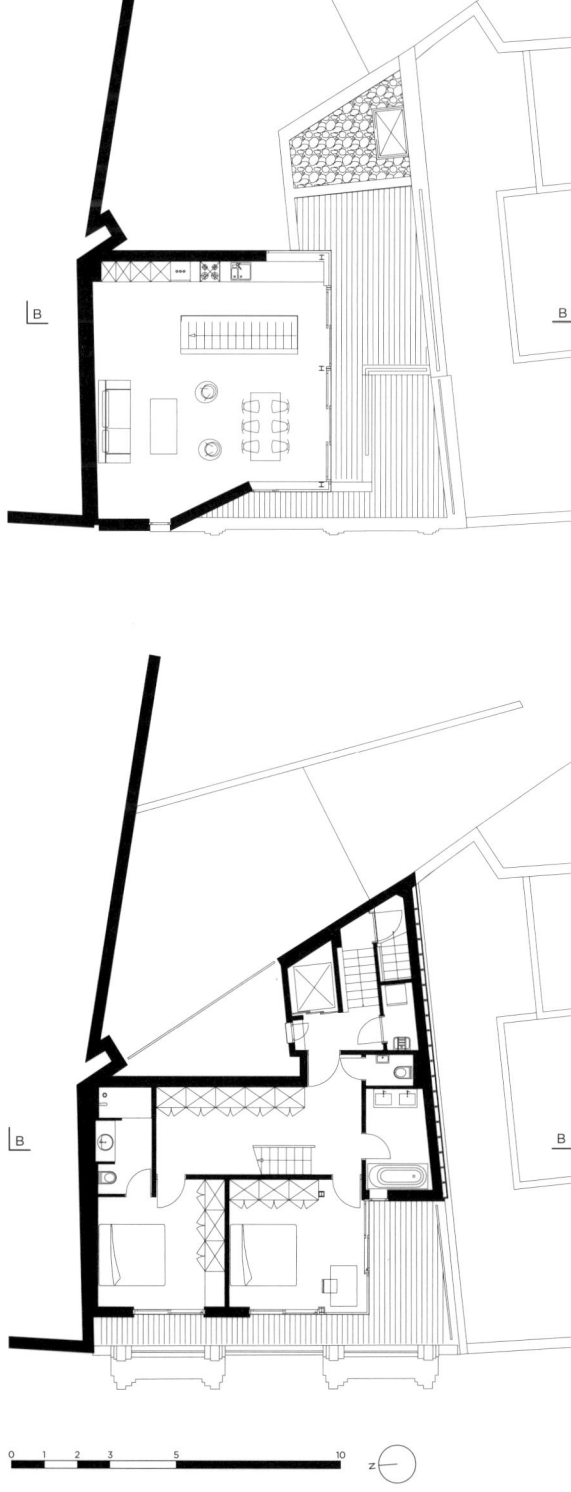

COUPE B

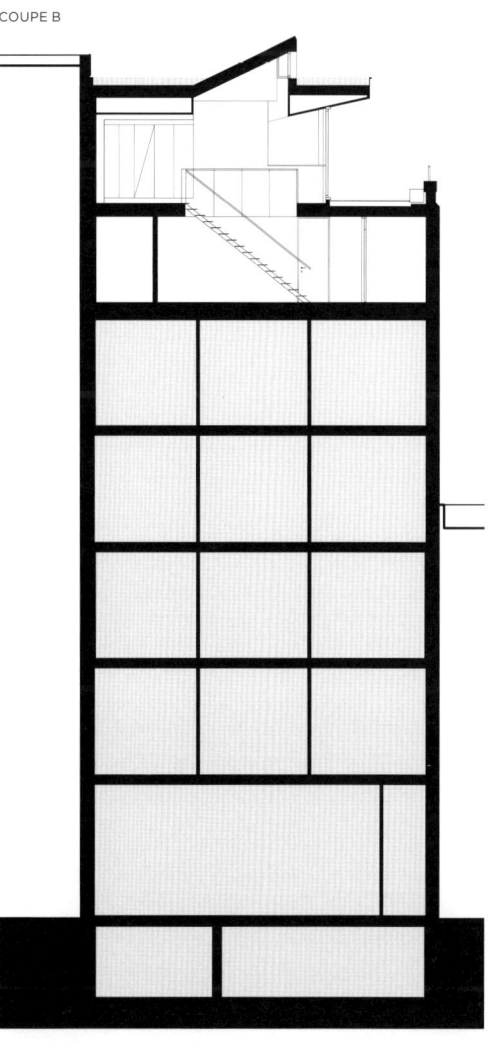

EN

The penthouse is mounted on an existing building in the city centre, between 2 buildings of very different heights. The aim is to create a more harmonious transition of dimensions through the interplay of continuous facets that unfold in 3 dimensions after the image of a cut stone that acts like the jewel sitting atop the building's rooftop. The plain sections seem to have been dug into the mass and their finish plays with the light in consideration of the orientation of the facet. A colour difference has been put in between the main unfolding on the outside, and the inward sloping facets, to highlight the jewel box effect of the project. The penthouse involves 2 levels. The living sections have been put in on the 6th floor to make the most of the sunlight and to afford a better view, whereas the bedrooms have been situated below the living rooms, more private and protected. This level is situated slightly more towards the back so as to underscore this level's position, acting like a 'bow'.

FR

Le penthouse s'implante en rehausse d'un bâtiment existant en plein centre ville, entre 2 immeubles de hauteur très différente. Il a comme objectif de créer une transition de gabarits plus harmonieuse par un jeu de facettes continues, qui se déploient en 3 dimensions à l'image d'une pierre taillée, qui serait comme un joyau déposé sur le toit de l'immeuble. Les parties pleines semblent avoir été creusées dans la masse et leur finition joue avec la lumière en fonction de l'orientation de la facette. Une différence de couleur est réalisée entre le dépliement principal à l'extérieur, et les facettes inclinées à l'intérieur, pour accentuer l'effet d'écrin de ce projet. Le penthouse s'organise sur 2 niveaux. Les pièces de vie ont été placées au 6e étage pour bénéficier du meilleur ensoleillement et de la meilleure vue, tandis que les chambres sont situées en dessous, plus privatives et protégées. Ce niveau est situé légèrement en retrait de manière à mettre en avant le statut de « proue » du dernier niveau.

NL

Het penthouse bekroont een bestaand gebouw in het centrum van de stad, tussen twee panden die sterk in hoogte verschillen. Het maakt de overgang tussen de gebouwen harmonieuzer, dankzij een doorlopend spel van facetten in drie dimensies, als een geslepen edelsteen, een juweel op het dak van het gebouw. De gesloten delen lijken in de massa uitgegraven en hun afwerking speelt met het licht, afhankelijk van de oriëntatie van elk facet. Een kleurverschil tussen de ontwikkeling aan de buitenzijde en de hellende facetten aan de binnenzijde benadrukt de indruk van een schrijn dat het project oproept. Het penthouse heeft twee niveaus. De woongedeelten zijn op de zesde verdieping geplaatst, waar ze een betere bezonning en een beter uitzicht hebben, terwijl de slaapkamers een niveau lager liggen, voor de privacy en de bescherming. Dit onderste niveau springt lichtjes in, zodat de bovenlaag sterker als een 'boeg' overkomt.

HOUSING/WORKING

(35)

2008
HERTOGLOGES

PLUSOFFICE ARCHITECTS bv bvba/
NATHAN OOMS/WARD VERBAKEL
Architects/Architectes/Architecten
www.plusoffice.eu

BART MAHIEU/WENDY VANDENBERK
Collaborators/Collaborateurs/Medewerkers

IMMO INTERNATIONAL cvba
Client/Maître d'Ouvrage/Opdrachtgever

STUBECO
Structural Engineer/Ingénieur Stabilité/
Ingenieur Stabiliteit
www.stubeco.be

VANHOUT nv
General Contractor/Entreprise Générale/
Algemene Aannemer
www.vanhout.be

HERTOG JAN PLEIN
3920 LOMMEL
Place/Lieu/Plaats

BAVO SWIJGERS +
STUDIO CLAERHOUT nv
Photographers/Photographes/Fotografen
www.studioclaerhout.be

HOUSING/WORKING

SNEDE B

+1

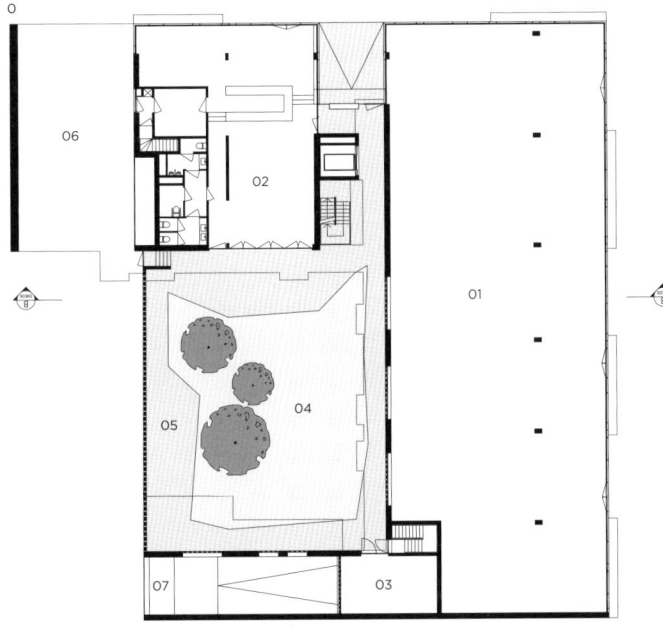

0

01 Handel
02 Horeca
03 Lokaal maatschappelijk werk(st)er
04 Binnentuin
05 Solarium
06 Onderdoorgang
07 Parkinginrit
08 Serviceflats

EN

Building service flats comes with a number of contradictions. Do we design a comfortable haven for people to withdraw to after a filled and hectic life or is this to be the starting point for people to intensely enjoy urban life to the full? PLUS office architects' design balances between the two, between seeing and being seen, between participation and observation. The transition from public to private is unravelled through a series of intermediate conditions: a communal garden, open walkways with planters and seating, an upper orchard, semiprivate balconies and individual front doors. Watching and engaging in social encounters continue to make up the logic in shaping the outer façade where each unit is seen to open up to the square with a loggia terrace. From this logic came the composition of volumes and the building's marked white facade signature that turn the building into an intrinsic and animated scene as part of the new urban scenography that is the relatively new Hertog-Janplein

FR

La conception d'appartements-services recèle quelques contradictions. Va-t-on construire un lieu où se retirer après une vie bien remplie ou plutôt le point de départ d'une expérience tournée vers la ville ? Le projet de PLUS Office Architects oscille entre les deux, entre voir et être vu, entre participation et observation. La transition public-privé s'opère par une cour intérieure et des coursives agrémentées de bancs-jardinières, en bordure d'un jardin en surplomb, jusqu'aux balcons semi-privés et aux portes d'entrée. Le concept de rencontre et de regard se traduit aussi au niveau de la façade, chaque module s'ouvrant sur la place depuis une terrasse en « loggia ». L'articulation des volumes et la force de la façade intègrent le bâtiment dans la scénographie de la nouvelle Hertog-Janplein.

NL

De bouw van serviceflats draagt enkele contradicties in zich. Maken we een gebouw waar mensen zich terugtrekken na een gevuld leven of is dit het startpunt om integendeel intens te genieten van de stad? Het ontwerp van PLUS Office Architects balanceert op die rand, tussen zien en gezien worden, tussen waarnemen en deelnemen. De overgang van het publieke domein verloopt via een binnentuin en open loopbruggen met 'bloembanken' langs een boventuin tot bij semiprivate balkons en individuele voordeuren. Het spel van ontmoeten en toekijken zet zich voort in de buitengevel, waarbij elke unit op het plein uitgeeft met een loggia. Daaruit ontwikkelde zich het volumespel en de sterke gevelsignatuur van het gebouw, dat als een geanimeerde scène deel uitmaakt van het publieke leven op het nieuwe Hertog-Janplein.

HOUSING/WORKING

36

184

2010

TRIAMANT VELM
CARE CAMPUS WITH
INNOVATIVE CARE CONCEPT

BURO II & ARCHI+I
Architects/Architectes/Architecten

**PATRIK STEELS/BRENT TURCHAK/
THOMAS DIERICKX/FRANK VAN OOST/
MAARTEN VANSTEENHUYSE**
Collaborators/Collaborateurs/Medewerkers
www.archi.be
www.buro2.be

CARE FOR LIFE cvba
Client/Maître d'Ouvrage/Opdrachtgever
www.triamant.be

BURO II & ARCHI + I
Structural Engineer/Ingénieur Stabilité/
Ingenieur Stabiliteit

ATLAS BUILDING ENGINEERING nv
Mechanical Engineer/Ingénieur Techniques Spéciales/
Ingenieur Technieken
www.marcgroba.com

CORDEEL nv
General Contractor/Entreprise Générale/
Algemene Aannemer
www.cordeel.be

IWT-INNOVATIE AWARDS:
Genomineerd
Prize/Prix/prijs

**TRIAMANT HASPENGOUW
HALINGENSTRAAT 76
3806 SINT-TRUIDEN**
Place/Lieu/Plaats

FILIP DUJARDIN
Photographer/Photographe/Fotograaf
www.filipdujardin.be

HOUSING/WORKING

SECTION A-A

EN
Maximum integration of different housing, care and welfare services is being pursued at the residential care site for the different target groups. These consist of people of different ages, different ethnic backgrounds, income levels and social classes. The vision of seamlessly blending housing and care was translated into the master plan. The programme for the residential care campus provides for a care hotel, care flats, surface-level homes and communal functions that include a shop, a doctor's surgery, a multi-purpose area and a swimming pool. The architecture of the complex was deliberately kept austere. The white materials lend the inside of the complex a sunny feel as well as aligning the new buildings with the castle, which will be given pride of place on the campus as a grand café. Together with the compact configuration of the buildings, the dark brick facades along the outside stand in joint reference to the typology of the former foursquare farmstead.

FR
Le site d'habitat et de bien-être vise une intégration maximale des différents services de logement, de soins et de bien-être pour différents groupes cibles : des personnes d'âge, d'origine, de revenus et de classes sociales différents. Le plan directeur s'inscrit dans une vision où habitat et bien-être s'intègrent de manière harmonieuse.
Le projet résidentiel et de bien-être comporte un hôtel de bien-être, des flats de différentes superficies, des logements au rez-de-chaussée et des fonctions communes, telles qu'un magasin, un cabinet de médecin, une salle polyvalente et une piscine. L'architecture du complexe se veut sobre. Les matériaux blancs donnent à l'intérieur de l'ensemble un rayonnement lumineux et forment une harmonie entre les nouveaux bâtiments et le château, qui est mis à l'honneur sur le site en tant que grand café. Les façades en briques plus sombres de l'extérieur et la disposition compacte des bâtiments renvoient à la typologie des anciennes fermes en carré.

NL
Op de woonzorgsite wordt een maximale integratie van verschillende woon-, zorg- en welzijnsdiensten nagestreefd voor verschillende doelgroepen: mensen van verschillende leeftijden, afkomst, inkomen en sociale klassen. De visie waarbij wonen en zorg naadloos in elkaar overlopen, werd ruimtelijk vertaald in het masterplan. Het programma voor de woonzorgcampus beschikt over een zorghotel, zorgflats, woningen en gemeenschappelijke functies, zoals een winkel, een dokterspraktijk, een polyvalente ruimte en een zwembad. De architectuur van het complex is bewust sober gehouden. De witte materialen geven de binnenkant van het geheel een zonnige uitstraling en brengen de nieuwe gebouwen in harmonie met het kasteel, dat als grand café een ereplaats krijgt op de campus. De doorgetrokken donkere baksteengevels aan de buitenzijde verwijzen samen met de compacte opstelling van de gebouwen naar de typologie van de vroegere vierkantshoeve.

01 Grand café
02 Care center
03 Shop
04 House
05 Room
06 Nursery room
07 Sanitary
08 Meeting space
09 Binnenplein

PUBLIC SPACES

(37)

2011
THE CUBE

PARK ASSOCIATI
Architects/Architectes/Architecten
LORENZO MERLONI
Project leader
**MICHELE ROSSI/FILIPPO PAGLIANI/
ALEXIA CACCAVELLA/ALICE CUTERI**
Collaborators/Collaborateurs/Medewerkers
www.parkassociati.com

ELECTROLUX
Client/Maître d'Ouvrage/Opdrachtgever
www.electrolux.be
GREENVILLE-MILANO
Mechanical Engineer/Ingénieur Techniques Spéciales/
Ingenieur Technieken
www.greenville.it
NÜSSLI AG-HÜTTWILEN
General Contractor/Entreprise Générale/
Algemene Aannemer
www.nussli.com

STUDIO FM
Texture & the Graphic/Texture & Graphisme/
Textuur & het Grafische Aspect
ABSOLUTE BLUE
Event Concept and Project Management
www.absoluteblue.eu

ARC DU CINQUANTENAIRE
1000 BRUXELLES
Place/Lieu/Plaats
ANDREA MARTIRADONNA, MILANO
Photographers/Photographes/Fotografen
www.martiradonna.it

PUBLIC SPACES

DINNER CONFIGURATION

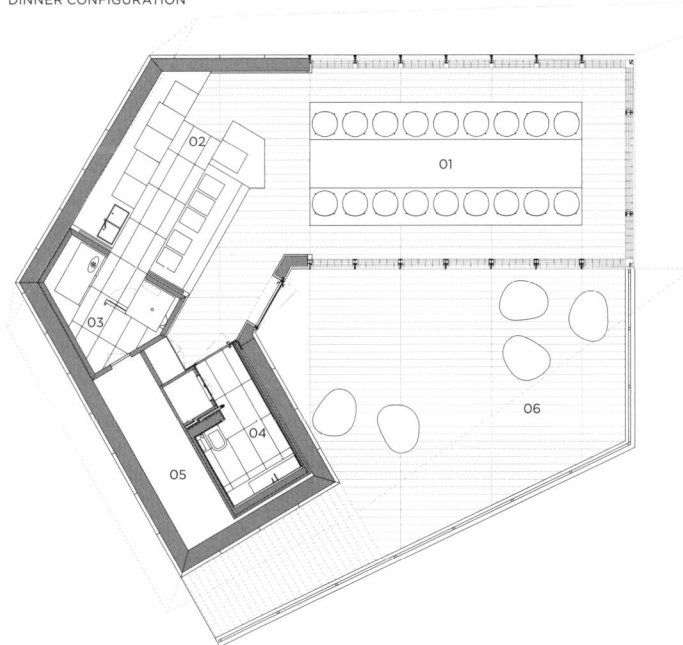

01 Dining room
02 Kitchen
03 Storage
04 Toilet
05 Technical room
06 Terrace

DETAIL

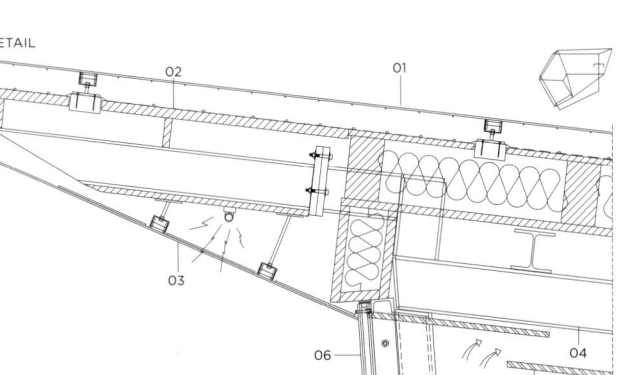
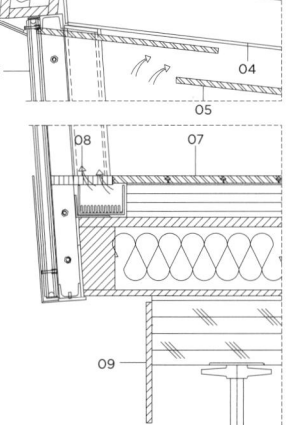

01 Roof cover
02 Roof
03 Under façade
04 Main construction
05 Ceiling
06 Façade
07 Floor
08 Façade air screening
09 Basement

EN

The Cube by Electrolux is an experimental and itinerant restaurant concept that must be seen and experienced. It was designed to inspire and surprise guests in the most prestigious locations across Europe, starting with Les Arcades at the Cinquantenaire in Brussels. The actual structure was purpose-designed to meet the requirements of the various sites, ranging from snow-covered mountainsides to the summits of urban monuments. It is made from robust materials, whilst drawing on the very latest green technologies, which make it 100% recyclable. The Cube is housed in a white enclosure in laser-machined aluminium. The interior is chiefly made from ice white Corian™ and a mixture of mat and glossy lacquered wood. The floor of the open-air terrace and the indoor section is a platform made from timber recovered from industrial wood waste and clad with an ecological plastic that protects and makes it waterproof. The Cube has its own wind turbine and its own hydrogen fuel cell generator so as to reduce the amount of energy consumed.

FR

The Cube by Electrolux est un concept de restaurant itinérant expérimental et à vivre, conçu pour inspirer et surprendre les hôtes dans des lieux prestigieux d'Europe en débutant par les Arcades du Cinquantenaire à Bruxelles. La structure proprement dite a été spécialement conçue pour répondre aux exigences des différents sites, des flancs de montagne enneigés aux sommets de monuments urbains. Elle met en œuvre des matériaux robustes tout en faisant appel aux dernières technologies vertes et en étant 100% recyclable. The Cube est revêtu d'une enveloppe blanche en aluminium usiné au laser. L'intérieur est principalement réalisé en Corian™ ice white et un mélange de bois laqué mat et brillant. Le sol de la terrasse extérieure et de l'intérieur est une plateforme fabriquée en bois recyclé à partir de déchets de l'industrie du bois et recouverte d'un plastique écologique qui protège et imperméabilise. The Cube est doté de sa propre éolienne et de son propre générateur de pile à combustible d'hydrogène afin de réduire la consommation énergétique.

NL

The Cube by Electrolux is een experimenteel, levend concept van een reizend restaurant, ontworpen om de gasten op prestigieuze plaatsen in Europa – te beginnen met de zuilengalerij van het Brusselse Jubelpark – te inspireren en te verrassen. De structuur speelt in op de vereisten van de verschillende sites, van besneeuwde bergflanken tot de toppen van stedelijke monumenten. Ze combineert sterke materialen met de nieuwste groene technologieën. En ze is 100% recycleerbaar. The Cube heeft een omhulsel van met de laser bewerkt wit aluminium. Het interieur is voornamelijk uitgevoerd in ijswit Corian™ en mat en glanzend gelakt hout. De binnenvloer en die van het buitenterras is een platform van kringloophout, gemaakt van afval uit de houtindustrie en bekleed met ecologisch plastic dat het beschermt en waterdicht maakt. The Cube heeft zijn eigen windturbine en zijn eigen generator met waterstofcel, om het energieverbruik te beperken.

PUBLIC SPACES

2009
REORGANIZATION OF THE FLAGEY AND HOLY-CROSS PLAZA'S IN IXELLES

D+A INTERNATIONAL – LATZ + PARTNER
(Association momentanée)
SERGE COLIN/TILMAN LATZ/JOSEPH DE GRYSE/CHRISTINE RUPP-STOPPEL
Architects & Landscape designers/Architectes & paysagistes/Architecten en landschapsontwerpers

CHRISTOPHE LENGRAND/DANIELA REIF/
ANDRE MERTENS/MICHAËL STEGMEIER
Collaborators/Collaborateurs/Medewerkers
www.da-international.com
www.latzundpartner.de

**PFARRÉ LIGHTING DESIGN
GERD PFARRE**
Lighting Design/Concepteur lumière/Lichtontwerper
www.lichtplanung.com

**MINISTERE DE LA REGION DE BRUXELLES-CAPITALE – BRUXELLES MOBILITÉ/
MINISTERIE VAN HET BRUSSELS HOOFDSTEDELIJK GEWEST – BRUSSEL MOBILITEIT**
Client/Maître d'Ouvrage/Opdrachtgever
www.bruxellesespacespublics.irisnet.be
www.openbareruimtebrussel.irisnet.be

BAGON-BGROUP
(Association momentanée)
Infrastructure Engineer/Ingénieur Infrastructure/
Ingenieur Wegenwerken
www.tpf.eu
www.greisch.com

AGORA
Building supervisor/Suivi de chantier/Werfopvolging
www.agora-urba.be

GREISCH
Structural Engineer/Ingénieur Stabilité/
Ingenieur Stabiliteit
Canopy/Auvent/Luifel
www.greisch.com

HEIJMANS-VERHAEREN
(Association momentanée)
General Contractor/Entreprise Générale/
Algemene Aannemer
www.heijmans.be
www.verhaeren.be

**GREEN URBAN PLANNING/
LANDSCAPE ARCHITECTURE 2011
THE EUROPEAN CENTER FOR ARCHITECTURE ART DESIGN AND URBAN STUDIES & THE CHICAGO ATHENAEUM:
MUSEUM OF ARCHITECTURE AND DESIGN
AWARD INFOSTEEL 2010:**
Catégorie C: Eléments spécifiques de construction en acier
Prize/Prix/Prijs

1050 BRUSSELS
Place/Lieu/Plaats

SERGE BRISON
Photographer/Photographe/Fotograaf
www.sergebrison.com

PUBLIC SPACES

EN

'Place Flagey': a long, complex and controversial history!
The square – an urban junction – bordered by greenery and high walls, densely populated and busy, changes its luminosity according to time and the rotation of the sun. The new square relies on its past to develop its future:
— the continuous embedment of benches evokes the place of the bygone pond;
the life landmark is symbolized by trees and fountains;
— the blue stone slabs on the ground recall the light effects on the water's surface;
— the central area is an open and multi-purpose space;
— the peripheral traffic allows for the roads on the side of the pond to be closed;
— the canopy underscores the multi-modality.
The cultural grafting onto the former building of the INR (the former national radio & TV institute) is now confirmed by the fact that the premises are occupied again.

FR

La place Flagey: une longue histoire complexe et controversée!
La place – charnière urbaine – bordée de lisière et parois hautes densément peuplées et occupées, change sa luminosité en fonction du temps et de la rotation du soleil.
La nouvelle place s'appuie sur son passé pour développer l'avenir:
— l'implantation continue de bancs évoque l'emplacement des rives de l'étang disparu;
— l'axe de vie est symbolisé par l'implantation d'arbres et de fontaines;
— la pierre bleue au sol rappelle la luminosité d'une surface d'eau;
— la zone centrale est ouverte et polyvalente;
— la circulation périphérique permet la fermeture des voiries côté étang;
— l'auvent souligne la multimodalité.
La greffe culturelle sur l'ancien bâtiment de l'INR est aujourd'hui confirmée par l'occupation des lieux.

NL

Het Flageyplein: een lang, ingewikkeld en controversieel verhaal!
Het licht op het plein, een stedelijk knooppunt in een druk en dichtbevolkt gebied, verandert met het weer en met de stand van de zon. Het nieuwe plein vertrekt van het verleden om de toekomst te ontwikkelen:
— de opeenvolging van banken geeft aan waar de oevers van de verdwenen vijver zich bevonden;
— de levensader wordt gesymboliseerd door bomen en fonteinen;
— de bestrating met blauwe steen herinnert aan het licht op een watervlak;
— de centrale zone is open en polyvalent; dankzij de rondweg kan men de straten aan de kant van de vijver afsluiten;
— de luifel versterkt de multimodaliteit.
Het gebruik van het voormalige Omroepgebouw bestendigt zijn culturele karakter.

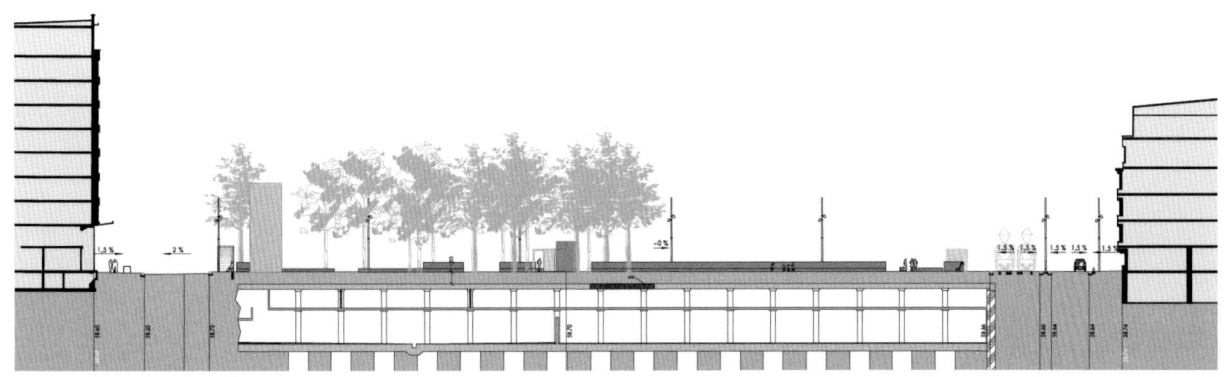

PUBLIC SPACES

39

196

2009
DESIGN OF THE THEATRE SQUARE AND ITS SURROUNDINGS

STUDIO ASSOCIATO BERNARDO SECCHI & PAOLA VIGANÒ
BERNARDO SECCHI/PAOLA VIGANÒ
Architects/Architectes/Architecten
UBERTO DEGLI UBERTI/STEVEN GEERAERT/EMANUEL GIANNOTTI/ GÜNTER PUSCH/KASUMI YOSHIDA
Collaborators/Collaborateurs/Medewerkers
www.secchi-vigano.it

STAD ANTWERPEN
Client/Maître d'Ouvrage/Opdrachtgever
BUREAU VOOR ARCHITECTUUR EN STABILITEIT (BAS)
Structural Engineer/Ingénieur Stabilité/ Ingenieur Stabiliteit
www.basbvba.be
ATELIER RUIMTELIJK ADVIES (ARA)
Technical support/Support technique/ Technische ondersteuning
www.atelierruimtelijkadvies.be
SECO
Technical Control/Contrôle Technique/ Technische Controle
www.seco.be

ANTWERPSE BOUWWERKEN
General Contractor/Entreprise Générale/ Algemene Aannemer
www.antwerpsebouwwerken.be
THUIS IN DE STAD PRIJS 2008
MEDAGLIO D'ORO IN LE TRIENNALE, 2008:
Finalist
Prize/Prix/Prijs

THEATERPLEIN
2000 ANTWERPEN
Place/Lieu/Plaats
TERESA COS
Photographer/Photographes/Fotografe
www.teresacos.com

PUBLIC SPACES

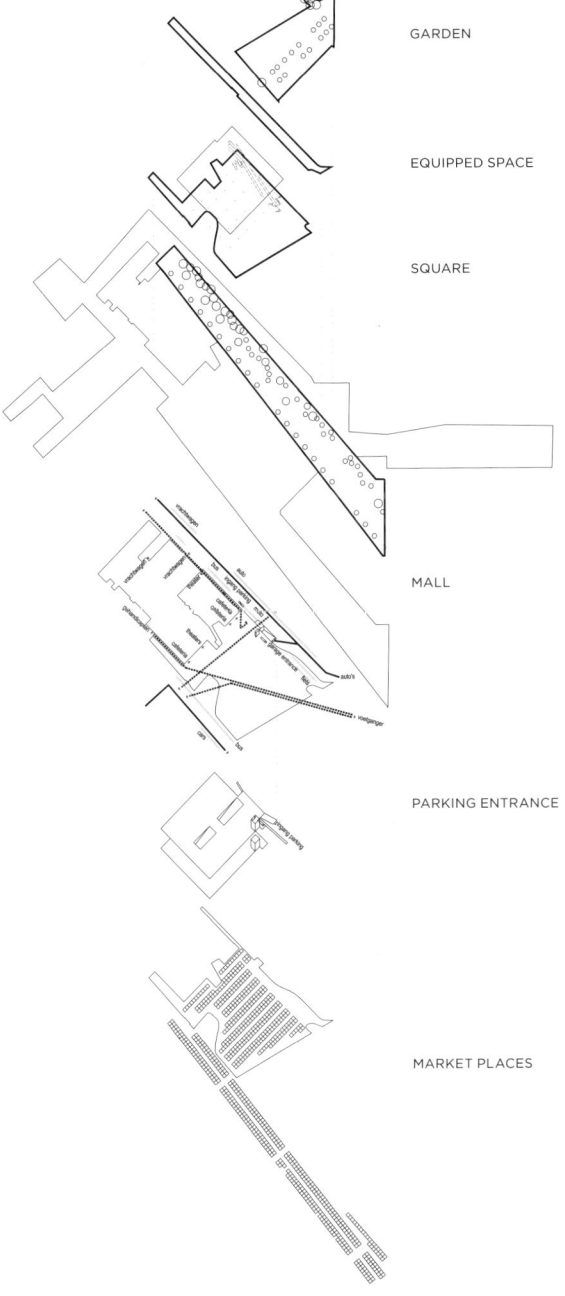

GARDEN

EQUIPPED SPACE

SQUARE

MALL

PARKING ENTRANCE

MARKET PLACES

A 'spazio smisurato' is a large space, difficult to measure, a space where distances are difficult to read, where one feels disoriented. It is a measureless space. A spazio smisurato does not necessarily need to be filled. It needs to be understood, in all its visible and invisible dimensions that are the product of time and of the different choices made by different subjects over time. A spazio smisurato has enormous potential in a city centre. It is a limited resource and can be interpreted and utilised in many unexpected and different ways. Our design is a measured project. It is used as an analytical tool to investigate the conceptual density of a problem of measure. The kind of Theaterplein (square) we present is a place where ancient and contemporary rhythms and measures can meet and mix.

Il ne faut pas à tout prix vouloir remplir un espace démesuré. Il faut avant tout le comprendre, dans toutes ses dimensions visibles et invisibles, qui sont le fruit de la dimension temporaire et des différents choix, posés au fil du temps par des acteurs et des individus. Un «spazio smisurato» recèle un énorme potentiel en centre-ville. C'est un instrument rare, qui peut être interprété et utilisé dans une foule de circonstances. Notre concept est bien proportionné. Il sert d'instrument analytique pour examiner la densité conceptuelle d'un problème de mesure. La Theaterplein que nous proposons est un lieu où des rythmes anciens et contemporains se rencontrent et se mélangent.

Een 'spazio smisurato' is een grote ruimte, moeilijk te meten, onmeetbaar, waar afstanden moeilijk te lezen zijn, waar men zich gedesoriënteerd voelt. Het is een maatloze ruimte. Een maatloze ruimte moet niet worden opgevuld maar begrepen in al haar (on)zichtbare afmetingen, die het product zijn van de tijdelijke dimensie en de verschillende keuzes die in de loop der tijd werden gemaakt door de vele diverse individuen en actoren. Een 'spazio smisurato' heeft in een stadscentrum enorm potentieel; het is een schaars hulpmiddel en kan geïnterpreteerd en gebruikt worden in vele onvoorziene en uiteenlopende omstandigheden. Ons ontwerp is een afgemeten project; het wordt gebruikt als een analytisch instrument om de conceptuele dichtheid van een probleem van maat te onderzoeken. Het Theaterplein dat wij voorstellen is een plek waar oude en hedendaagse ritmes en maten elkaar ontmoeten en zich met elkaar vermengen.

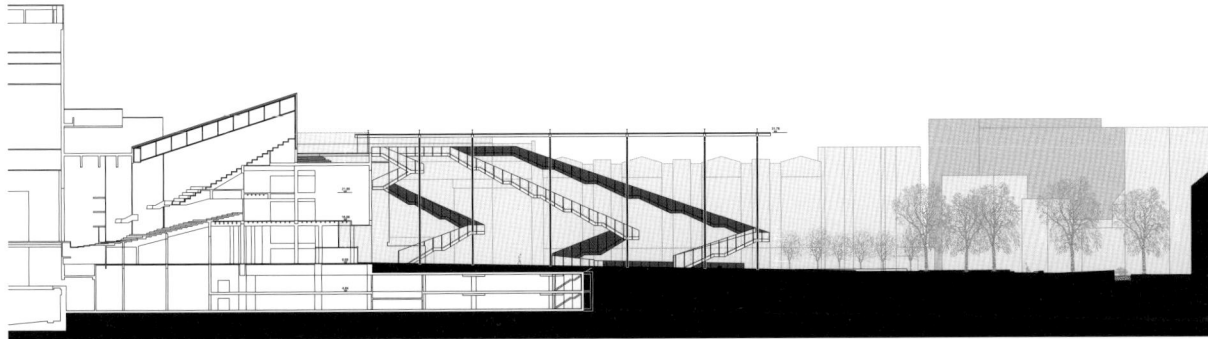

0 5 10

PUBLIC SPACES

200

2006

HARBOUR OFFICE AND CLUB HOUSE MARINA OF MONS

ARCADUS ARCHITECTE sprl
STÉPHANE MEYRANT
Architect/Architecte/Architect

**NUNZIA BRAZIOLI/SARAH DELCOURT/
ALESSANDRA D'ANGELO/
MICKAËL MERCIER/CAROLINE MOUTON/
JULIEN ROMAIN**
Collaborators/Collaborateurs/Medewerkers

PORT DE PLAISANCE DE MONS asbl
Client/Maître d'Ouvrage/Opdrachtgever

PEC sa/MARC RORIVE
Structural Engineer/Ingénieurs Stabilité/
Ingenieur Stabiliteit

ARCADUS ARCHITECTE sprl
Mechanical Engineer/Ingénieur Techniques Spéciales/
Ingenieur Technieken

IN-PLANO sprl
Technical Control/Contrôle Technique/
Technische Controle

LIXON sa/FAVIER sa
General Contractor/Entreprises Générale/
Algemene Aannemer

**AVENUE DU GRAND-LARGE
7000 MONS**
Place/Lieu/Plaats

SERGE BRISON
Photographer/Photographe/Fotograaf
www.sergebrison.com

CAPITAINERIE

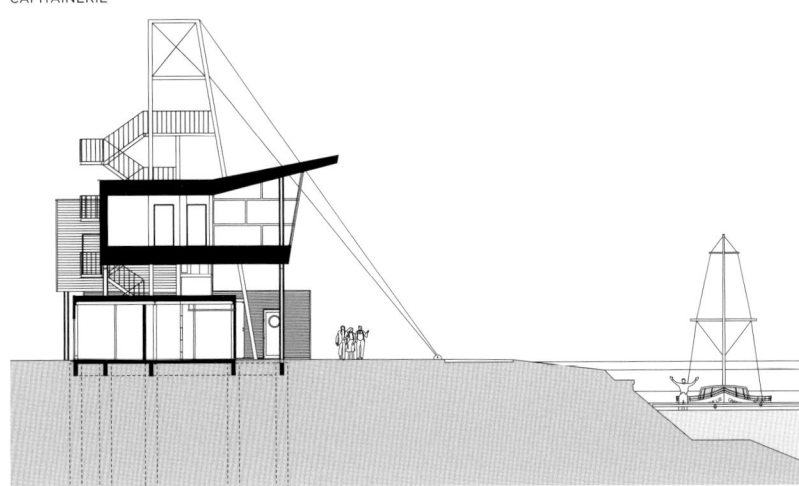

EN Keen to boost the tourist appeal of the Grand Large and to facilitate recreational boating (stop offs, lay-overs, port & leisure activities), Port de Plaisance asbl (not for profit organisation) was seeking to round out its installations with the construction of a cafeteria and cloakrooms for the Club Nautique. These endeavours follow on the heels of the steps set in motion for the first phase – building the Harbour Master's Office. In firm keeping with the typical scenery of port installations, the Harbour Master's Office was built by stacking 'containers' made from wood, glass and metal on top of each other. Onto the interplay of forms and shapes comes the use of the various materials. The architecture involves an accumulation and juxtaposition of straight-forward volumes around the access tower; playing on the superimpositions, the off-sets, the cantilevers, to let the light in and to open up the views looking out across Le Grand Large.

FR Soucieuse de développer l'attractivité touristique du Grand Large et de faciliter une navigation de loisirs (escales, haltes nautiques, port & activités de plaisance), l'asbl Port de Plaisance a souhaité compléter ses installations par la construction d'une cafétéria et de vestiaires pour le Club Nautique. Celle-ci poursuit la démarche initiée pour la première phase – réalisation de la capitainerie –. Véritable allusion au paysage typique des installations portuaires, elle procède par empilement de «containers» de bois, de verre et de métal. Au jeu des formes, se superpose un travail sur les matériaux. L'architecture procède par accumulation et juxtaposition de volumes simples autour de la tour d'accès; jouant sur les superpositions, les décalages, les porte-à-faux, pour faire entrer la lumière et dégager la vue sur le Grand Large.

NL Om de toeristische aantrekkingskracht van het Grand Large te vergroten en de pleziervaart te bevorderen (aanlegplaatsen, nautische halten, haven en pleziervaart) wenste de vzw Port de Plaisance haar installaties aan te vullen met een cafetaria en kleedkamers voor de Club Nautique. De benadering van de eerste fase – het kantoor van de havenkapitein – wordt voortgezet met een opeenstapeling van 'containers' van hout, glas en metaal, een duidelijke verwijzing naar het typische landschap van haveninstallaties. Het spel van de vormen wordt aangevuld door dat van de materialen. De architectuur werkt met de accumulatie en opstelling van eenvoudige volumes rond de toegangstoren. Lagen, verspringende volumes en overhangen laten het licht invallen en openen het uitzicht op het Grand Large.

+1

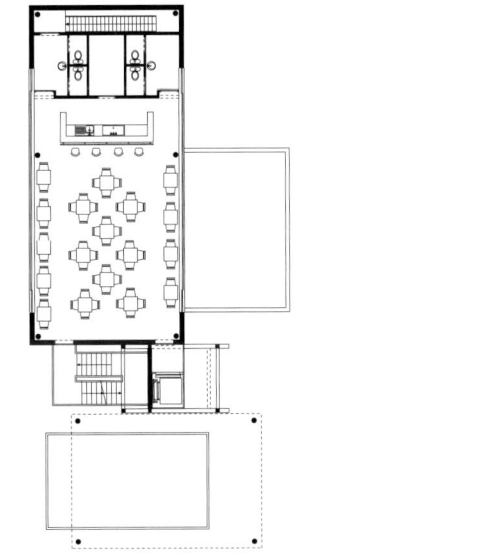

CLUB HOUSE COUPE

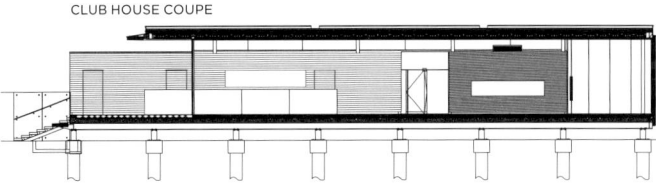

0

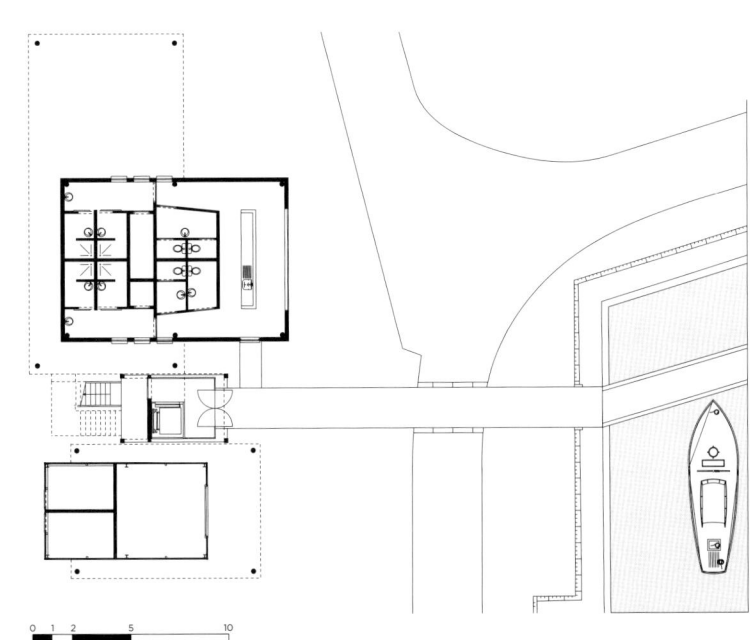

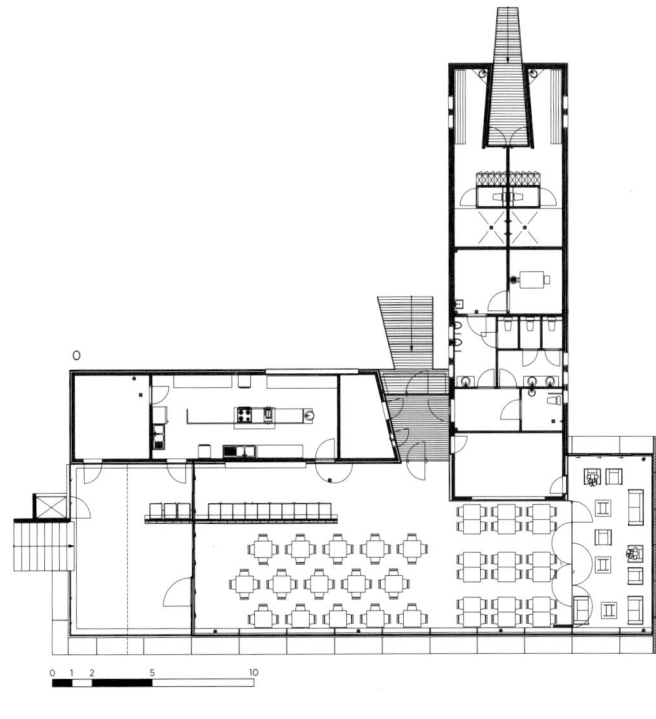

PUBLIC SPACES

41

2011
CONSTRUCTION OF A BELVEDERE IN KOBLENZ

DETHIER ARCHITECTURES
Architect/Architecte/Architect
www.dethier.be

BUNDESGARTENSCHAU KOBLENZ GmbH 2011
Client/Maître d'Ouvrage/Opdrachtgever

BUREAU D'ÉTUDES NEY
Structural Engineers/Ingénieurs Stabilité/
Ingenieuren Stabiliteit
www.ney.be

MOHR INGENIEURHOLZBAU GmbH
General Contractor/Entreprises Générale/
Algemene Aannemer
www.buyck.be

FOOTBRIDGE AWARD 2011
Premier prix en «technical medium span» et «higly commented» en «aesthetic medium span»
Prize/Prix/Prijs

**BLEIDENBERG
56068 KOBLENZ
ALLEMAGNE**
Place/Lieu/Plaats

THOMAS FAES
Photographer/Photographe/Fotograaf

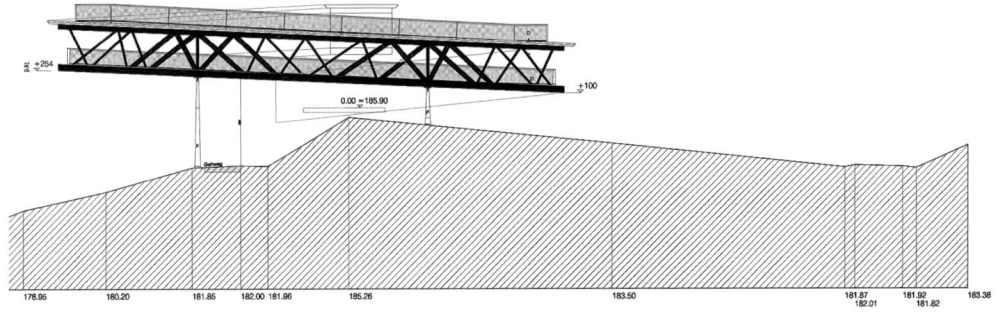

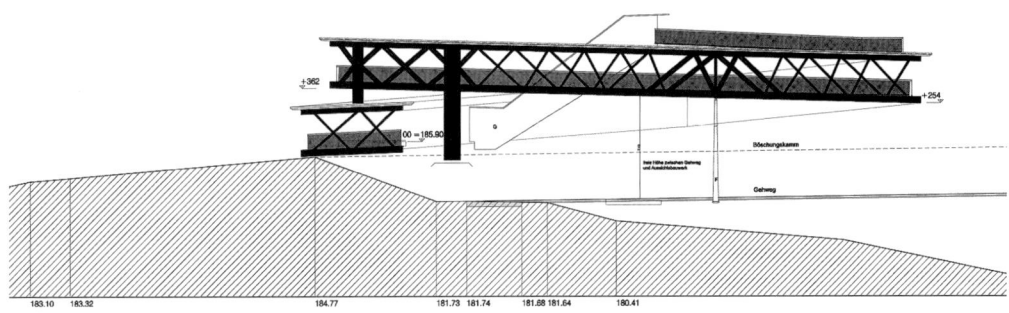

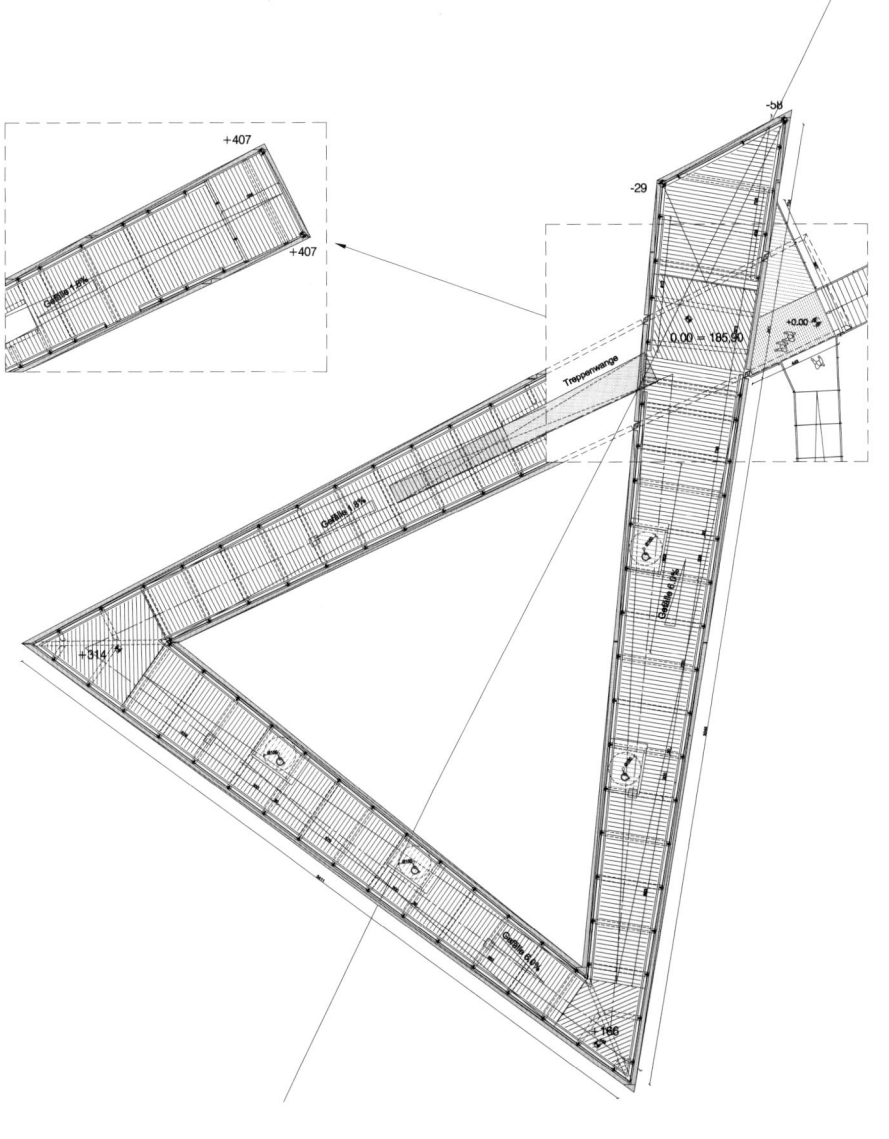

EN

The building takes on the form of a clip attached to the triangular plateau overlooking Koblenz. The triangular shape is inspired by the plan view of Ehrenbreitstein and is part of the dynamic paths of the park. It is a double ambulatory accessible to disabled people, which takes visitors to a gallery, which could perfectly host an exhibition, and onto the roof on a path alternately offering views of the park and the city. The identity of the project is chiefly based around the overhang idea: facing the valley, the overhang reaches out by over 15 metres, 10 metres above the ground. With this formal and technological portion, the project conveys an image of modernity. It also reflects a desire to exalt the perception of nature by incorporating a maximum of environmental features. We had to find the right solution to enable the building, without any ostentation, to play its role as an eye-catching signboard for the 'Bundesgartenschau'.

FR

L'édifice prend la forme d'une agrafe triangulaire fixée sur le plateau surplombant Coblence. La forme triangulaire s'inspire de la vue en plans de Ehrenbreitstein et s'inscrit dans la dynamique des chemins du parc. C'est un double déambulatoire accessible aux personnes à mobilité réduite, qui mène le visiteur d'une galerie, où peut se tenir une exposition, à la toiture selon un parcours alternant les vues sur le parc et sur la ville. L'identité du projet tient du travail sur le porte-à-faux : face à la vallée, il atteint plus de 15 mètres, à 10 mètre au-dessus du sol. Avec ce parti formel et technologique, le projet véhicule une image de modernité. Il témoigne par ailleurs d'une volonté d'exalter la perception de la nature en intégrant un maximum de caractéristiques environnementales. Il fallait certes dégager une solution juste pour que, sans aucune ostentation, l'édifice puisse jouer son rôle de signal fort pour le Bundesgartenschau.

NL

Het gebouw heeft de vorm van een driehoekige kram op het plateau boven Koblenz. De driehoek is geïnspireerd door de verschillende vlakken van het uitzicht op Ehrenbreitstein en past in de dynamiek van de paden van het park. Een dubbele wandeling, toegankelijk voor mensen met beperkte mobiliteit, brengt de bezoeker naar een galerij waar men tentoonstellingen kan organiseren, en naar het dak, langs een parcours met uitzicht op het park en op de stad. Het project dankt zijn identiteit aan het gebruik van overhangen: naar de vallei toe is er een overhang van meer dan 15 meter, op 10 meter boven de grond. Dankzij deze vormelijke en technologische keuze draagt het project een modern imago uit. Het toont bovendien het verlangen om de natuurperceptie te versterken door de kenmerken van de omgeving optimaal te benutten. De aanpak is ideaal opdat het gebouw zonder vertoon zijn rol als krachtig signaal voor de Bundesgartenschau zou kunnen spelen.

PUBLIC SPACES

208

2009
BLOB VB3

DMVA ARCHITECTEN
TOM VERSCHUEREN/DAVID DRIESEN
Architects/Architectes/Architecten
www.dmva-architecten.be

RINI VAN BEEK
Client/Maître d'Ouvrage/Opdrachtgever

AD&C
General Contractor/Entreprise Générale/
Algemene Aannemer
www.adenc.be

DIFFERENT LOCATIONS, MOBILE
Place/Lieu/Plaats

FREDERIK VERCRUYSSE
Photographer/Photographe/Fotograaf
www.frederikvercruysse.be

PUBLIC SPACES

EN

As Flanders is known as one of the most built over regions in the world, sustainability is here indissolubly linked to intelligent utilization of land. Small mobile house entities may respond to the lack of open space and green. Flexibility means sustainability. No fixed constructions but movable dwelling objects which can be grouped on the outskirts of towns and villages. One of the initial concepts was the ecological and energetic aspect of the design of the Blob VB3. This search led to a compact and organic form, shaped like a drop and constructed from an inner and outer skin of polyester. Service facilities like kitchenette and sanitary as well as storing and techniques were placed in between. The space left was injected with polyurethane foam. The well-insulated walls, the light reflecting colour white, as well as the unfolding segments (cupola and nose), which allow light entrance without direct sunlight on the glazed parts behind, contribute to this well-energetic concept.

FR

La Flandre est une des régions du monde les plus bâties. Par conséquent, la durabilité est indissolublement liée à une utilisation intelligente du sol. De petites entités d'habitations mobiles peuvent offrir une réponse au manque d'espaces ouverts et d'espaces verts. Ainsi flexibilité implique durabilité. Pas de constructions solides mais bien des unités mobiles d'habitations qui peuvent être groupées à l'orée des villes et des villages. L'aspect écologique et énergétique est à la base du projet de Blob VB3. Les investigations débouchent sur une forme organique compacte, sous l'aspect d'une goutte constituée d'enveloppes intérieure et extérieure en polyester. Toutes les fonctions de service, telles que kitchenette, sanitaire et rangement, de même que les fonctions techniques sont aménagées dans cet espace. L'espace entre les enveloppes intérieure et extérieure est injecté de mousse de polyuréthane. Les parois excessivement bien isolées, la couleur blanche réfléchissante, de même que les segments escamotables à la hauteur de la coupole et les parties en verre, constituent les principes de base d'un concept hautement énergétique.

NL

Vlaanderen is één van de meest volgebouwde regio's in de wereld. Bijgevolg is duurzaamheid dan ook onlosmakelijk verbonden met intelligent grondgebruik. Kleine mobiele woonentiteiten kunnen een antwoord bieden op het gebrek aan open ruimte en groen. Dus flexibiliteit betekent duurzaamheid. Geen vaste constructies, wel verplaatsbare woonobjecten die gegroepeerd kunnen worden aan de randen van steden en dorpen. Het ecologisch en energetisch aspect lag mede aan de basis van het ontwerp van Blob VB3. De zoektocht leidde tot een compacte organische vorm in de vorm van een druppel, opgebouwd uit een binnen- en buitenschil in polyester. Alle dienstfuncties zoals kitchenette, sanitair en opbergruimte alsook de technieken werden ingericht in deze tussenruimte. De restruimte tussen binnen- en buitenhuid werd opgespoten met polyurethaan schuim.
De zeer goed geïsoleerde wanden, de witte reflecterende kleur alsook de opklapbare segmenten ter hoogte van de koepel en beglaasde delen zijn de basisprincipes voor een goed energetisch concept.

SNEDE 500

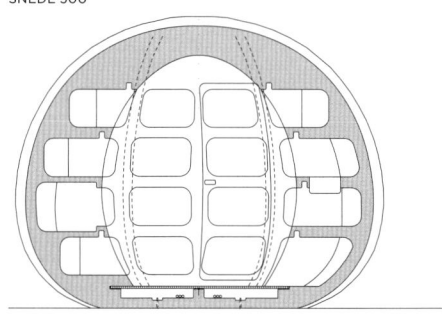

SNEDE D

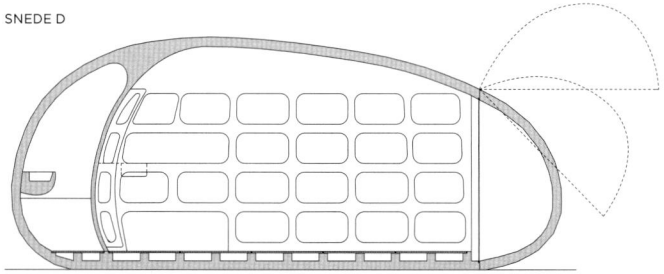

HORIZONTALE SNEDE OP HOOGTE 120

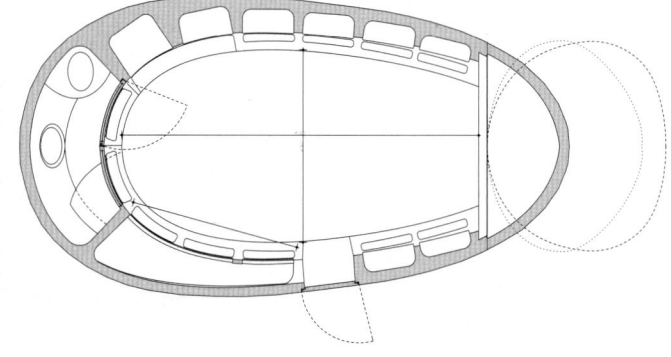

PUBLIC SPACES

43

212

2007
FOOTBRIDGE 'DE LICHTENLIJN'

NEY & PARTNERS
Architect/Architecte/Architect
Structural Engineers/Ingénieurs Stabilité/
Ingenieur Stabiliteit
www.ney.be

VLAAMSE OVERHEID AGENTSCHAP MARITIEME DIENSTVERLENING EN KUST
Client/Maître d'Ouvrage/Opdrachtgever

HERBOSCH-KIERE
General Contractor/Entreprises Générale/
Algemene Aannemer
www.herbosch-kiere.be

VICTOR BUYCK STEEL CONSTRUCTION
Steel contractor/Entreprise Acier/Aannemer Staal
www.buyck.be

FOOTBRIDGE AWARD 2011
Premier prix en «technical medium span»
et mentions spéciales en «aesthetic medium span»
CONCOURS CONSTRUCTION ACIER 2010:
Lauréat
"PRIJS BOUWHEER 2009" VAN DE VLAAMSE BOUWMEESTER:
Nomination
Prize/Prix/Prijs

**ELIZABETLAAN
8300 KNOKKE-HEIST**
Place/Lieu/Plaats

DAYLIGHT sprl – JEAN-LUC DERU
Photographer/Photographe/Fotograaf
www.photo-daylight.com

PUBLIC SPACES

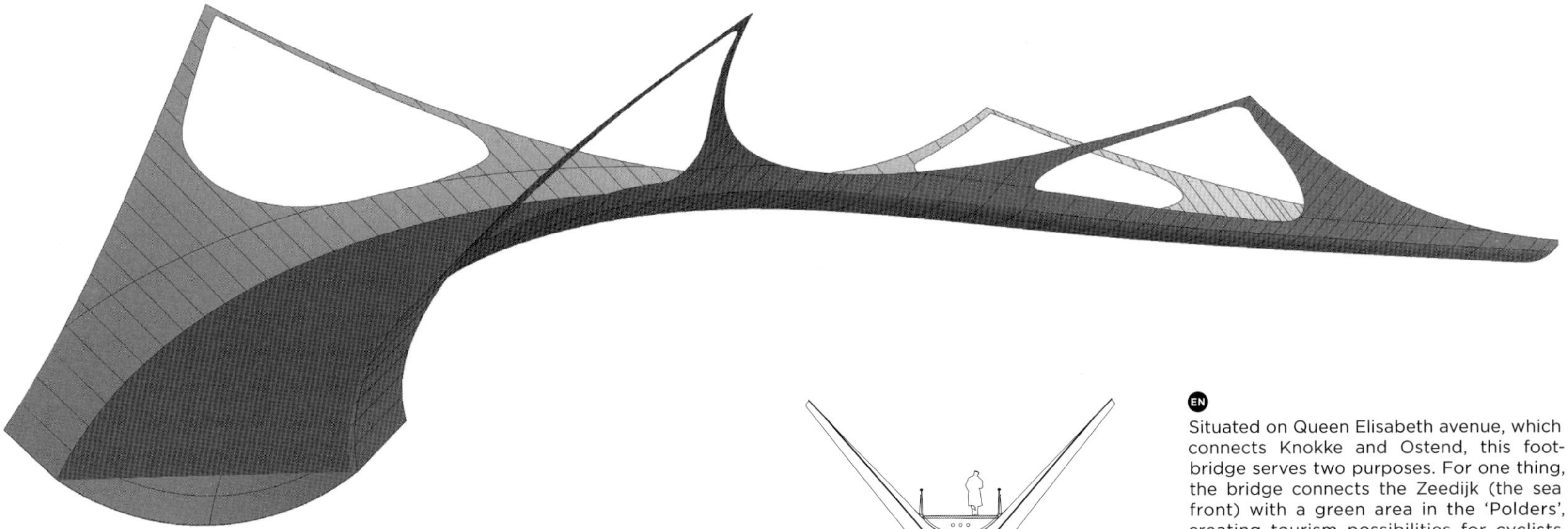

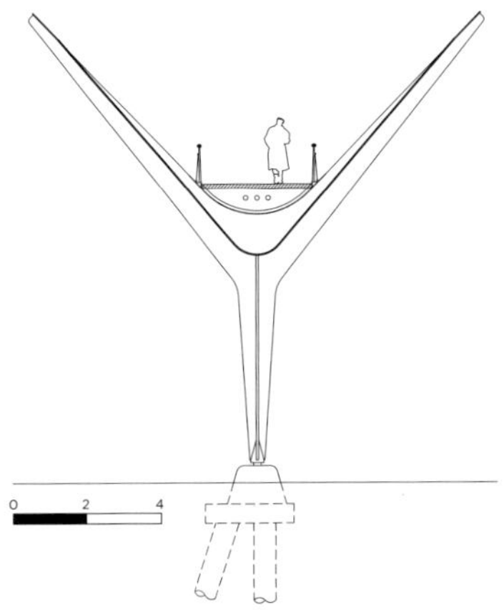

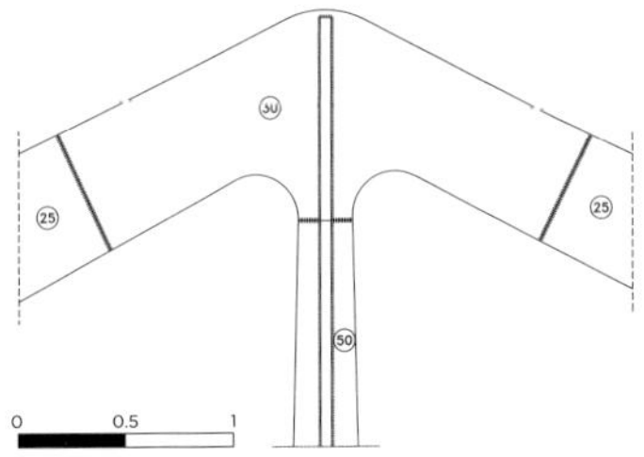

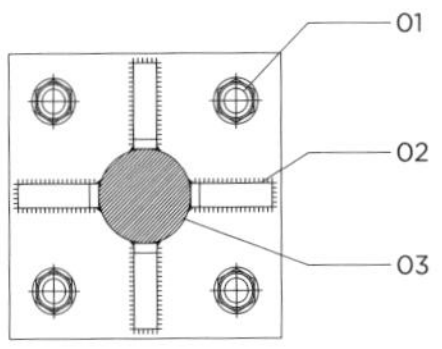

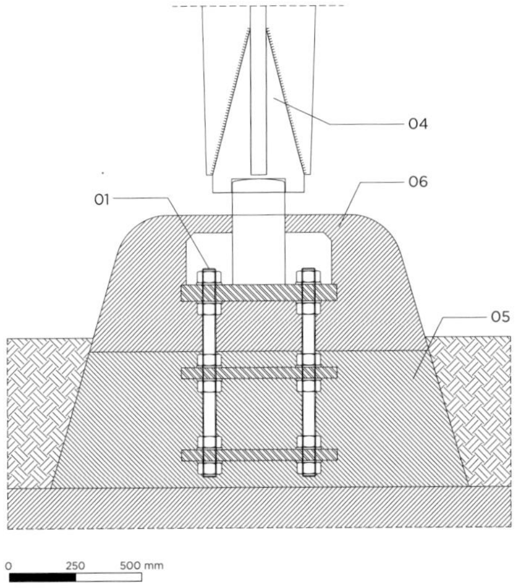

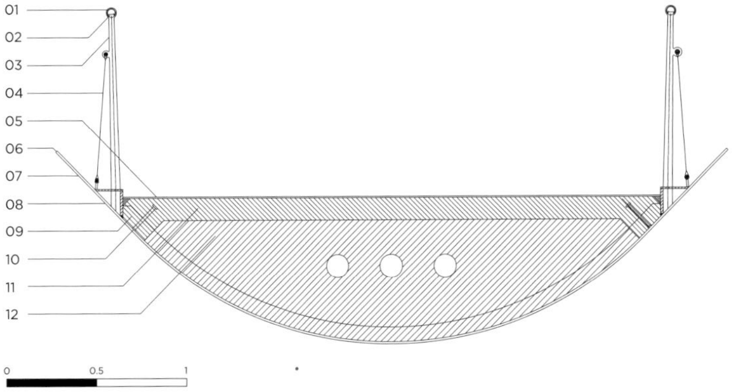

01 Handrail ø 48.1/2.77 stainless steel
02 LED-line
03 20mm stainless-steel post
04 Stainless-steel net
05 8 mm PU coating
06 Reference point
07 12mm steel sheet
08 NCS2 S0505-B painting (light bleu) underside
   NCS2 S1505-Y painting (whitesand) upperside
09 80/15mm steel plate @ 2000
10 ø 16mm shear connector, L=175mm
11 Structural concrete C30/37
12 Polystyrene concrete 350kg/m³

01 4 x M52(4.6) bolt
02 50mm S 355 K2G2 stiffener
03 ø 200mm S 355 K2G2 foot
04 40mm S 355 K2G2 stiffener
05 Concrete phase 1
06 Concrete phase 2

EN

Situated on Queen Elisabeth avenue, which connects Knokke and Ostend, this footbridge serves two purposes. For one thing, the bridge connects the Zeedijk (the sea front) with a green area in the 'Polders', creating tourism possibilities for cyclists and pedestrians. For another, the bridge symbolises entry into the seaside resort of Knokke-Heist. The static model is that of a continuous beam, 102m in length, which rests on 4 supports. This creates an ideal span division of 28m/46m/28m. The structural form was first hand drawn, before being digitally processed: optimisation software computed the minimum amount of material and the shapes of the openings. The result is an optimised shape. From a conceptual point of view, the bridge consists of welded bent steel plates of 12mm in thickness. In doing so, a structural steel 'hammock' is created in which rests the concrete wearing course. To resist the transverse forces caused by the bent shape in plan, the sides of the plates are 45° inclined with respect to the central axis.

FR

Située sur la Koningin Elizabethlaan qui relie Knokke à Ostende, la passerelle remplit deux fonctions. D'une part, elle relie la Digue à une zone verte dans les polders et crée ainsi des possibilités touristiques pour cyclistes et randonneurs; d'autre part, elle marque l'arrivée dans la station balnéaire de Knokke-Heist. Le modèle statique est celui d'une poutre continue de 102m de longueur reposant sur 4 appuis qui répartissent les travées de 28m/46m/28m de manière idéale. La forme de la structure a d'abord été dessinée puis retouchée par un logiciel pour lui donner une forme optimisée. Sur le plan conceptuel, le pont est réalisé dans des plaques métalliques de 12mm, cintrées et soudées. C'est sur cette espèce de hamac en métal que repose le tablier en béton. Pour reprendre les contraintes latérales qui résultent de la forme courbe, les côtés de la plaque sont inclinés à 45° par rapport à l'axe.

NL

Gelegen op de Koningin Elizabethlaan, die Knokke met Oostende verbindt, vervult deze voetgangers- en fietsersbrug twee functies. Enerzijds verbindt ze de Zeedijk met een groengebied in de polders en zal ze zo toeristische mogelijkheden creëren voor fietsers en wandelaars, en anderzijds symboliseert ze het binnenkomen van de badstad Knokke-Heist. Het statische model is dat van een doorlopende ligger met een lengte van 102m, die rust op vier steunpunten, zodat de verdeling in traveeën van 28m/46m/28m ideaal is. De vorm van de structuur werd eerst geschetst en daarna digitaal verwerkt: een optimalisatieprogramma berekende de minimale hoeveelheid materiaal en de vorm van de openingen. Het resultaat is een geoptimaliseerde vorm. Conceptueel bestaat de brug uit aan elkaar gelaste gebogen staalplaten van 12mm. Op die manier ontstaat een soort stalen hangmat, waarin het betonnen wegdek rust. Om de dwarskrachten op te vangen die ontstaan uit de boogvorm lopen de zijkanten van de plaat uit onder een hoek van 45° ten opzichte van de as.

PUBLIC SPACES

216

2005
TOWN-HALL

NERO
Architect/Architecte/Architect

**WILLIAM LIEVENS/
MARIANNE HOFSTEDE/
IGNACE VERMEERSCH/**
Collaborators/Collaborateurs/
Medewerkers Ruben Catrysse
www.nero.be

DEXIA BANK/GEMEENTE DEERLIJK
Client/Maître d'Ouvrage/Opdrachtgever

GUY MOUTON
Structural Engineer/Ingénieur Stabilité/
Ingenieur Stabiliteit
www.studieburomouton.be

PARTNERS NV
Mechanical Engineer/Ingénieur Techniques Spéciales/
Ingenieur Technieken

BEKAERT BUILDING COMPANY
General Contractor/Entreprise Générale/
Algemene Aannemer
www.bekaert-bbc.be

**HARELBEKESTRAAT 27
8540 DEERLIJK**
Place/Lieu/Plaats

FREDERIK VERCRUYSSE
Photographer/Photographe/Fotograaf
www.frederikvercruysse.be

PUBLIC SPACES

EN

The new town hall has been conceived as a bright and operational building of stature and appeal. The head volume is oriented towards the square and the streetscape as a representative image. Forging one's way inside, there is an open, public section as the link to an administrative volume in the interior zone of the deep plot that exudes confidence. A central entrance with the reception desk serves a series of low-threshold administrative functions. The administrative rooms are situated on the first floor. The protocol rooms, the registry office wedding room and the council chamber are on the street side on the first and second volume inside the head volume. This location brings visual animation. By using a secondary entrance, the administrative section can be separated from the 2 'rooms' that are available to be used independently after office hours.

FR

La nouvelle maison communale se présente comme un bâtiment esthétique, à la fois très fonctionnel et lumineux. Facteur de représentativité, le volume principal est orienté vers la place et la rue. Une aile ouverte, accessible au public, est venue s'y accoler, logée à l'intérieur de cette parcelle profonde. C'est le maillon d'un volume administratif et politique qui inspire confiance. Un vestibule central accueillant le guichet remplit une série de fonctions administratives présentant un faible seuil d'accessibilité. Les bureaux de l'administration se situent au premier étage. Les salles protocolaires, la salle des mariages et la salle du conseil sont implantées côté rue, aux premier et deuxième étages du volume principal. Cette situation assure une animation visuelle. L'aménagement d'une entrée secondaire a permis de diviser l'aile administrative en deux « salles » susceptibles d'être occupées indépendamment l'une de l'autre après les heures de bureau.

NL

Het nieuwe gemeentehuis is opgevat als een goed functionerend en helder gebouw met uitstraling. Een kopvolume is gericht op plein en straat als representatief beeld. Aansluitend hierop is er een open, publieksgericht gedeelte, als schakel naar een vertrouwen uitstralend administratief en bestuurlijk volume in de binnenzone van het diepe perceel. Een centrale inkom met de balie bedient een reeks administratieve functies met lage drempelwaarde. De bestuursruimtes situeren zich op de eerste verdieping. De protocollaire ruimten, trouwzaal en raadszaal, liggen aan de straatzijde op de eerste en tweede verdieping van het kopvolume. Deze situering zorgt voor een visuele animatie. Door te werken met een secundaire ingang kan het administratief deel afgescheiden worden van de 2 'zalen' die men na de kantooruren onafhankelijk kan gebruiken.

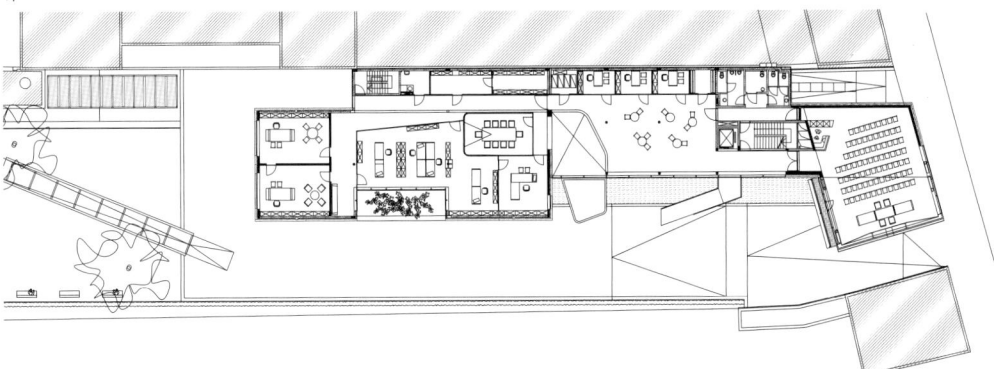

+1

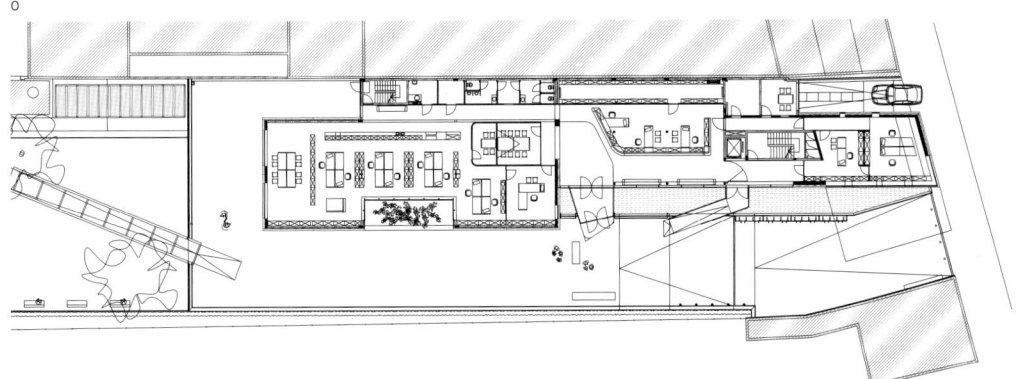

0

PUBLIC SPACES

45

220

2008
CULTURE AND CITY REDEVELOPMENT AND ENLARGMENT OF THE TOWNHALL OF SCHOTEN

BILQUIN SERCK | ARCHITECTEN tv
Architects/Architectes/Architecten
www.bilquin-serck.be

GEMEENTEBESTUUR SCHOTEN
Client/Maître d'Ouvrage/Opdrachtgever

INGENIEURSBUREAU NORBERT PROVOOST
Structural Engineer/Ingénieur Stabilité/
Ingenieur Stabiliteit
www.norbertprovoost.be

INGENIEURSBUREAU STOCKMAN
Mechanical Engineer/Ingénieur Techniques Spéciales/
Ingenieur Technieken
www.istockman.be

KUMPEN nv
General Contractor/Entreprise Générale/
Algemene Aannemer
www.kumpen.be

OPEN OPROEP 6/20:
Laureat
Prize/Prix/Prijs

**ST CORDULASTRAAT 8
2900 SCHOTEN**
Place/Lieu/Plaats

BART LASUY
Photographer/Photographe/Fotograaf
www.bartlasuy.com

PUBLIC SPACES

EN

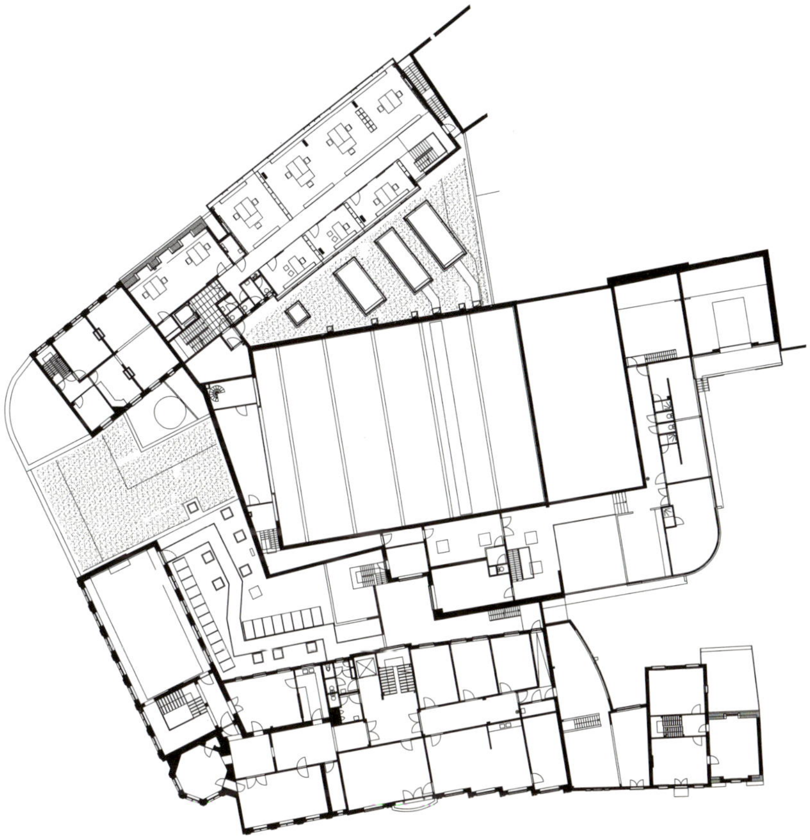

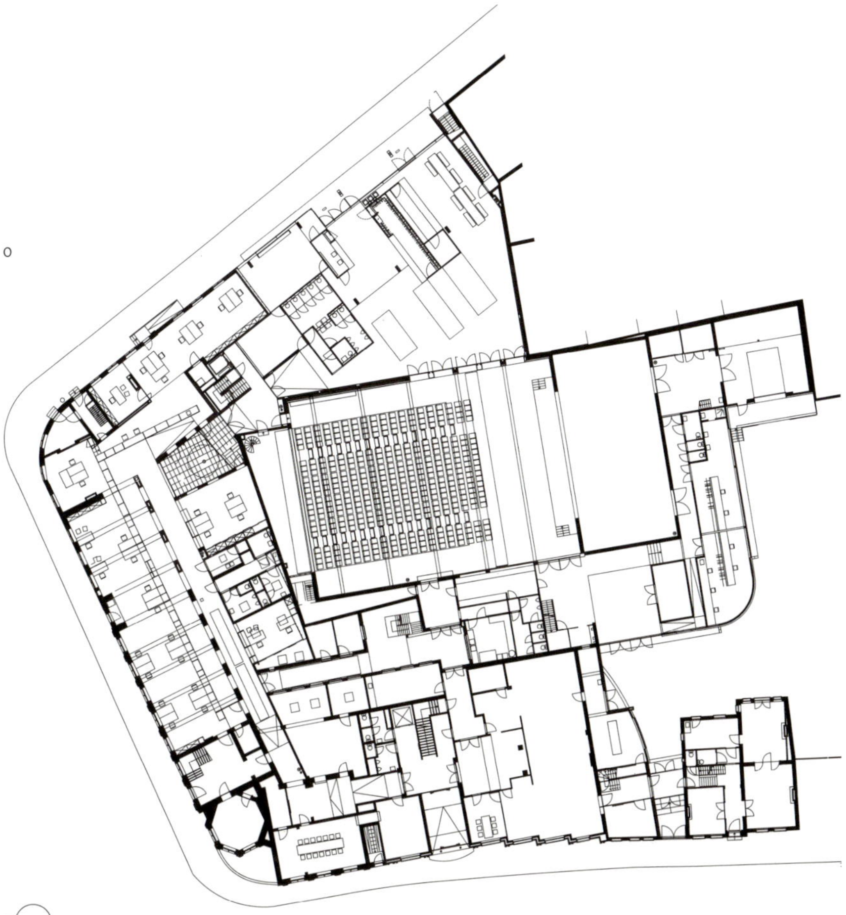

Strategically located along the cultural axis, the concert hall attempts to create momentum in the new urban heart of Schoten. A floating beam upstairs closes off the street elevation, while the ground floor on the other hand is very open and invitingly transparent. The street leads to a small plaza with a sense of community, which is ideal for meetings. This covered-in area is dressed with freestanding boxes like pitches on a marketplace accommodating several functions. The areas in-between acquire their own significance with the adjacent boxes. Lanterns on the roof draw attention due to their peculiar incidence of light. Boxes and lanterns create an active transition connecting street activities with cultural events and giving visibility of public services from the street. Working areas are conceived as office landscapes.

FR

Située de façon stratégique le long de l'axe culturel, la salle de spectacle tente de créer un premier élan urbanistique au nouveau centre de Schoten. La morphologie du bâtiment est caractérisée par une poutre suspendue formant la jonction entre les toitures existantes. Contrairement à l'étage, où la poutre complète l'ensemble des façades, le rez-de-chaussée demeure très ouvert et accueillant, créant un espace qui favorise la rencontre et l'esprit de solidarité. Le foyer est structuré par de multiples volumes. Des boîtes agissent comme des étales au marché couvert et y abritent différentes fonctions. Entre ces divers volumes se créent des zones indépendantes qui acquièrent chacune leur fonction. De grands lanterneaux dans la toiture inondent le foyer de lumière. Un espace qui relie la vie urbaine à la culture, faisant appel aux sens: la vue et l'ouïe et surtout par la lumière.

NL

Strategisch gelegen langs de te ontwikkelen culturele as wil de cultuurzaal gestalte geven aan het nieuwe hart van Schoten. Een zwevende balk op de verdieping sluit de straatwand af, de begane grond daarentegen is heel open en uitnodigend transparant. De straat vloeit over in een overdekt pleintje voor ontmoeting en groepsgevoel. De foyer wordt gestructureerd door losstaande boxen op een overdekte markt, waarin diverse functies zijn ondergebracht. Tussen de boxen ontstaan zones die een eigen betekenis krijgen. Lantaarns boven de foyer trekken de aandacht door hun specifieke lichtinval. Samen met de boxen vormen zij een actieve overgangszone die het straatgebeuren verbindt met de cultuurzaal en de diensten zichtbaar maakt vanop de straat. De burelen zijn opgevat als landschapskantoren.

PUBLIC SPACES

224

![Peterbos Footbridge photograph]

2011
PETERBOS FOOTBRIDGE

BUREAU D'ÉTUDES GREISCH-BGROUP
Structural Engineers/Ingénieurs Stabilité/
Ingenieuren Stabiliteit
www.greisch-bgroup.com

BRUXELLES MOBILITÉ
(DIRECTION, GESTION ET
ENTRETIEN DES VOIRIES
Client/Maître d'Ouvrage/Opdrachtgever

VERHAEREN & CO ET EMERGO
(association momentanée)
General Contractor/Entreprises Générale/
Algemene Aannemer
www.verhaeren.be
www.emergo.be

BOULEVARD MARIA
GROENINCKX-DE MAY
1070 ANDERLECHT
Place/Lieu/Plaats

DAYLIGHT sprl – JEAN-LUC DERU
Photographer/Photographe/Fotograaf
www.photo-daylight.com

COUPE 1

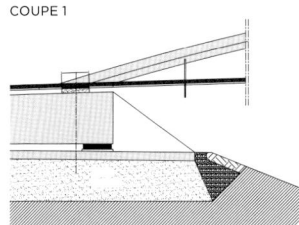

COUPE 2

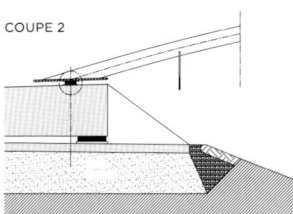

COUPE 3

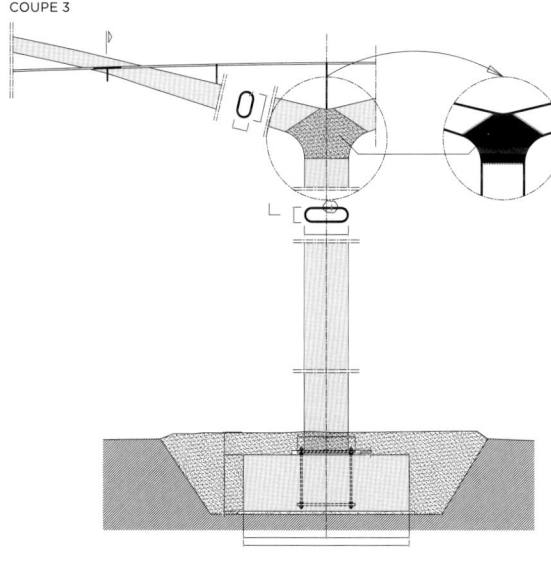

EN The new Passerelle Peterbos replaces a former construction in weathered timber. Linking the Peterbos quarter with the Scheutveld park, this is a bowstring type construction. The arches are made of metal tubes that fan out in order to closely hug the shape of the columns. The crossbars are made from metal profiles situated at decking level, with the decking itself made from ekki wood. With a total span of 58 m, it offers cyclists and pedestrians a 5 metre passage width. The guardrails are made from stainless steel netting. Their airy character is highlighted by the fact that the plates that make up the handrails of the guardrails serve as tensioned cables. As a result, the number of intermediary supports needed to keep them in place is reduced

FR La nouvelle Passerelle Peterbos remplace un ancien ouvrage en bois devenu vétuste. Elle relie la citée du Peterbos au parc du Scheutveld. C'est un ouvrage de type bowstring. Les arcs sont constitués de tubes métalliques s'évasant pour venir épouser la forme des piliers. Les tirants sont, quant à eux, constitués de profilés métalliques situés au niveau du platelage, lui-même en azobé. D'une portée totale de 58 m, elle offre aux cycliste et piétons qui l'empruntent une largeur de passage de 5 m. Les garde-corps sont constitués de filets en acier inoxydable. Leur caractère aérien est accentué par le fait que les plats qui constituent la main courante du garde-corps fonctionnent comme des câbles tendus. De ce fait, le nombre d'appuis intermédiaires nécessaires à leur maintien est réduit.

NL De nieuwe voetgangersbrug Peterbos vervangt een oude houten brug tussen de wijk Peterbos en het Scheutveldpark. Het is een typische bowstringconstructie. De bogen zijn gemaakt van metalen buizen die breed uitlopen om de vorm van de brugpijlers te volgen. De verbindingsstangen zijn metalen profielen, op het niveau van de vloer van azobé. De brug, bedoeld voor fietsers en voetgangers, heeft een totale spanwijdte van 58 m en een doorgangsbreedte van 5 meter. De borstweringen zijn een netwerk van roestvrij staaldraad. Hun luchtige karakter wordt versterkt door het feit dat de platte kabels die de reling vormen ook als spankabels dienen. Op die manier kon het aantal tussensteunen voor de stabiliteit verminderd worden.

COUPE

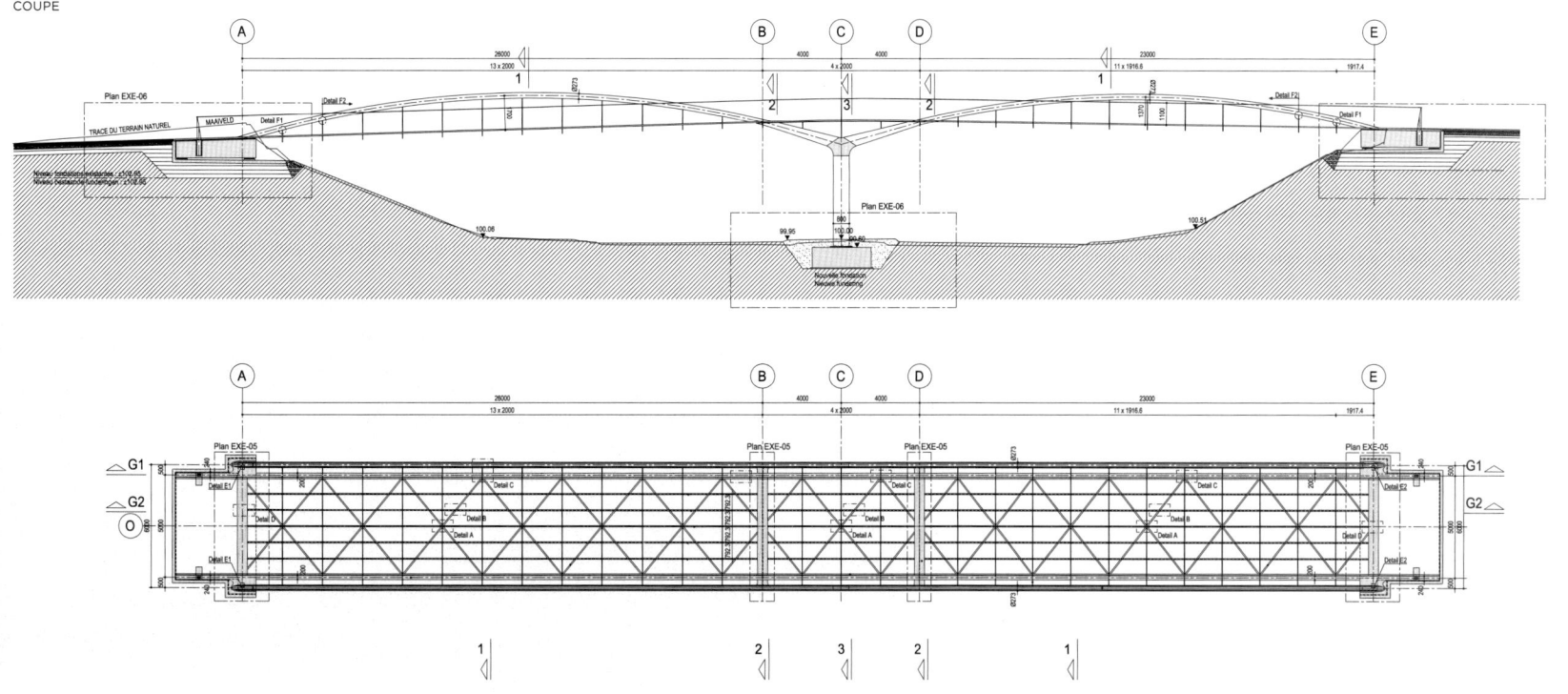

2008
NEW WING OF THE PHOTOGRAPHY MUSEUM IN CHARLEROI

L'ESCAUT ARCHITECTURES
OLIVIER BASTIN/ELOISA ASTUDILLO/
FLORENCE HOFFMANN/
NELE STRAGIER
Architects/Architectes/Architecten
www.escaut.org

COMMUNAUTÉ FRANÇAISE
WALLONIE-BRUXELLES
Client/Maître d'Ouvrage/Opdrachtgever

BUREAU D'ÉTUDES WEINAND
Structural Engineer/Ingénieur Stabilité/
Ingenieur Stabiliteit
www.weinand.be

SECA BENELUX
Mechanical Engineer/Ingénieur Techniques Spéciales/
Ingenieur Technieken
www.groupe-seca.com

ENTREPRISE BAJART sa
General Contractor/Entreprise Générale/
Algemene Aannemer
www.bajart.be

CAPRI ACOUSTIQUE
Acoustic/Acoustique/Akoestisch

LANDINZICHT
Landscape/Paysagiste/Landschap
www.landinzicht.org

JEANINE COHEN
Artist/Artiste/Kunstenaar
www.jeaninecohen.net

PRIX MIES VAN DER ROHE 2009:
Nominé
PRIX D'ARCHITECTURE DU HAINAUT 2008:
Prix Spécial des Affaires Culturelles
BELGIAN BUILDING AWARDS 2009:
Heritage Award
Prize/Prix/Prijs

AVENUE PAUL PASTUR 11
MONT-SUR-MARCHIENNE
Place/Lieu/Plaats

GILBERT FASTENAEKENS
Photographer/Photographe/Fotograaf

CULTURAL SITES/EDUCATIONAL SITES

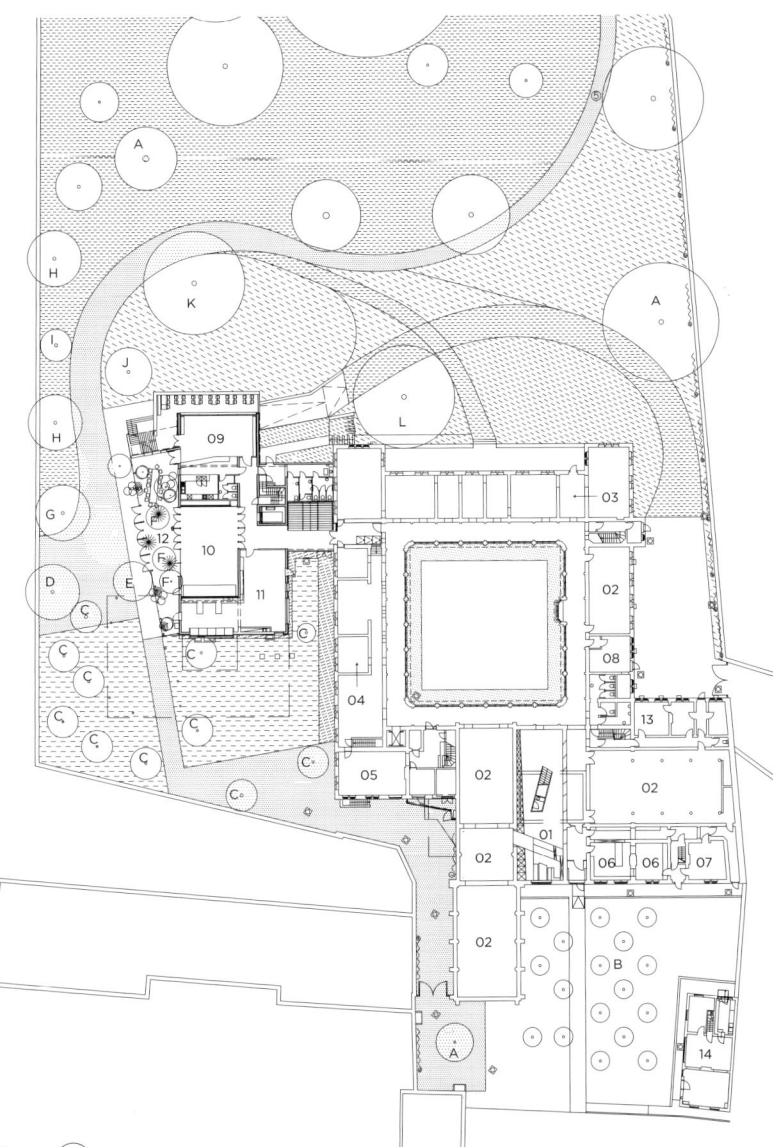

The new wing of the Museum of Photography is located in the park of the former Carmelite convent. Architecture and landscape work in synergy. At times they merge and then they split up, weaving their complementary roles as urban cultural poles. The park which has become a public space is the first step of an urban project for the entire quarter. Housed in the former Carmelite convent since 1987, the Museum's collection has found new and different ways to be exhibited in the new wing. The museography creates visual connections between the interior and exterior of the exhibition rooms. The eye discovers the artworks while simultaneously considering its movement in the space, its being in the world, its everyday. The facade vibrates under the light and renders it in subtly coloured glints depending on the time of day and the season..

La nouvelle aile du Musée de la Photographie est située dans le parc de l'ancien couvent carmélite. Architecture et paysage fonctionnent en synergie. Tantôt ils se confondent tantôt ils se séparent, déclinant de manière complémentaire le rôle urbain des lieux culturels. Le parc, devenu public, est l'amorce d'un projet d'aménagement pour tout le quartier. Intégrée depuis 1987 au sein de l'ancien Carmel, la collection trouve dans la nouvelle aile d'autres modalités d'exposition. La muséographie crée des regards croisés entre intérieur et extérieur des espaces d'exposition; l'œil découvre les œuvres autant qu'il porte un regard sur son parcours, son état d'être au monde, son quotidien. La façade vibre sous la lumière et la restitue en légers reflets colorés au gré des heures du jour et des saisons.

De nieuwe vleugel van het fotografiemuseum ligt in het park van het oude karmelietenklooster. Architectuur en landschap werken er in synergie. Nu eens worden ze een, dan weer gaan ze uit elkaar. Beide spelen op aanvullende manier de stedelijke rol van culturele plekken. Het park, dat publiek werd, is de aanzet van een ontwikkelingsplan voor de wijk. De verzameling die sinds 1987 in het karmelietenklooster geïntegreerd wordt, kan in de nieuwe vleugel op andere manieren worden tentoongesteld. De museografie creëert uitzichten die interieur en exterieur vermengen: de toeschouwer ontdekt niet alleen de kunstwerken, maar is zich evenzeer bewust van zijn parcours, zijn houding tegenover de wereld en zijn dagelijks leven. De gevel weerkaatst het licht onder de vorm van een gekleurde gloed die varieert naargelang het moment van de dag en de seizoenen.

First floor
01 Permanent collection: 1940's-1950's
02 Permanent collection: 1950's-1970's
03 Permanent collection: educational wing
04 Contemporary permanent collection
05 Educational service
06 Offices
07 Meeting room
08 Chapel's slab
09 Staff's dining room
10 Small photographs reserve
11 Administrative archive

Ground floor
A Oak tree
B Birches
C Ginkgo biloba
D Fig tree
E Quince tree
F Almond tree
G Apple tree
H Pear tree
I Plum tree
J Willow tree
K Maple tree
L Walnut tree
01 Entrance
02 Temporary exhibitions
03 Permanent collection: XIXth century
04 Permanent collection: 1900-1930's
05 Permanent collection: 1940's
06 Art-shop
07 Cloakrooms
08 Staff kitchen
09 Cafeteria
10 Video & exhibition room
11 Library
12 Winter garden
13 Concierge
14 Housing for artists

CULTURAL SITES/EDUCATIONAL SITES

2009
GALAXIA

PHILIPPE SAMYN ET ASSOCIÉS sprl
Architects/Architectes/Architecten

PHILIPPE SAMYN ASSISTÉ PAR
GHISLAIN ANDRÉ/CHLOÉ STUEREBAUT
Collaborators/Collaborateurs/Medewerkers
www.samynandpartners.be

INTERCOMMUNALE POUR LE
DÉVELOPPEMENT ÉCONOMIQUE
DURABLE DU LUXEMBOURG BELGE
Client/Maître d'Ouvrage/Opdrachtgever

PHILIPPE SAMYN ET ASSOCIÉS sprl
ARCHITECTES & INGÉNIEURS/
ARCADIS ENGINEERING & CONSULTING
Structural Engineer & Mechanical Engineer/
Ingénieur Stabilité & Ingénieur Techniques Spéciales/
Ingenieur Stabiliteit & Ingenieur Technieken

SECO scrl
Technical Control/Contrôle Technique/
Technische Controle
www.seco.be

DUCHÊNE sa
General Contractor/Entreprise Générale/
Algemene Aannemer
www.duchene-sa.be

TROPHEE BENELUX DE LA
GALVANISATION 2009 – ANTWERPEN:
3ème prix
CONCOURS CONSTRUCTION ACIER
2010, LOUVAIN-LA-NEUVE:
1er prix, Catégorie «Construction durable»
Prize/Prix/Prijs

RUE DEVANT LES HÊTRES 1
6890 TRANSINNE
Place/Lieu/Plaats

MARIE-FRANÇOISE PLISSART/
LA FIBRE COMM
Photographers/Photographes/Fotografen

CULTURAL SITES/EDUCATIONAL SITES

COUPE

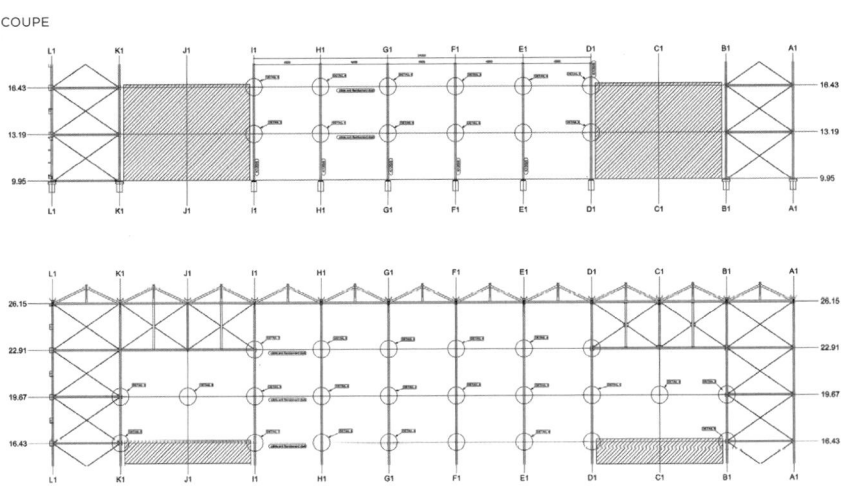

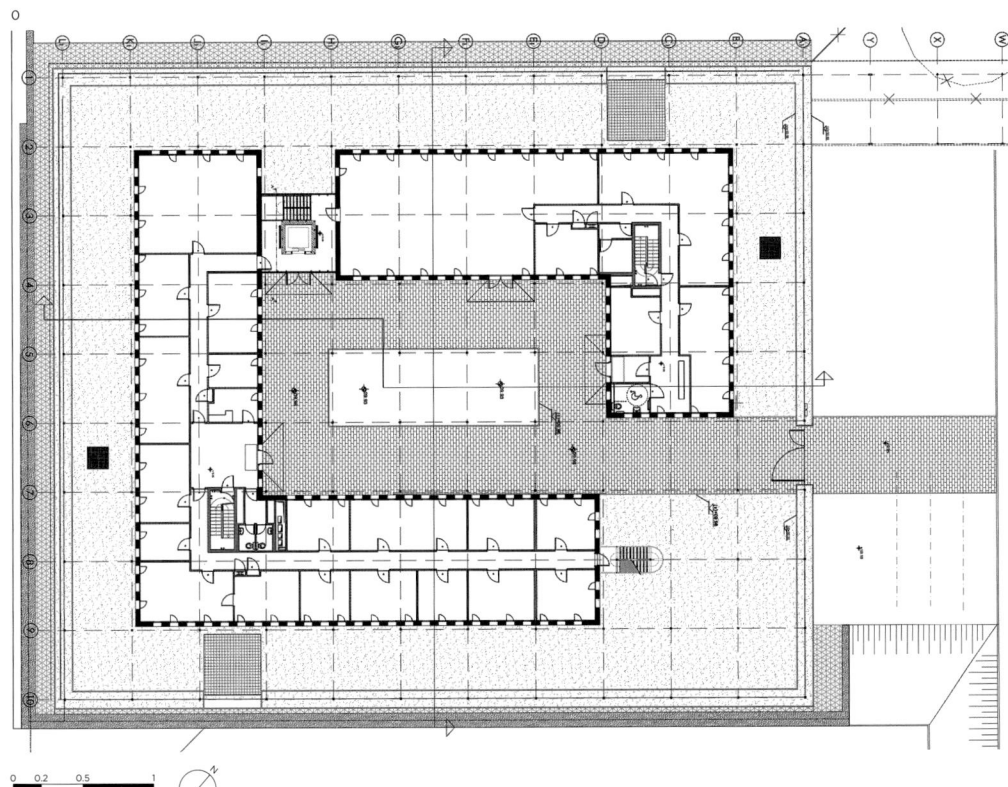

EN

The modular timber buildings with 2 to 4 storeys are arranged like a 'hamlet' in observance of a forward-thinking geometry. The large raised horticultural greenhouse (length: 52.80m – width: 43.20m – height: 16.20m) hosts the entirety, the front looking out towards the motorway is extended as a gallery that encases the existing building (120m). The large hall and the gallery are made of fine square posts in galvanised steel (120 x 120mm), on a 4.80 metre frame, stabilised against buckling by 4 rectangular tethers of horizontal cables that each measure 3.24m. The assembly of bars and wires serves as the perfect support for the two and three-dimensional banners that signal the activities of the centre and of the businesses to the members of the public. The south-facing sides of the rooftops and the facades have been furnished with photovoltaic panels on a total surface of 5,060m².

FR

Les bâtiments modulaires en bois de 2 à 4 niveaux sont organisés en «hameau» suivant une géométrie évolutive. La grande serre horticole surélevée (L: 52,80m; l: 43,20m; h: 16,20m) abrite l'ensemble, la face longeant l'autoroute se prolongeant en galerie habillant le bâtiment existant (120m). La grande halle et la galerie sont constituées de fin poteaux carrés en acier galvanisé (120 x 120mm), sur une trame de 4,80m, stabilisés au flambement par 4 nappes orthogonales de câbles horizontaux tous les 3,24m. L'ensemble de barres et de fils constitue un support idéal pour des calicots plans ou volumiques, signalant au public les activités du centre et des entreprises. Les versants sud des toitures et des façades sont équipés de panneaux photovoltaïques sur une surface totale de 5.060m².

NL

De modulaire houten gebouwen met twee tot vier niveaus zijn als een 'hangmat' georganiseerd, in een evolutieve geometrie. De grote, verhoogde tuinbouwserre (l: 52,80m; b: 43,20m; h: 16,20m) herbergt het geheel, waarbij de gevel langs de autoweg doorloopt in een galerij die het bestaande gebouw aankleedt (120m). De grote hal en de galerij zijn opgetrokken uit dunne, vierkante palen van verzinkt staal (120 x 120mm), op een raster van 4,80m, om de 3,24m tegen doorknikken gestabiliseerd door vier rechthoekige vlakken van horizontale kabels. Het geheel van stangen en draden vormt een ideale drager voor vlakke of driedimensionale spandoeken die het publiek over de activiteiten van het centrum en de bedrijven informeren. De zuidelijke dakhellingen zijn net als de gevels uitgerust met zonnepanelen, met een totale oppervlakte van 5.060m².

CULTURAL SITES/EDUCATIONAL SITES

2009
CINÉMA SAUVENIÈRE

V+, BUREAU VERS PLUS DE BIEN ÊTRE
THIERRY DECUYPERE/
JORN BIHAIN/SHIN HAGIWARA
Architects/Architectes/Architecten

AIDAS KRUTEJAVAS/ANTOINE ROCCA/
PHILIPPE BURAUD/ELODIE DEGAVRE/
SOURYA SUKHASEUM
Collaborators/Collaborateurs/Medewerkers
www.vplus.org

**COMMUNAUTÉ FRANÇAISE DE
BELGIQUE + LES GRIGNOUX asbl**
Client/Maître d'Ouvrage/Opdrachtgever

BAS DIRK JASPAERT
Structural Engineer/Ingénieur Stabilité/
Ingenieur Stabiliteit
www.basbvba.be

**BUREAU BOUWTECKNIEK ET
BUREAU D'ÉTUDES GREISCH**
Mechanical Engineer/Ingénieur Techniques Spéciales/
Ingenieur Technieken
www.b-b.be
www.greisch.be

BUREAU BOUWTECKNIEK
Execution Architect/Architecte Exécution/
Architect Uitvoering
www.b-b.be

SECO scrl
Technical Control/Contrôle Technique/Technische Controle
www.seco.be

DAIDALOS PEUTZ
Acoustique Engineer/Ingénieur Acoustique/
Ingenieur Akoestiek
www.daidalospeutz.be

WUST sa
General Contractor/Entreprise Générale/
Algemene Aannemer
www.wust.be

PRIX BRUXELLES HORTA 2008: Lauréat
PRIX MIES VAN DE ROHE 2008: Nominé
BELGIAN BUILDING AWARDS 2009:
Nominé

PRIX DE L'URBANISME
DE LA VILLE DE LIÈGE 2009: Lauréat
PRIX DU PUBLIC DE LA VILLE
DE LIÈGE 2009: Lauréat
ARCHI BAU EUROPE AWARDS 2010:
Nominé
Prize/Prix/Prijs

PLACE XAVIER NEUJEAN
4000 LIÈGE
Place/Lieu/Plaats

ALAIN JANSSENS
Photographer/Photographe/Fotograaf
www.alainjanssens.be

CULTURAL SITES/EDUCATIONAL SITES

COUPE FF

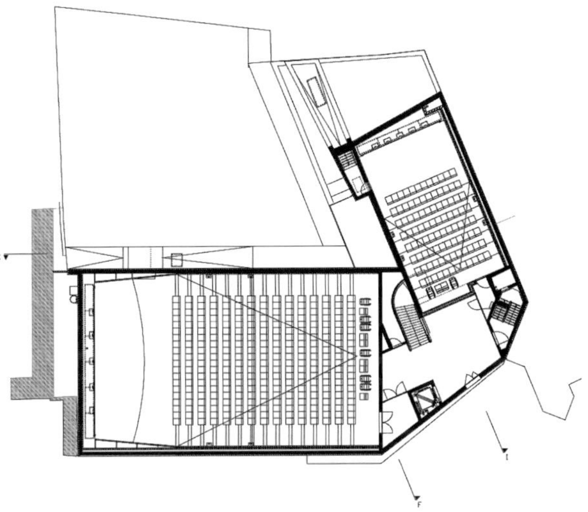

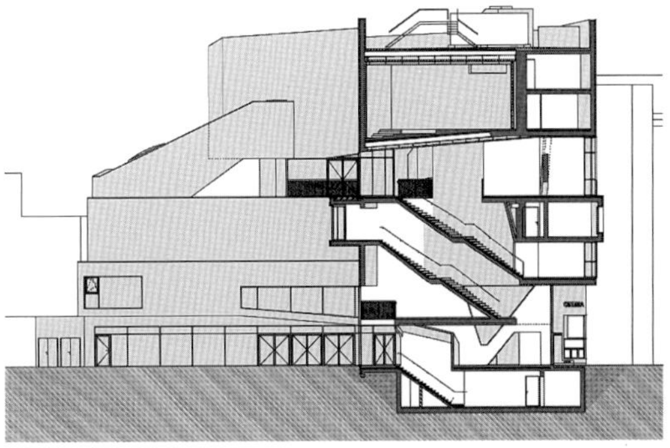

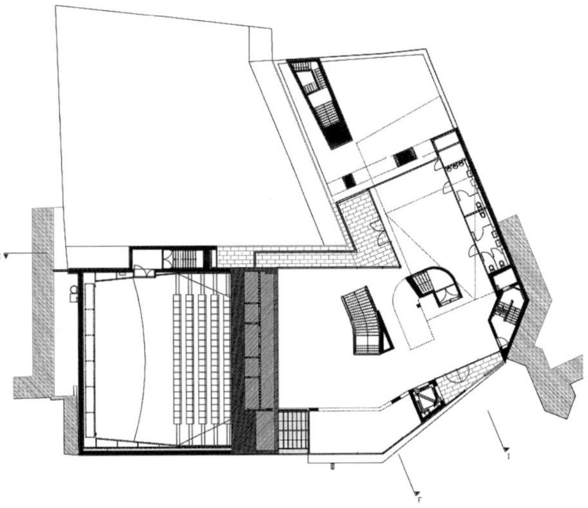

COUPE II

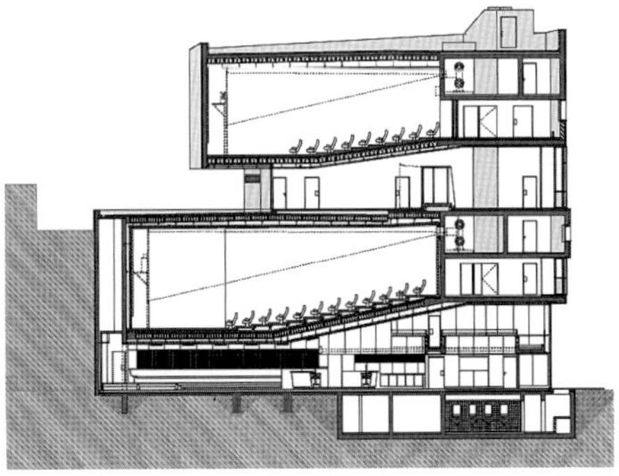

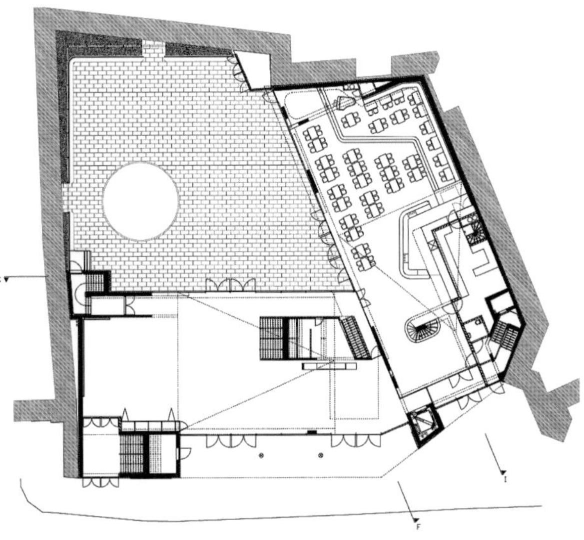

COUPE CC

The project sits between a former swimming pool built in the 1930s and a commercial building. The considerable volume of the cinema theatre is concentrated towards the front end of the street in order to produce a vast public courtyard inside the block. This void towards the rear of the complex lends a strong sense of character to the project: bathed in light, in permanent touch with its urban setting, it offers a generous step back from the constructions inside the block. On the street end it creates an overhang for the reception of guests, revealing the passers-by wandering around the 4 theatres. The cinema plays around with the voids and openings engendered by the composition of volumes. Beyond evidence of footfall, a series of diversified spatial arrangements has been put in place that are in gear with the transparent volumes of the theatres: from the horizontal foyer that opens up wide towards the street and onto the garden, across the main staircase that sits partially within and partially outside of the facade, to the upper foyer that affords a panoramic vista looking out across the city, without neglecting the exits which, much like spacious loggias, walk out onto the interior garden.

Le projet s'insère entre une ancienne piscine des années 30 et un bâtiment tertiaire. Le volume majeur du cinéma est concentré à front de rue afin de dégager en intérieur d'îlot une vaste cour publique. Ce vide à l'arrière du complexe caractérise fortement le projet: baigné de lumière, en contact permanent avec son environnement urbain, il offre un recul généreux vis-à-vis des constructions en intérieur d'îlot. Côté rue il fabrique un surplomb pour l'accueil et donne à voir les spectateurs déambulant autour des 4 salles. Le cinéma joue des interstices engendrés par sa volumétrie. Au-delà d'une évidence de circulation, une série de dispositifs spatiaux diversifiés s'inscrivent autour des volumes opaques des salles: du foyer horizontal s'ouvrant largement à rue et sur le jardin, à l'escalier principal en dedans ou dehors de la façade, au foyer haut qui s'ouvre en panorama sur la ville, sans oublier les sorties qui, telles des grandes loggias, bordent le jardin intérieur.

Het project past tussen een oud zwembad uit de jaren 1930 en een tertiair gebouw. Het hoofdvolume is aan de straatkant geconcentreerd, om in het blok een groot plein vrij te maken. Deze lege ruimte achter het complex geeft het project een sterk karakter: het baadt in het licht en staat blijvend in contact met de stedelijke omgeving, op een royale afstand van de gebouwen aan de binnenzijde van het blok. Aan de straatkant vormt het een overhang voor het onthaal en toont de toeschouwers op hun weg naar de vier zalen. De bioscoop speelt met de nauwe tussenruimten die voortkomen uit zijn geometrie. In plaats van gewone doorgangen vormen ze diverse ruimten rond de opake volumes van de zalen: een horizontale foyer die naar de straat en naar de tuin toe opent, een grote trap binnen en buiten de gevel, een hoge foyer met een panorama op de stad, en de uitgangen, die als grote loggia's de binnentuin omboorden.

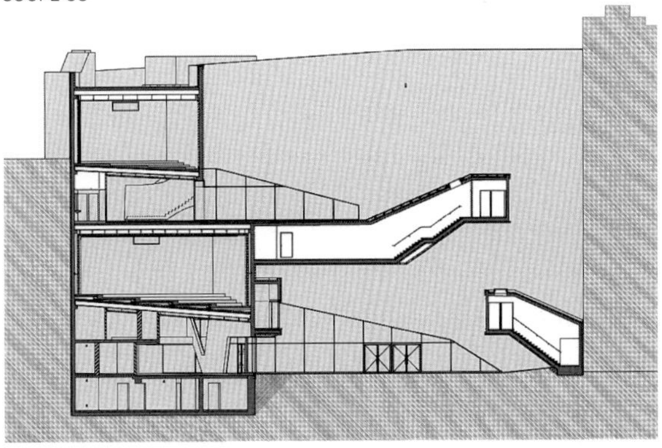

CULTURAL SITES / EDUCATIONAL SITES

2007
CULTURAL CENTER

ATELIER D'ARCHITECTURE ALAIN RICHARD
Architect/Architecte/Architect

MONIQUE BRONLET / MATTHIEU LONCKE / THOMAS PANCZUK / JEAN-PHILIPPE POSSOZ
Collaborators/Collaborateurs/Medewerkers
www.aa-ar.be

COMMUNE D'ESNEUX
Client/Maître d'Ouvrage/Opdrachtgever

BUREAU DELTA G.C.
Structural Engineer/Ingénieur Stabilité/Ingenieur Stabiliteit
www.delta-gc.be

BORN ENERGIEBERATUNG
Mechanical Engineer/Ingénieur Techniques Spéciales/Ingenieur Technieken

G.CORMAN-HALLEUX & FILS sprl
General Contractor/Entreprise Générale/Algemene Aannemer

LÉON WUIDAR
Artist/Artiste/Kunstenaar
www.wuidar.be

**AVENUE DE LA STATION 80
4130 ESNEUX**
Place/Lieu/Plaats

ALAIN JANSSENS
Photographer/Photographe/Fotograaf
www.alainjanssens.be

CULTURAL SITES/EDUCATIONAL SITES

EN

Workshops and conference rooms for local cultural associations, a library and a performing arts hall: built around these three hubs, the project creates synergies and links between them. The various rooms are clustered around the meeting, communication, exhibition and multi-purpose area that is the foyer, which can be scaled to suit the purposes for which it is used at any time. Accurate observation of the existing premises, an in-depth analysis of the wider context, and a participatory approach that is set to involve the future occupants all contributed to drafting the blueprint for the project. Because of its specific location, close to the city centre, but not at its very heart, nestled between the river and the hills, the Maison vitalises the routes, the links, the connections, and itineraries in, between and around the local community. The artwork brought by Léon Wuidar lights up the entrance in what is otherwise a fairly stripped down and austere facade.

FR

Des ateliers et espaces de réunions pour les associations culturelles locales, une bibliothèque et une salle de spectacle: articulé sur ces trois pôles, le projet développe entre eux des synergies et du lien. Les différents lieux se regroupent autour d'un espace de rencontre, de communication, d'exposition et d'échange multifonction, le foyer, modulable en fonction des occupations. Une observation précise des lieux existants, une analyse approfondie du contexte large, et une démarche participative impliquant les futurs occupants ont conduit à la formulation du projet. Par sa situation particulière, proche du centre urbain, mais pas au centre, blottie entre rivière et colline, la Maison vitalise les parcours, les liens, les connexions, les itinéraires dans la commune. L'intervention plastique de Léon Wuidar éclaire l'entrée dans l'austère façade.

NL

Het project ontwikkelt een synergie en een band tussen drie polen: ateliers en ontmoetingsruimten voor plaatselijke culturele verenigingen, een bibliotheek en een toneelzaal. De verschillende ruimten zijn gegroepeerd rond een zone voor ontmoetingen, communicatie, tentoonstellingen en multifunctionele uitwisselingen, een foyer die afhankelijk van het gebruik gemoduleerd kan worden. Het project is geformuleerd na een zorgvuldige observatie van de bestaande gebouwen, een diepgaande analyse van de ruimere context en een participatieve benadering die de toekomstige gebruikers bij het concept betrekt. Met zijn bijzondere ligging, dicht bij het centrum van de stad maar niet in haar hart, tussen rivier en heuvel, brengt het Huis leven in de parcours, de banden, de verbindingen, de routes van de gemeente. De plastische interventie van Léon Wuidar verlicht de ingang in de strenge gevel.

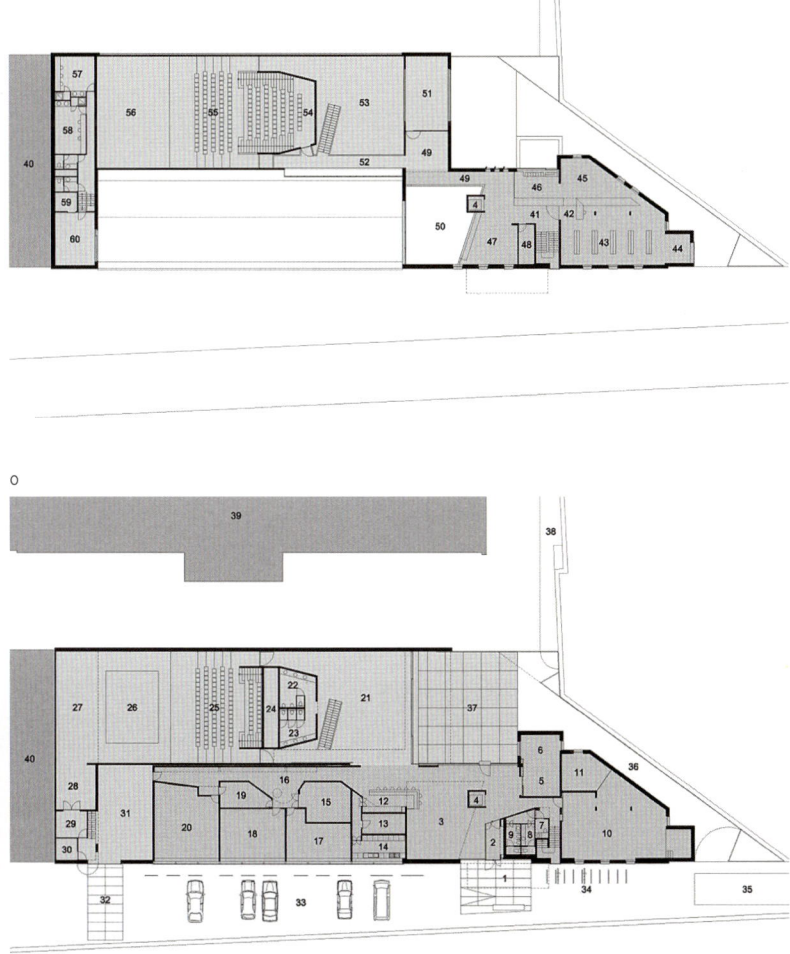

01 Parvis d'entrée
02 Sas d'entrée
03 Foyer d'accueil
04 Ascenseur
05 Accueil
06 Administration
07 Sanitaire pmr
08 Sanitaires femmes
09 Sanitaires hommes
10 Salle acoustique
11 Zone de rangement
12 Bar
13 Réserve bar
14 Cuisine
15 Chaufferie
16 Couloir des associations
17 Salle 1
18 Salle 2
19 Rangement matériel
20 Salle 3
21 Foyer spectacle
22 Sanitaires hommes
23 Sanitaires femmes
24 Citerne à mazout
25 Salle de spectacle
26 Plateau
27 Coulisses
28 Rangement
29 Local technique
30 Local poubelle
31 Espace polyvalent
32 Accès de service
33 Stationnement voitures
34 Stationnement vélos
35 Emplacement car scolaire
36 Passage public
37 Cour extérieur
38 Accès vers l'Ourthe
39 Maison de repos
40 Magasin de matériaux
41 Bibliothèque
42 Comptoir des prêts
43 Section adulte
44 Bd adultes
45 Section jeunesse
46 Section enfants
47 Salle de lecture
48 Réserve - Atelier
49 Galerie
50 Vide sur foyer d'accueil
51 Salle 4
52 Coursive
53 Vide sur foyer spectacle
54 Haut du jardin
55 Vide du parterre
56 Vide de la scène
57 Loge 1
58 Loge 2
59 Bureau au foyer
60 Office

CULTURAL SITES/EDUCATIONAL SITES

2007
COMMUNITY CENTRE SPIKKERELLE

DIERENDONCKBLANCKE/CALLEBAUT/
ONRAET/DESMYTER tv
ALEXANDER DIERENDONCK/
TOM CALLEBAUT/JONAS DESMYTER/
STEFAAN ONRAET
Architects/Architectes/Architecten

ISABELLE BLANCKE/SIMON DHOOGHE/
VERONIEK VERHAECKE
Collaborators/Collaborateurs/Medewerkers
www.dierendonckblancke.eu

GEMEENTE AVELGEM
DEXIA BANK nv
Client/Maître d'Ouvrage/Opdrachtgever

STUDIEBUREAU DEMUYNCK bvba
Structural Engineer/Ingénieur Stabilité/
Ingenieur Stabiliteit

STUDIEBUREAU BOYDENS bvba
Mechanical Engineer/Ingénieur Techniques Spéciales/
Ingenieur Technieken

BUREAU BOUWTECHNIEK
Technical Control/Contrôle Technique/
Technische Controle

FURNIBO
General Contractor/Entreprise Générale/
Algemene Aannemer

MIES VAN DER ROHE AWARD:
Genomineerd
4 JAARLIJKSE ARCHITECTUURPRIJS
WEST-VLAANDEREN:
Laureaat
Prize/Prix/Prijs

SCHELDELAAN 6
8580 AVELGEM
Place/Lieu/Plaats

JULIEN LANOO
Photographer/Photographe/Fotograaf
www.ju-la.be

CULTURAL SITES/EDUCATIONAL SITES

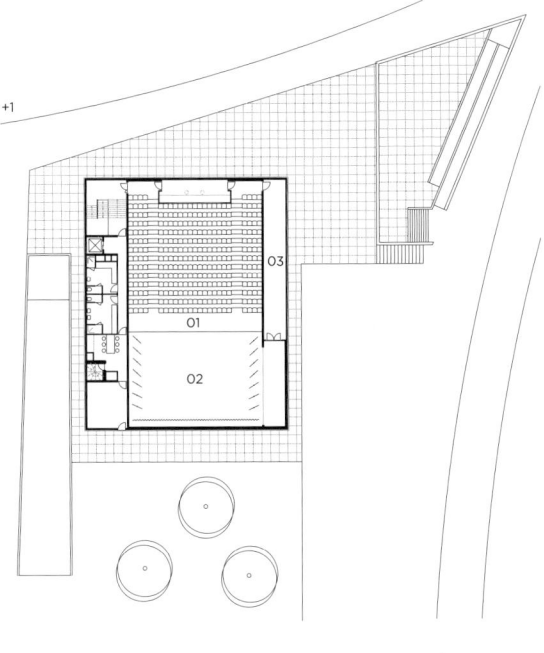

+1

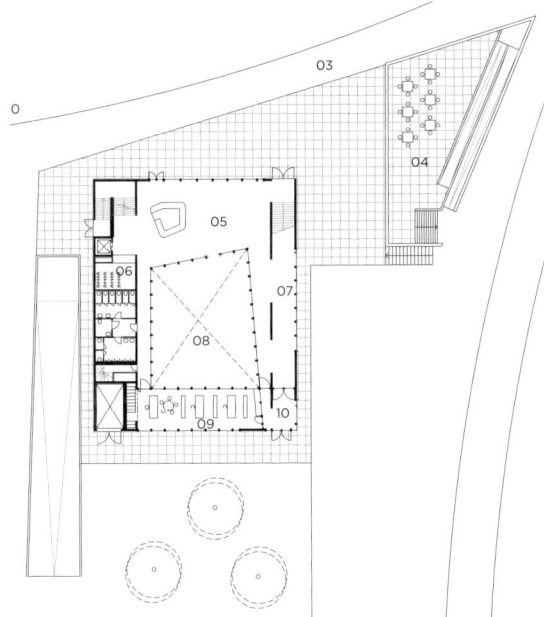

0

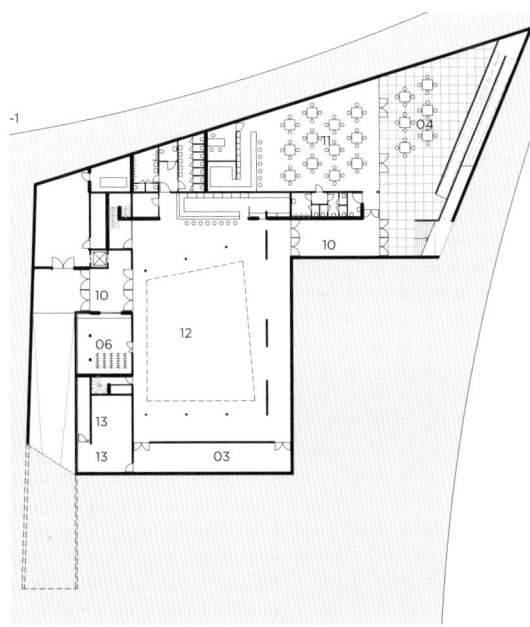

-1

01 Theater
02 Podium
03 Berging
04 Terras
05 Foyer
06 Vestiaire
07 Foyer
08 Vide
09 Kantoren
10 Ingang
11 Jeugdcafé
12 Polyvalente zaal
13 Technische ruimte

EN
By stacking the functions and using the existing slope of the site the design results in a compact building with a limited footprint. The building consists of two clearly distinctive parts: a main volume, that expresses a certain monumentality next to the nearby church, and a supporting base integrated in the landscape. This basement is made accessible by two large incisions in the landscape, that provides an independent access to the multi-purpose hall and the youth café. Inside the building, a large central void provides visual contact between the foyer, the offices and the multi-purpose hall, and brings natural light into the latter. The building, considered as a tool with a strong image, allows for flexible use and brings a neutral background for a variety of different activities.

FR
En empilant les fonctions et en exploitant la pente du terrain, on a obtenu un bâtiment compact présentant une faible emprise au sol. L'immeuble se compose de deux parties distinctes : d'une part, un volume principal assez monumental en regard de l'église voisine ; d'autre part, un soubassement intégré dans le paysage. Ce soubassement a été rendu accessible par deux grandes trouées dans le paysage, pour offrir un accès indépendant à la salle polyvalente et à la maison des jeunes. À l'intérieur, un grand puits central assure le contact visuel entre le foyer, les bureaux et la salle polyvalente et fait entrer la lumière naturelle dans cette dernière. Le bâtiment, outil à l'image puissante, autorise une occupation à géométrie variable et peut servir de toile de fond à différents types d'activités.

NL
Het stapelen van de functies en het gebruik van de bestaande helling van de site leidt tot een compact gebouw met een beperkte voetafdruk. Het pand heeft twee duidelijk onderscheiden delen: een hoofdvolume met een vrij monumentaal karakter, bij de aanpalende kerk, en een dragende basis die in het landschap opgenomen is. Deze kelder wordt bereikt via twee brede insnijdingen in het landschap, met een aparte toegang tot de multifunctionele zaal en het jongerencafé. In het gebouw zorgt een grote centrale ruimte voor een visueel contact tussen de foyer, de kantoren en de multifunctionele zaal, die er ook daglicht van ontvangt. Het gebouw, opgevat als een instrument met een sterk imago, vormt een flexibele, neutrale achtergrond voor allerhande activiteiten.

CULTURAL SITES/EDUCATIONAL SITES

2009
MUSEUM M

STEPHANE BEEL ARCHITECTEN bvba
Architects/ Architectes/Architecten
RAF DEPRETER
Project Architect/Architect du Projet/Project Architect
BERT BULTEREYS/BERT JOOSTENS/
BRUNO VERMEERSCH/CHARLOTTE
VANDAMME/CHRISTOPHER
PAESBRUGGHE/DEBORAH BAILLY/
JAN DE VYLDER/JORIS GHYSSAERT/
KOBUS DE BRUIJNE/MAARTEN BAEYE/
PATRICIA FERREIRA DE SOUSA/PIETER
VANDERHOYDONCK/STIJN POELMANS/
TOM DEBAERE/VASCO CORREIA
Collaborators/Collaborateurs/Medewerkers
www.stephanebeel.com

AUTONOOM GEMEENTEBEDRIJF
STAD LEUVEN
Client/Maître d'Ouvrage/Opdrachtgever
MARCEL LAVREYSEN
Structural Engineer/Ingénieur Stabilité/
Ingenieur Stabiliteit
RCR STUDIEBUREAU cvba
Mechanical Engineer/Ingénieur Techniques Spéciales/
Ingenieur Technieken
www.rcr-studiebureau.be
BUREAU BOUWTECHNIEK bvba
Technical Control/Contrôle Technique/
Technische Contrôle
www.b-b.be

CEI-DEMEYER nv
General Contractor/Entreprise Générale/
Algemene Aannemer
www.cei-demeyer.be
MUSEUM- & PUBLIEKSPRIJS 2011:
Laureaat
O.A. INITIATIEF VAN OPENBAAR
KUNSTBEZIT VLAANDEREN
PROVINCIALE PRIJS ARCHITECTUUR.
PATRIMONIUM VOOR DE TOEKOMST 2011
Genomineerd: laureaat nog niet gekend
(herfst 2011)
Prize/Prix/Prijs

LEOPOLD VANDERKELENSTRAAT 28
3000 LEUVEN
Place/Lieu/Plaats
JAN KEMPENAERS
Photographer/Photographe/Fotograaf
www.jankempenaers.info

CULTURAL SITES/EDUCATIONAL SITES 250

The existing Vander Kelen-Mertens museum is being expanded and restructured into a museum site, with the ambition of housing and exhibiting the existing collection and exposing it to dialogue with contemporary art. The existing museum floors were horizontally connected and expanded with a new wing thereby ensuring optimum routing. The layered structure makes it possible to organise one exhibition within several building typologies. In doing so, both contemporary and ancient art, as well as contemporary and ancient architecture are able to engage in dialogue, which offers the exhibition designer a maximum of options. The museum depot is spread out across the site to maximum effect, as some kind of underlying nourishment for the musicological space. The existing museum garden is converted into a gathering ground and involved in a network of informal passages that are very specific to Leuven and fit in with the interwovenness of colleges and universities in the town.

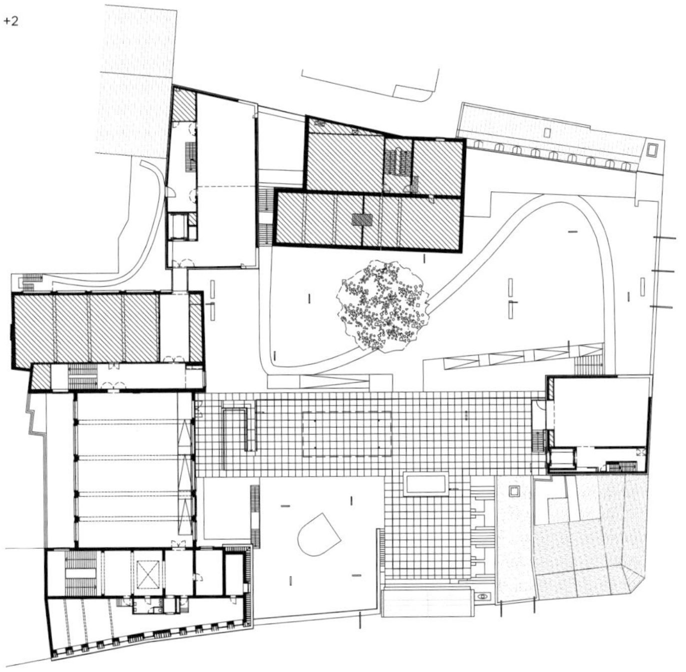

Le musée Vander Kelen-Mertens a été agrandi et réorganisé en site muséal, dont l'ambition est d'héberger les collections existantes, de les exposer et de les mettre en résonance avec l'art contemporain. Les sols du musée sont reliés entre eux horizontalement. Ils ont été agrandis par l'adjonction d'une nouvelle aile de manière à faciliter le cheminement. L'organisation en couches permet de monter une seule exposition au sein de plusieurs typologies. Ainsi, art ancien et contemporain, architecture ancienne et moderne se parlent, ce qui offre une foule de possibilités au commissaire d'exposition. Les réserves du musée ont été au maximum réparties sur tout le site, comme une nourriture sous-jacente de l'espace muséographique. Le jardin existant du musée a été transformé en espace de rencontre et intégré dans un réseau de passages informels, propres à Louvain. Il s'inscrit dans l'interaction avec les facultés et universités de la ville.

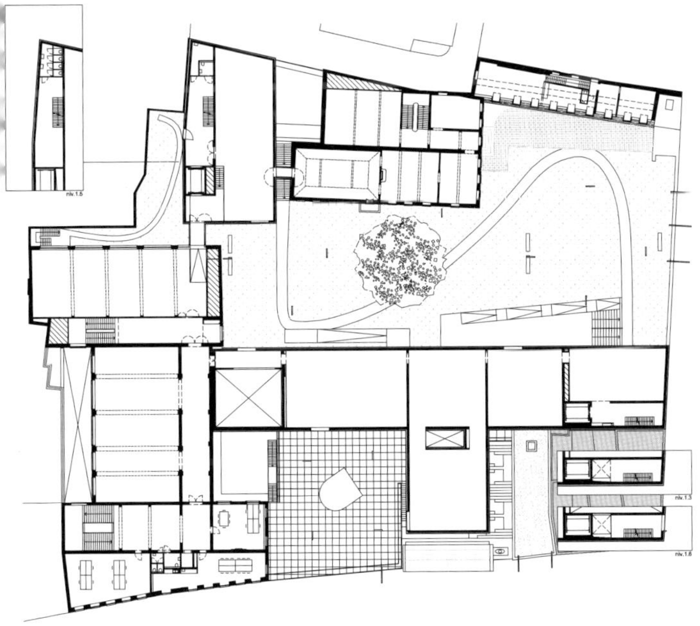

Het bestaande museum Vander Kelen-Mertens werd uitgebreid en gereorganiseerd tot een museumsite, met als ambitie de bestaande collectie optimaal te herbergen, tentoon te stellen en in dialoog te brengen met hedendaagse kunst. De bestaande museumvloeren werden horizontaal met elkaar verbonden en met een nieuwe vleugel uitgebreid zodat een optimale routing kan ontstaan. De gelaagde organisatie maakt het mogelijk om één enkele tentoonstelling binnen verschillende gebouwtypologieën te organiseren. Zo kunnen zowel hedendaagse en oude kunst als hedendaagse en oude architectuur met elkaar in dialoog treden en dat biedt de tentoonstellingmaker een maximum aan mogelijkheden. Het museumdepot werd maximaal uitgespreid over de site als een soort van onderliggende voedingsbodem voor de museale ruimte. De bestaande museumtuin werd uitgebouwd tot een ontmoetingsruimte en ingeschakeld in een netwerk van informele doorgangen, die erg specifiek zijn voor Leuven en kaderen in de verwevenheid van colleges en universiteitsgebouwen in de stad.

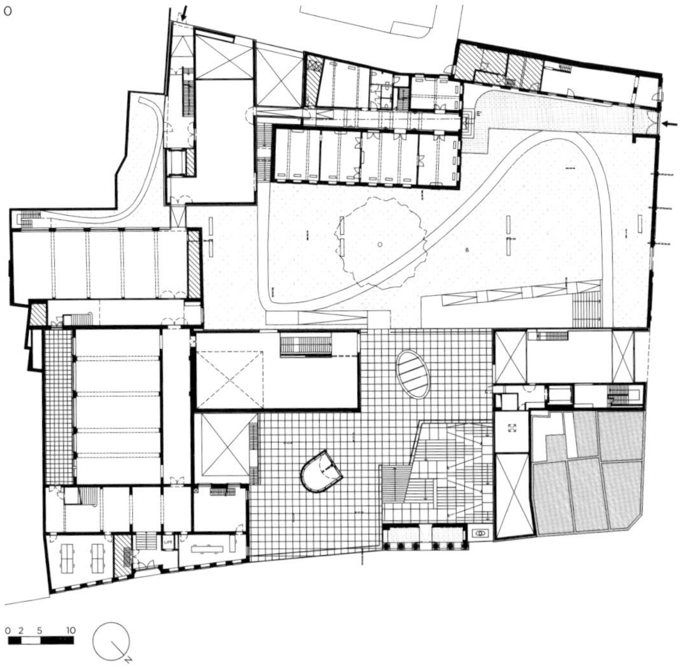

CULTURAL SITES/EDUCATIONAL SITES

2009
BRONKS YOUTH THEATRE

MARTINE DE MAESENEER ARCHITECTEN
Architects/Architectes/Architecten

MARTINE DE MAESENEER/ DIRK VAN DEN BRANDE
Architectural design

GUNNAR DEGERLID (PROJECT ARCHITECT)
Collaborators/Collaborateurs/Medewerkers

XAVIER CALLENS/ANNETTE CHU/ RUBEN VAN COLENBERGHE/ KRISTIAAN VAN WEERT
Design team
www.mdma.be

VLAAMSE GEMEENSCHAPSCOMMISSIE
Client/Maître d'Ouvrage/Opdrachtgever

ABT ANTWERP/BEC BRUSSELS/ DAIDALOS PEUTZ LEUVEN/TTAS GHENT/ JOS VAN LOON BRUSSELS
Engineers & Specialists/Ingénieurs & Spécialistes/ Ingenieurs & Specialisten
www.abt.eu
www.diablospeutz.be
www.ttas.be

ROEGIERS
General Contractor/Entreprise Générale/ Algemene Aannemer
www.roegiers.be

MIES VAN DER ROHE AWARD 2011 (EU):
Finalist
LENSVELT INTERIOR PRIZE 2009 (NL):
Nomination
Prize/Prix/Prijs

VARKENSMARKT 15/17 1000 BRUXELLES
Place/Lieu/Plaats

MARIE-FRANÇOISE PLISSART FILIP DUJARDIN
Photographers/Photographes/Fotografen
www.filipdujardin.be

CULTURAL SITES/EDUCATIONAL SITES

COUPE CC'

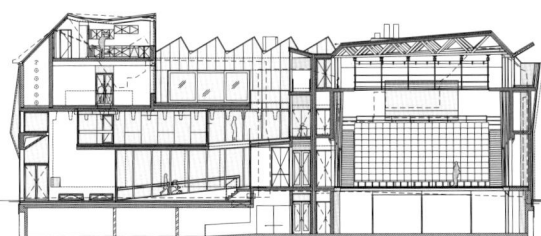

+2 'BEL-ETAGE

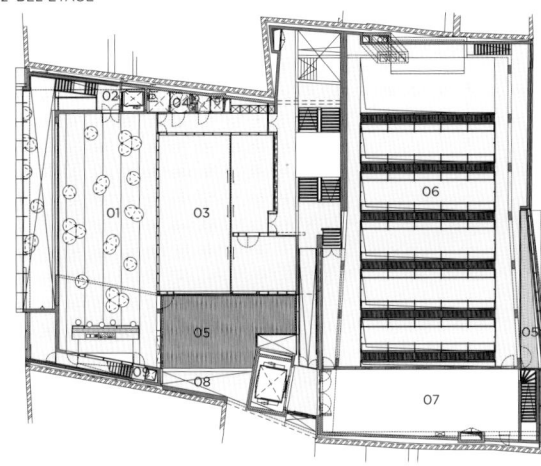

+1 'MEZZANINE'

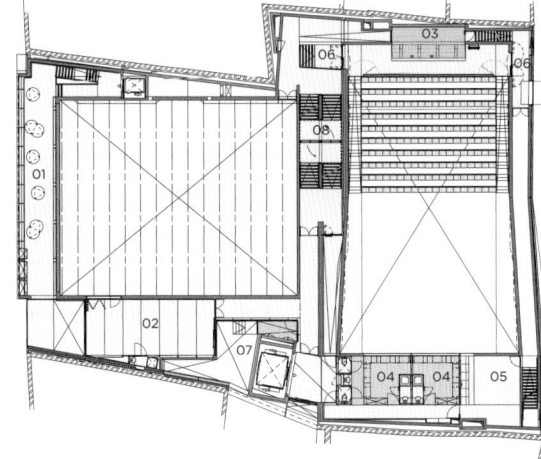

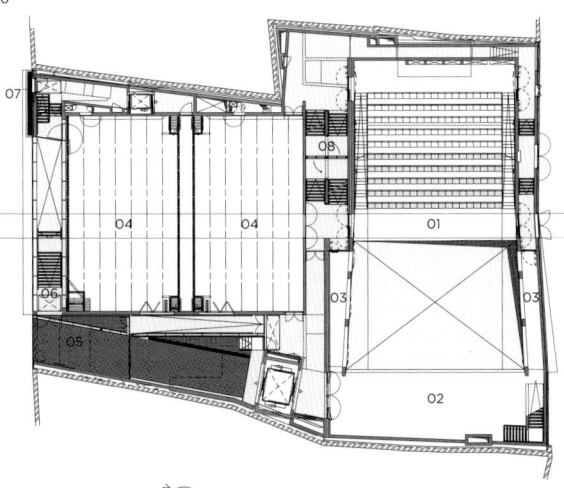

EN

The project is literally sunk into an historical part of the city, into the urban fabric. BrOnks, written with a capital 'O' in reference to the hall, the hole. Actually there are two halls in it; one open and visible from the street – the rehearsal hall – and a main hall at the rear of the building. Each hall is good for 200 seats. The two 'O's have a 'magic 7' in-between, a transept or septum: a succession of revolving doors. What the architects came up with is two staircases, a private and public one pushed against each other, whereby on every intermediate landing, pivoting mirror walls are placed that can be reset. As a result the circulation on the stairs can be changed, and the access to the halls can be directed in a variety of ways. It's possible to enter the main hall from above or below, from the middle or the side. The stairs have to work in tune with the retractable seating area – being pulled out or not; or with two halls working simultaneously in the festival week of the brOnks. In all, the septum is an 'Alice-in-Wonderland' thing, whereby kids can 'almost' step through the mirror – the architects' version of a Piranesian space. The big glass is suspended and forms it's own device, leaving a margin for the stairs up to the café, down to the reception hall, as well as for the horizontal slab of the champagne bar.

Second floor 'bel-etage', level +7.00m
01 Café & restaurant
02 Café entrance
03 Administration and offices
04 Sanitary facilities
05 Roof terraces A and B
06 Theatre bridges
07 Stock lamps
08 Void
09 Staircase to the kitchen (3rd floor)

First floor 'mezzanine', level +5.00m
01 Foyer balcony
02 Meeting room
03 Stage-management
04 Backstage dressing-room
05 Artists' foyer
06 Upper entrance to the main seating area
07 Void
08 Main staircase

Ground plan, level 1.00m
01 Main theatre hall
02 Back stage
03 Side stages
04 Rehearsal halls A and B
05 Main entrance 'coach house'
06 Staircase to the reception area
07 Side (café) entrance
08 Main staircase

Basement 'souterrain', level -2.50m
01 Reception area
02 Sanitary facilities
03 Main staircase
04 Technical spaces
05 Stage properties and stock
06 Day nursery

FR

Le projet est littéralement ancré dans le patrimoine historique de la ville, intégré dans le tissu urbain. BrOnks s'écrit avec un «O» majuscule en référence à la salle, en forme d'arène. En réalité, le centre abrite deux salles: l'une ouverte et visible de la rue, réservée aux répétitions; l'autre, la salle principale, à l'arrière du bâtiment. Chaque salle a une capacité de 200 places assises. Les deux «O» sont séparés par un «7 magique», un transept, formé de sas en enfilade. Les architectes ont eu l'idée d'installer deux escaliers, l'un privé, l'autre public, placés côte à côte. À chaque palier, des parois pivotantes en miroir peuvent être agencées différemment. La circulation dans les escaliers peut donc être adaptée aux circonstances et l'accès aux salles peut être orienté d'une multitude de manières. On peut entrer dans la grande salle par le haut ou par le bas, le milieu ou les côtés. Les escaliers sont censés fonctionner en phase avec la tribune escamotable, déployée ou non, ou avec l'occupation simultanée des deux salles durant la semaine du festival du brOnks. Le transept est donc une création dans le style «Alice au pays des Merveilles» où les enfants peuvent presque passer de l'autre côté du miroir, réinterprétation de l'espace piranésien par les architectes. Le verre en suspension forge son propre usage: il laisse de la marge aux escaliers qu'on emprunte pour monter à la cafétéria ou descendre à la réception. La dalle horizontale fait aussi office de bar à champagne.

NL

Het project is letterlijk in een historisch deel van de stad verzonken, opgenomen in het stedelijke weefsel. BrOnks, met een hoofdletter 'O' als verwijzing naar de zaal, het gat. In feite zijn er twee zalen: de ene is open en zichtbaar van op de straat – de repetitiezaal – terwijl de toneelzaal aan de achterkant van het gebouw ligt. Ze hebben allebei 200 zitplaatsen. Tussen de twee 'O's' ligt een 'magische 7', een septum of transept: een opeenvolging van draaideuren. De architecten hebben twee trappen bedacht, een private en een publieke, en ze tegen elkaar gedrukt, met op elke overloop draaiende spiegelwanden die men van positie kan veranderen. Op die manier kan men het verkeer op de trappen aanpassen en de toegang tot de zalen op verschillende manieren sturen. De grote zaal is langs boven of langs onder toegankelijk, in het midden of opzij. De trappen werken samen met de intrekbare zitzone – wel of niet uitgetrokken – en kunnen tijdens de festivalweek van brOnks ook simultaan worden gebruikt. Het septum schept een 'Alice in Wonderland'-effect, waarbij kinderen 'bijna' door de spiegel kunnen stappen: de versie van de architect van een Piranesiaanse ruimte. Het grote, zwevende glasvlak vormt een zelfstandig element, met een marge voor de trap die naar het café klimt en naar de receptie daalt en voor het horizontale volume van de champagnebar.

CULTURAL SITES/EDUCATIONAL SITES

2010
MAS

NEUTELINGS RIEDIJK ARCHITECTEN
Architects/Architectes/Architecten
www.neutelings-riedijk.com

STAD ANTWERPEN ISM AG VESPA
Client/Maître d'Ouvrage/Opdrachtgever

PEUTZ INGENIEUZE ADVISEURS
Structural Engineer/Ingénieur Stabilité/Ingenieur Stabiliteit
www.peutz.nl

MARCQ & ROBA
Mechanical Engineer/Ingénieur Techniques Spéciales/
Ingenieur Technieken
www.marcqroba.com

BUREAU BOUWTECHNIEK
Structural Design/Conception Architecturale/
Bouwkundig Ontwerp
Project Management Site/Site de Gestion de Projet/
Directievoering Werf
www.b-b.be

IFSET
Fire Safety/Sécurité Incendie/Brandveiligheid
www.ifset.com

ABT BELGIË
Constructive Design/Conception Structurelle/
Constructief Ontwerp
www.abt-belgie.eu

INTERBUILD/WILLEMEN/CORDEEL
(Association momentanée)
General Contractors/Entreprises Générale/
Algemene Aannemers
www.interbuild.be/www.willemen.be/www.cordeel.be

**BTA/LOVELD/SUNGLASS/PREFADIM/
CASISINVEST/FRANKI/RUDYDEKEYSER/
GIELISSEN/POTTEAU/L&Z/ATM MAASEIK/
LOCS/IMTECH/EVIP/DE BIE & VEBA/
COOPMAN/KONE**
Contractors/Entreprises/Aannemers

**TOM LANOYE/TOM HAUTEKIET/
LUC TUYMANS**
Artists/Artistes/Kunstenaars

**MIES VAN DER ROHE AWARD
DDA, DUTCH DESIGN AWARD 2011**
Prize/Prix/Prijs

**HANZESTEDENPLAATS
2000 ANTWERPEN**
Place/Lieu/Plaats

FILIP DUJARDIN
Photographer/Photographe/Fotograaf
www.filipdujardin.be

CULTURAL SITES/EDUCATIONAL SITES

CROSS SECTION

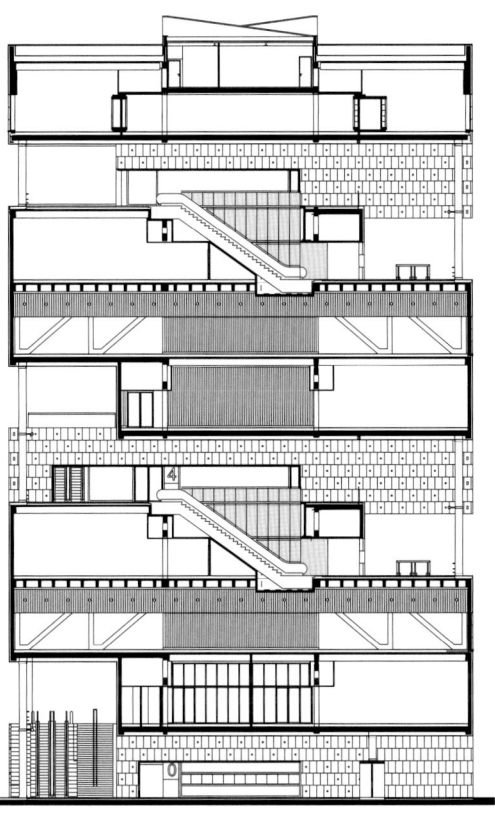
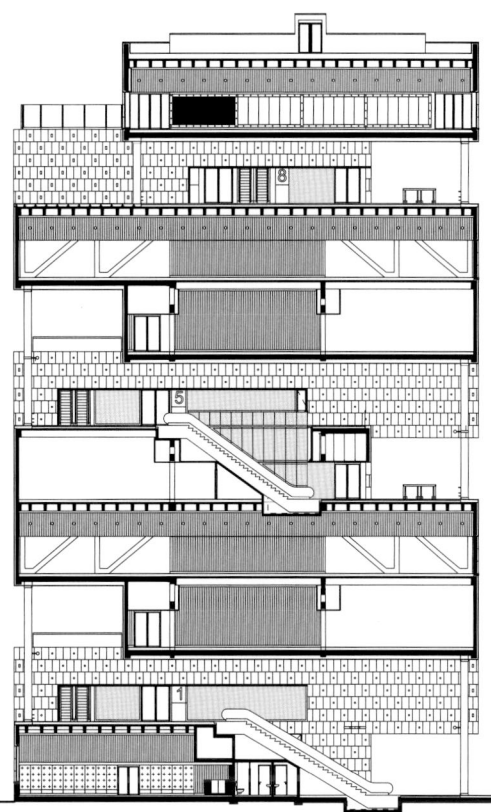
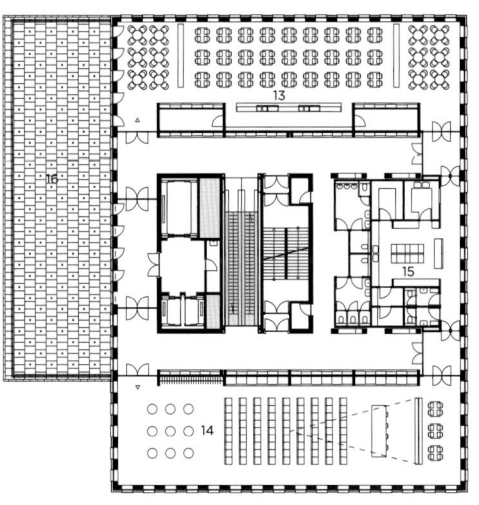
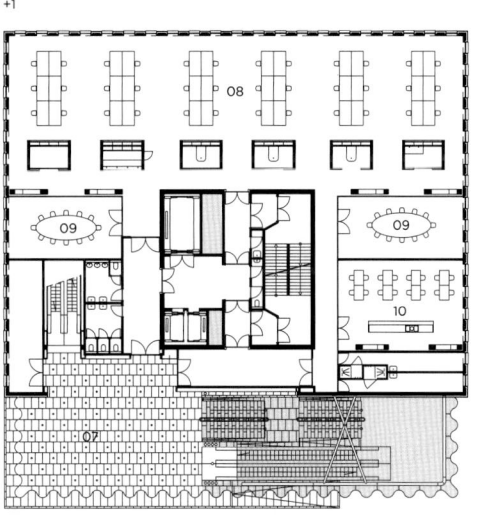
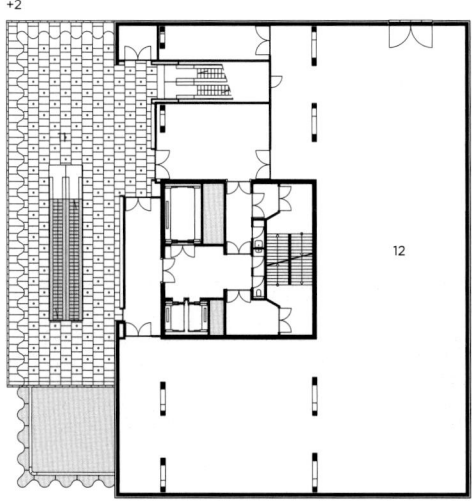
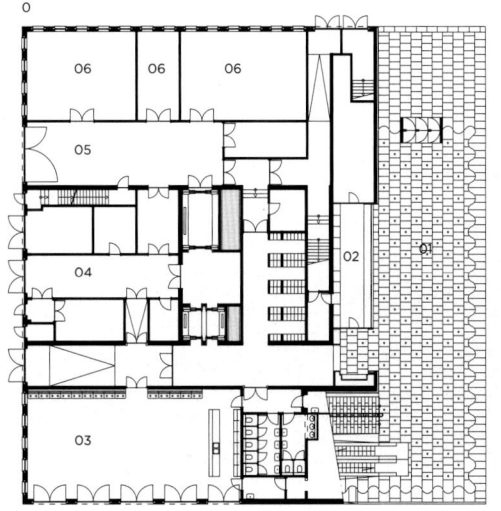

The new city and port museum is set in the very heart of the old docks of Antwerp. It was designed as a spiral tower of museum rooms stacked on top of each other, to reach 60 metres in height. An escalator route takes visitors up inside the glass spiral gallery across the history that has been piled up, unfolding new panoramic vistas looking out across the city with every new storey. The top floor is home to a restaurant, a congress room and a 360° look-out platform that takes in the city and beyond. The square and the docks are fused to make up a single museological entity with the tower.

Le nouveau musée face à la ville et au port est situé au cœur des anciens docks d'Anvers. Il a été pensé comme une tour spiralée, où s'empilent les salles du musée, sur 60 mètres de haut. Un escalier roulant transporte le visiteur au sommet, dans la galerie vitrée en spirale qui domine l'accumulation historique. De nouveaux panoramas se déploient sur la ville. Le dernier étage abrite un restaurant, une salle de congrès et une plate-forme panoramique sur la ville. La place et les docks forment un ensemble muséal avec la tour.

Het nieuwe museum voor stad en haven bevindt zich in het hart van de oude dokken van Antwerpen. Het is ontworpen als een spiraaltoren van boven elkaar liggende museumzalen, 60 meter hoog. Via een roltraproute in de glazen spiraalgalerij die uitkijkt over eeuwen geschiedenis bereikt de bezoeker de bovenverdieping van het gebouw, terwijl zich telkens nieuwe panorama's over de stad ontvouwen. Op de bovenste verdieping bevinden zich een restaurant, een congreszaal en een uitkijkplatform over de stad. Plein en dokken vormen één museaal geheel met de toren.

01 Entrance hall
02 Information desk
03 Cafetaria
04 Logistic centre
05 Garage
06 Workshops
07 Gallery
08 Offices
09 Meeting rooms
10 Staff canteen
11 Gallery
12 Exhibition room
13 Restaurant
14 Conference room
15 Kitchen
16 Roof terrace

CULTURAL SITES/EDUCATIONAL SITES

2009
CAFETERIA AND DAY CARE CENTER IN IXELLES

B612ASSOCIATES
OLIVIER MATHIEU/LI MEI TSIEN
Architects/Architectes/Architecten

OLIVIER EVENS/AUDREY CONTESSE
Collaborators/Collaborateurs/Medewerkers
www.b612associates.be

**COMMUNE D'IXELLES,
DANS LE CADRE DU CONTRAT
DE QUARTIER BLYCKAERTS**
Client/Maître d'Ouvrage/Opdrachtgever

BGROUP-GREISCH
Structural Engineer/Ingénieur Stabilité/
Ingenieur Stabiliteit
www.greisch.com

JAZY sa
General Contractor/Entreprise Générale/
Algemene Aannemer

**MENTION PRIX D'ARCHITECTURE
CONTEMPORAINE D'IXELLES 2010**
Prize/Prix/Prise

**RUE DU VIADUC 133
1050 IXELLES**
Place/Lieu/Plaats

SERGE BRISON
Photographer/Photographe/Fotograaf
www.sergebrison.com

CULTURAL SITES/EDUCATIONAL SITES

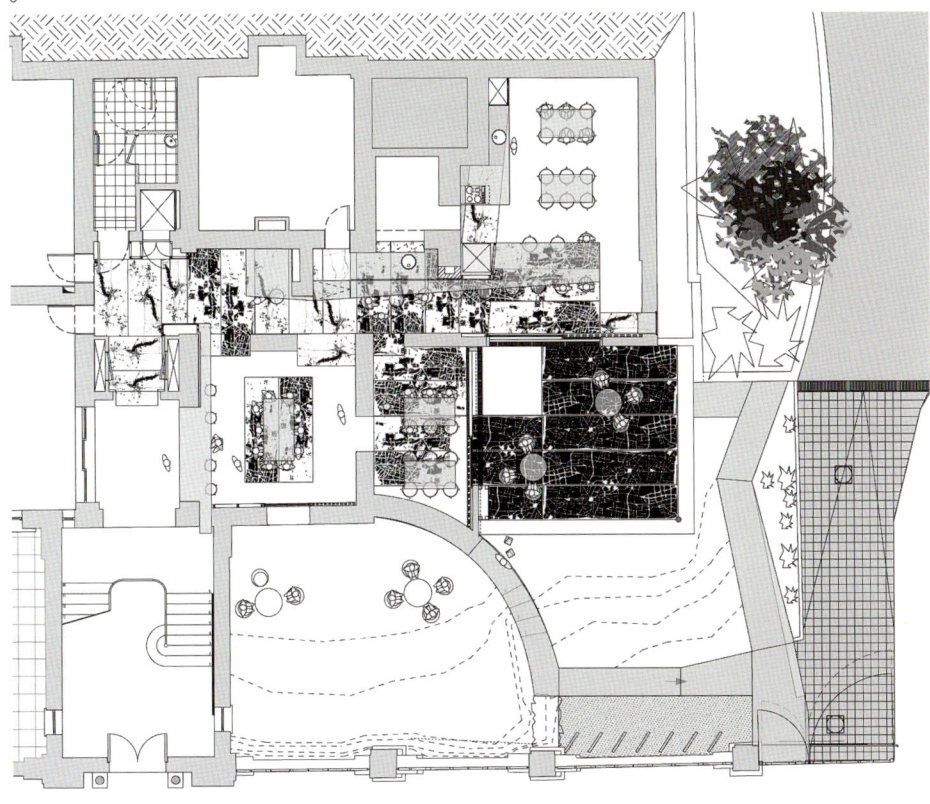

EN
The project was designed around the creation of a translucent skin made from laser-cut aluminium and stainless steel plates according to a series of patterns derived from historical maps. B612associates reconstituted these maps to use them as a new siding material that unfolds around and inside the building to create the project's spatiality courtesy of the interplay of different degrees of transparency and different lights obtained as a result of the work brought to the densification of the building over the years The concept on the one hand rests on the desire to highlight the new dynamic of the cultural project by way of a radically contemporary form language, and on the other hand to enable, through the poetry of the composition and its symbolic value, to reconnect the 21st century work with the history of the local community and the listed architectural heritage building.

FR
Le projet est conçu autour de la création d'une peau translucide réalisée par des tôles en aluminium et inox découpées au laser suivant des motifs issus de cartes géographiques historiques. B612associates les a recomposées afin de les utiliser comme nouveau matériau de parement qui s'enroule autour et dans le bâtiment pour créer la spatialité du projet grâce à un jeu de différentes transparences et lumières obtenues en travaillant la densification du bâti au fil du temps. Le concept porte d'une part sur la volonté de signaler au travers d'un langage résolument contemporain la dynamique nouvelle du projet culturel et d'autre part de permettre, par la poésie de la composition et sa valeur symbolique, de relier l'intervention nouvelle à l'histoire de la commune et du bâtiment patrimonial.

NL
Het project vertrekt van een doorschijnende schil van platen aluminium en roestvrij staal, waarin met de laser motieven uit historische landkaarten zijn gesneden. B612associates stelt ze daarna weer samen en gebruikt ze als een nieuw bekledingsmateriaal dat in en om het gebouw de ruimtelijkheid van het project creëert. Een spel van transparanties en lichtkwaliteiten zinspeelt op de verdichting van het gebouw in de loop van de tijd. Het concept verwijst enerzijds naar het verlangen om in een volstrekt hedendaagse taal de nieuwe dynamiek van het cultuurproject te signaleren en anderzijds – door middel van de poëzie en de symboolwaarde van de compositie – een band te scheppen tussen de nieuwe interventie en de geschiedenis van de gemeente en het architecturale erfgoed.

CULTURAL SITES/EDUCATIONAL SITES

2010
VILLA EMPAIN

MA²-METZGER & ASSOCIÉS ARCHITECTURE
FRANCIS METZGER
Architect/Architecte/Architecte
FLORENCE DONEUX
Collaborator/Collaborateur/Medewerker
www.ma2.be

FONDATION BOGHOSSIAN
Client/Maître d'Ouvrage/Opdrachtgever
www.villaempain.com

VINÇOTTE
Technical Control/Contrôle Technique/
Technische Controle
www.vincotte.be

VALENS – JACQUES DELENS
(Association momentanée)
General Contractor/Entreprise Générale/
Algemene Aannemer
www.valens.eu
www.jacquesdelens.be

PRIX DU PATRIMOINE CULTUREL DE L'UNION EUROPÉENNE/CONCOURS EUROPA NOSTRA 2011
Prize/Prix/Prijs

**AVENUE FRANKLIN ROOSEVELT 67
1050 BRUXELLES**
Place/Lieu/Plaats

GEORGES DE KINDER
Photographer/Photographe/Fotograaf
www.georgesdekinder.com

CULTURAL SITES/EDUCATIONAL SITES

In 1931, baron Louis Empain commissioned architect Michel Polak to design of a prestigious urban residence. This jewel of Art Deco architecture, enriched by marble, precious woodwork and magnificently fashioned wrought iron work is configured around a central hall dressed with a glazed structure. The well of light shows off the richness of the materials used to great effect, from the escalette marble to the panels of Venezuelan manilkara or burr walnut. The building was abandoned for many years, then vandalised and seriously damaged by ill-considered works. In 2008, at the request of the Boghossian Foundation and following its listing by the Région de Bruxelles, an unusually challenging restoration project began. Design studies of exceptionally detailed precision were carried out in order to achieve this. Today, both inside and out, the Empain villa has been returned to a condition close to the original. The contemporary elements required to be able to use the building are perfectly suited to the continuity of narrative for the villa. The villa, which is the head office of the Boghossian Foundation, currently hosts a centre for art and dialogue between the cultures of East and West that is open to the public. The villa was awarded the prestigious Europa Nostra Prize in 2011 for its restoration.

En 1931, le baron Louis Empain confie à l'architecte Michel Polak la conception d'un hôtel particulier prestigieux. Ce joyau de l'architecture Art Déco, enrichi de marbres, de boiseries précieuses et de ferronneries magnifiquement travaillées s'organise autour d'un vestibule central coiffé d'une verrière. Le puits de lumière valorise la richesse des matériaux employés, du marbre d'Escalette aux panneaux de manilkara du Venezuela en passant par la ronce de noyer. Abandonné durant de nombreuses années, l'immeuble sera la cible des vandales et sera fortement altéré par des travaux inopportuns. En 2008, à la demande de la Fondation Boghossian et après son classement par la Région de Bruxelles-Capitale, une restauration d'une difficulté inhabituelle est entamée. Pour ce faire, des études d'une précision exceptionnelle ont été menées. Aujourd'hui, tant à l'intérieur qu'à l'extérieur, la villa Empain a retrouvé un état proche de celui d'origine. Les éléments contemporains nécessaires à son usage s'inscrivent parfaitement dans la continuité de style de la villa. La villa, siège de la Fondation Boghossian, abrite aujourd'hui un centre d'art et de dialogue entre les cultures d'Orient et d'Occident accessible au public. La villa a reçu le prestigieux Prix Europa Nostra 2011 pour sa restauration

In 1931 gaf baron Louis Empain architect Michel Polak de opdracht om een prestigieus herenhuis te ontwerpen. Deze parel van art-decoarchitectuur, verrijkt met marmer, kostbare lambriseringen en prachtig siersmeedwerk, kreeg vorm rond een centrale hal met een glazen dak. De lichtschacht doet de gebruikte materialen tot hun recht komen: escalettemarmer, manilcarahout uit Venezuela en notenwortelhout. Het gebouw stond jarenlang leeg en kreeg af te rekenen met vandalisme; slecht opgevatte werken richtten veel schade aan. Nadat het Brussels Hoofdstedelijk Gewest de villa op de monumentenlijst had geplaatst, begon men in 2008 op verzoek van de Stichting Boghossian met de restauratie, die niet van een leien dakje zou lopen. In de aanloop naar de restauratie werden zeer nauwgezette studies uitgevoerd. Nu is de villa Empain binnen en buiten weer zo goed als volledig in haar oorspronkelijke staat hersteld. De hedendaagse elementen die nodig zijn voor het gebruik, sluiten perfect aan bij de stijlcontinuïteit van de villa. De villa herbergt nu niet alleen de zetel van de Stichting Boghossian, maar ook een voor het publiek toegankelijk centrum voor kunst en dialoog tussen de culturen van Oost en West. De restauratie van de villa ontving de prestigieuze Europa Nostra-prijs 2011.

COUPE

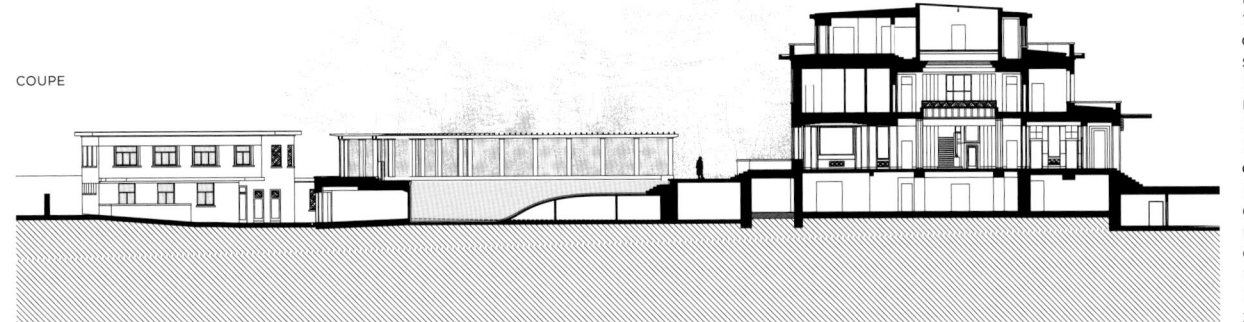

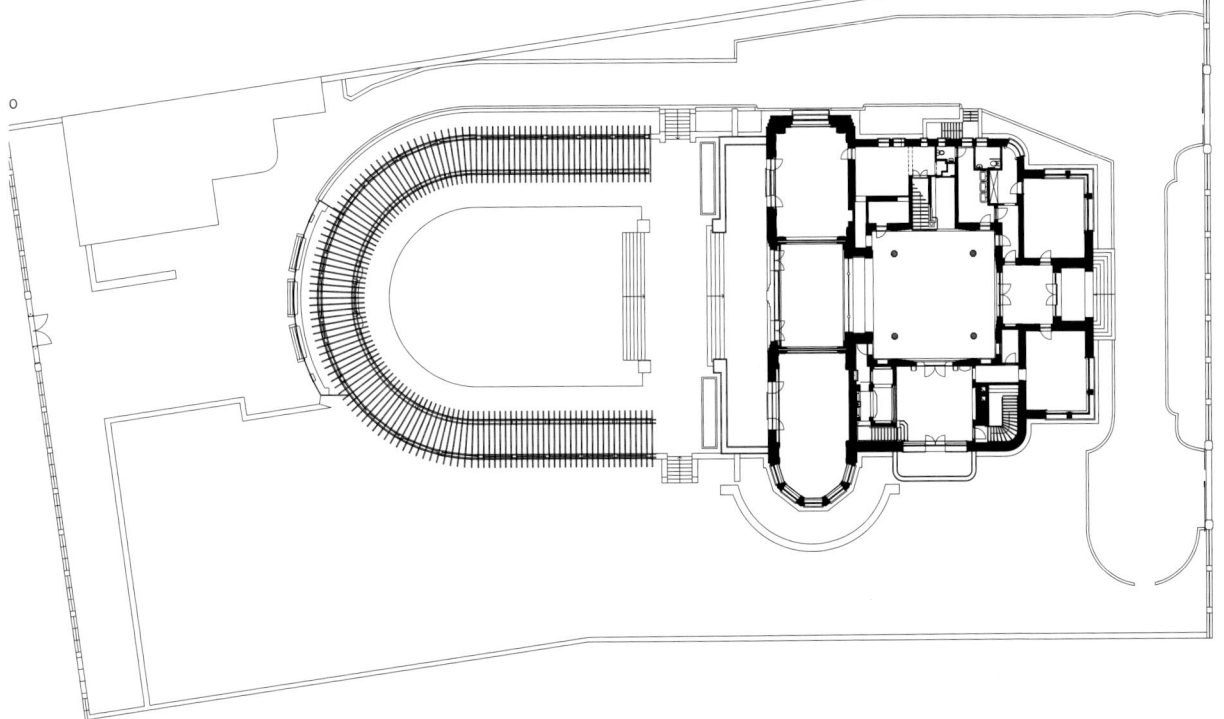

CULTURAL SITES/EDUCATIONAL SITES

2008
COLLEGE OF EUROPE

XAVEER DE GEYTER ARCHITECTEN
XAVEER DE GEYTER/ESTER GORIS/
YUICHIRO SUSUKY/LIEVE VAN
DE GINSTE/TOBIAS LABARQUE/
LIEVEN DE BOECK/YANNIS IGODT/
PIET CREVITS/RAPHEËL CORNELIS
Architects/Architectes/Architecten
www.xdga.be

EUROPACOLLEGE
Client/Maître d'Ouvrage/Opdrachtgever

VK ENGINEERING
Structural Engineer/Ingénieur Stabilité/
Ingenieur Stabiliteit
Coordinatie/Coordination/Coordination
www.vkgroup.be

INGENIUM
Mechanical Engineer/Ingénieur Techniques Spéciales/
Ingenieur Technieken
www.ingenium.be

HIMPE
Contractor/Entreprise/Aannemer
www.himpe.be

MIES VAN DER ROHE AWARD 2009:
Nominated
Prize/Prix/Prijs

**DIJVER 11
8000 BRUGGE**
Place/Lieu/Plaats

ANDRE NULLENS
Photographer/Photographe/Fotograaf

CULTURAL SITES/EDUCATIONAL SITES

SECTION / BUILDING 1

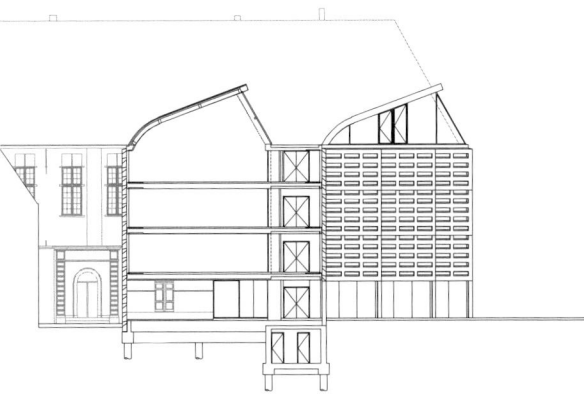

+1 / BUILDING 1

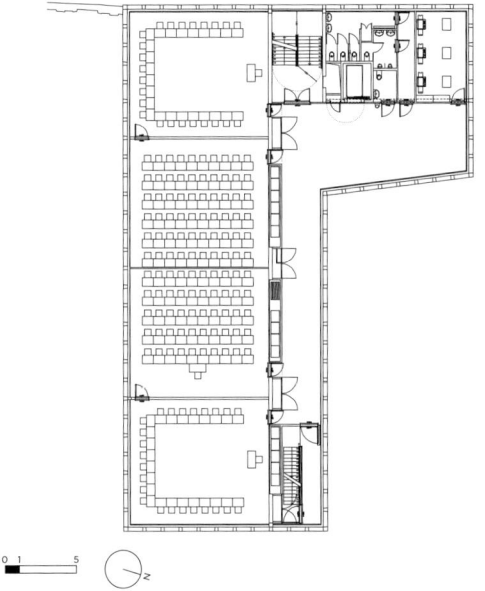

SECTION / BUILDING 2

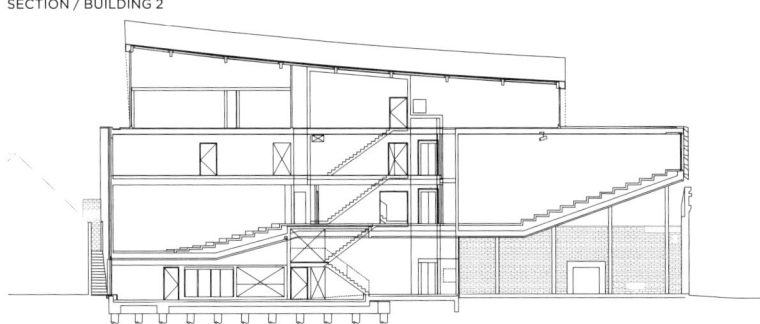

+1 / BUILDING 2

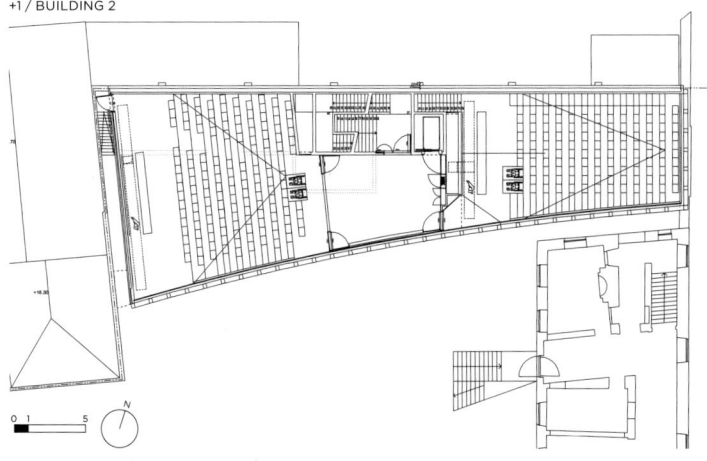

The key problem asserted by this project is that of how to embed a construction of contemporary architecture into a historical setting. Bruges is one of the towns that is eager to keep its medieval town centre intact, with the risk of banning a considerable portion of modern-day town life by doing so. The town has a series of town planning regulations in place that apply to the buildings, the materials used, the rooftop slopes, etc. all of which is aimed at maintaining the existing urban qualities whilst ruling out concrete facades and large glass structures. As part of the project two new buildings are to be added to an existing time-honoured campus. The campus itself consists of a conglomeration of historic buildings configured around a string of inner courtyards. The campus can be accessed from three different streets. The two new volumes are intended to replace a number of historic buildings of lesser importance whose original composition of volumes they are required to echo. On the ground floor, the new buildings partially open up onto the inner courtyards. The courtyards are accessed through an existing historic portal that gives out onto the main street. The N1 building involves classrooms and a central reception area whereas N2 is made up of two auditoriums, a number of offices and the foyer.

Le problème fondamental que pose ce projet est celui de l'intégration d'une architecture contemporaine dans un contexte historique. Bruges est une de ces villes qui essaient de garder leur centre médiéval intact, avec le risque d'entraver ainsi une bonne partie de la vie urbaine d'aujourd'hui. La ville applique une série de règles urbanistiques sur l'échelle des bâtiments, les matériaux, l'inclinaison des toitures, etc. Ceci dans l'optique affichée de préserver les qualités urbaines existantes. Les façades en béton et les grandes surfaces vitrées sont donc interdites. Pour le projet, deux nouveaux bâtiments doivent être ajoutés à un ancien campus. Ce dernier consiste en un complexe de bâtiments historiques organisés autour d'une séquence de cours intérieures. Le campus est accessible depuis trois rues différentes. Les deux nouveaux volumes remplacent des bâtiments historiques de valeur moins importante, mais sont obligés de reprendre leurs volumétries. Au rez-de-chaussée, les nouveaux bâtiments s'ouvrent partiellement sur les cours intérieures. On accède à ces espaces par le portail historique existant donnant sur la rue principale. Le bâtiment N1 comprend des salles de classe et une réception centrale; N2 abrite deux amphithéâtres de cours, quelques bureaux et le foyer.

Het cruciale probleem dat dit project opwerpt, is de invoeging van een hedendaagse architectuur in een historische omgeving. Brugge is een stad die haar middeleeuwse centrum intact probeert te houden, met het risico dat een groot gedeelte van het moderne stedelijke leven wordt geweerd. De stad hanteert een reeks stedenbouwkundige regels voor de schaal van de gebouwen, de materialen, de dakhellingen enzovoort. Dit is bedoeld om de bestaande stedelijke kwaliteiten te vrijwaren. Betonnen gevels en grote glasvlakken zijn dus verboden. Voor het project moet men een oude campus met twee nieuwe gebouwen uitbreiden. De campus is langs drie verschillende straten toegankelijk. De twee nieuwe volumes vervangen historisch minder waardevolle gebouwen maar moeten hun volumetrie overnemen. Op de benedenverdieping openen de nieuwe gebouwen zich gedeeltelijk naar de binnenpleinen. Men bereikt deze ruimten via een bestaand historisch portaal dat op de hoofdstraat uitkomt. Gebouw 1 omvat leslokalen en een centrale receptieruimte. Gebouw 2 bestaat uit twee auditoria, enkele kantoren en de foyer.

CULTURAL SITES/EDUCATIONAL SITES

2008
IMELDA PSYCHIATRIC HOSPITAL

HANS VERSTUYFT ARCHITECTEN
Architects/Architectes/Architecten

**FRIEKA VERCAMMEN/
LIESBETH STORKEBAUM/PETER WILS**
Collaborators/Collaborateurs/Medewerkers
www.hansverstuyftarchitecten.be

IMELDA ZIEKENHUIS vzw
Client/Maître d'Ouvrage/Opdrachtgever

BSTK
Structural Engineer/Ingénieur Stabilité/
Ingenieur Stabiliteit

GRONTMIJ
Mechanical Engineer/Ingénieur Techniques Spéciales/
Ingenieur Technieken
www.grontmij.be

**IMELDA ZIEKENHUIS
H. VAN WINKEL**
Technical Control/Contrôle Technique/
Technische Controle

VANHOUT & ZN
General Contractor/Entreprise Générale/
Algemene Aannemer
www.vanhoutpro.be

**IMELDALAAN 9
2820 BONHEIDEN**
Place/Lieu/Plaats

KOEN VANDAMME
Photographer/Photographe/Fotograaf
www.koenvandamme.be

CULTURAL SITES/EDUCATIONAL SITES

EN The psychiatric ward is located in a former sanatorium, with a typical set-up of open rooms facing south and looking out onto the gorgeous garden park, and a long closed corridor in the north section. The long corridor (100 metres) will be shortened visually, to give the whole a friendlier feel, and to enable patients to enjoy the beautiful setting that brings added therapeutic value. By the same token, this allows for a central nursing post to be put in place, making for optimum patient control. A new addition was built in the middle of the corridor, bringing in natural light, and view-throughs looking out onto the green environment. The new-build section contains a number of patios that maintain contact with the garden. The cantilevered concrete beams and columns in the facade lend the whole a more intimate character, also providing for greater privacy for the other hospital wards on the first floor. Architecture becomes therapeutic.

FR Le service psychiatrique a pris ses quartiers dans un ancien sanatorium à l'architecture typique, à l'instar des chambres orientées plein sud et donnant sur un magnifique parc ou encore de ce long couloir aveugle exposé au nord. Ce couloir de cent mètres a été raccourci visuellement pour conférer à l'ensemble un caractère plus convivial et pour pouvoir profiter de la beauté du cadre, qui apporte une valeur ajoutée thérapeutique. Simultanément, cela permet d'aménager un poste infirmier central pour une surveillance optimale des patients. La nouvelle aile comprend quelques patios qui entretiennent le contact avec le jardin. Les poutres en béton et les colonnes de la façade assurent l'intimité. Le service psychiatrique est en effet différent des autres. L'architecture doit aussi avoir une valeur thérapeutique.

NL De paaz-afdeling is gehuisvest in een voormalig sanatorium. Typisch zijn onder andere de lange gesloten gang aan de noordzijde en het feit dat alle kamers op de zuidzijde liggen en uitkijken over de prachtige parktuin. De honderd meter lange gang werd visueel ingekort, om het geheel een vriendelijker karakter te geven, en ook om te kunnen genieten van de mooie omgeving, die een therapeutische meerwaarde heeft. Tegelijkertijd ontstaat de mogelijkheid om een centrale verpleegpost in te richten voor optimale controle over de patiënten. Het nieuwbouwgedeelte bevat enkele patio's die het contact met de tuin onderhouden. De betonbalken en kolommen in de gevel zorgen voor privacy. De psychiatrische afdeling is immers anders dan de andere, waardoor ook de architectuur een therapeutische waarde moet krijgen.

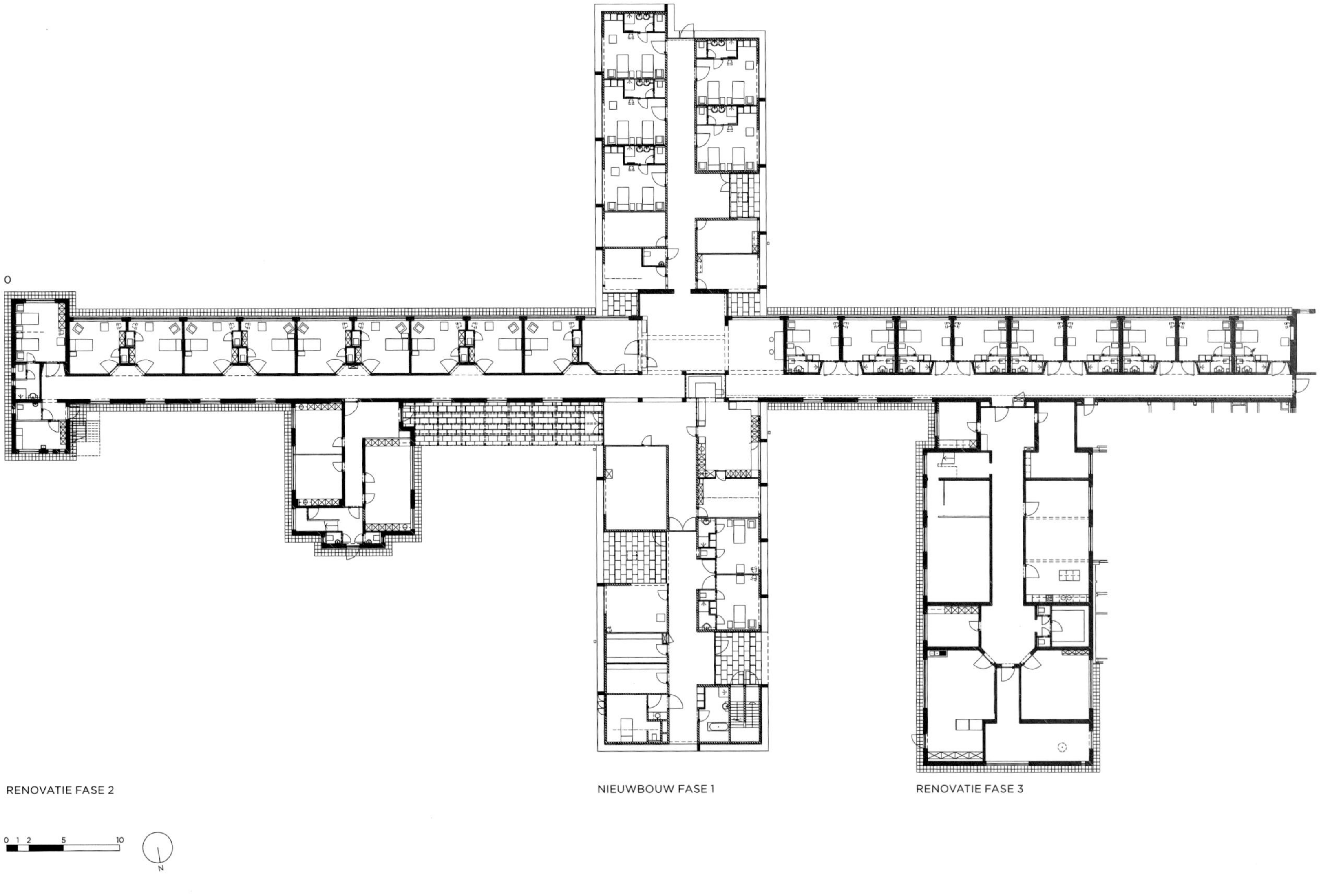

RENOVATIE FASE 2

NIEUWBOUW FASE 1

RENOVATIE FASE 3

CULTURAL SITES/EDUCATIONAL SITES

2009
MAD-FACULTY

BOGDAN & VAN BROECK ARCHITECTS EN LAVA ARCHITECTEN
OANA BOGDAN/LEO VAN BROECK
Architects/Architectes/Architecten
www.bvbarchitects.be
www.lav-a.eu

KATHOLIEKE HOGESCHOOL LIMBURG
Client/Maître d'Ouvrage/Opdrachtgever

GRONTMIJ nv
Structural Mechanical Engineer/Ingénieur Stabilité Techniques Spéciales/Ingenieur Stabiliteit Technieken
www.grontmij.be

VAN LAERE-VANDEREYT THV
General Contractor/Entreprise Générale/Algemene Aannemer
www.vanlaere.be
www.vandereyt.be

MIES VAN DER ROHE AWARD 2011:
Nominatie
BAB2010 – ARCHITECTUUR BIËNNALE VAN BUCHAREST:
Award in de categorie 'Architecture for projects larger than 1000 m²'
Prize/Prix/Prijs

C-MINE 5
3600 GENT
Place/Lieu/Plaats

MAD-FACULTY
MICHAEL FALKE
Photographers/Photographes/Fotografen
www.mad-fac.be
www.mikaelfalke.com

CULTURAL SITES/EDUCATIONAL SITES

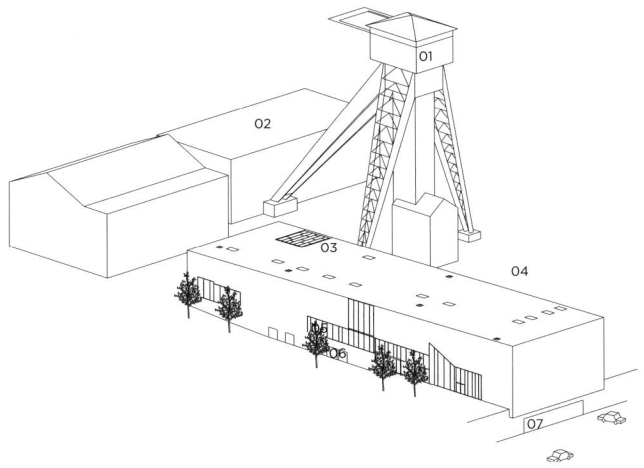

01 Mining elevator shaft tower
02 Cultural center
03 Auditorium
04 Public square
05 Study landscape
06 Public passage
07 Preexisting parking

+3
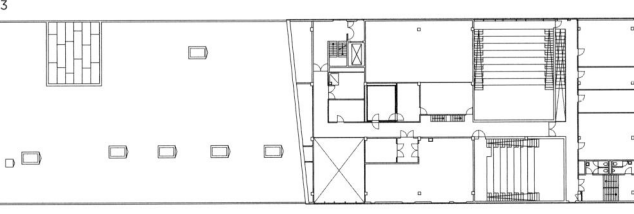

+2
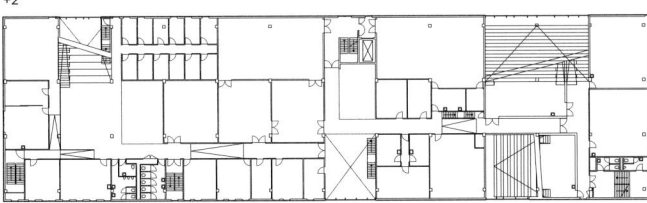

+1
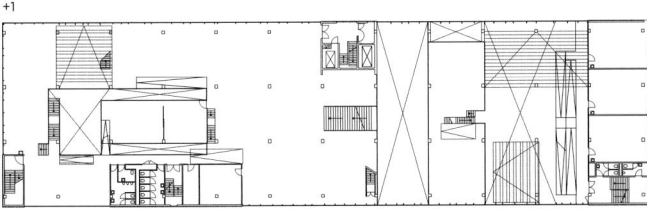

0
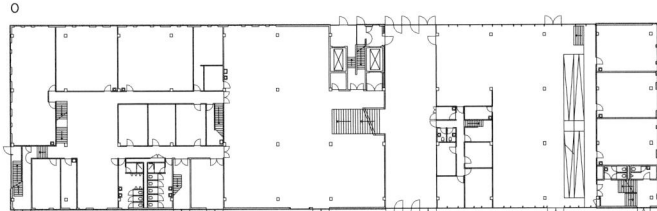

EN

From the very outset of the MAD faculty project, due account was taken of the limited budget, the obligation to build on an existing underground car park and the strong presence of the surrounding industrial heritage. The design aims to stimulate creativity and innovation: the traffic areas become one open study landscape with interactive spaces for social encounters and interaction. The facade in perforated galvanised steel engages in dialogue with the steel structure of the colliery's pithead gears and has the subtle and soft appearance of transparent lace. Only the windows of the study landscape are not covered by the steel skin, to the effect that the spatially binding element of the project is also expressed in the facade. Inside, the concrete structure and all technical equipment have been left visible. Light or transparent space dividers in polycarbonate or nets provide maximum spatial continuity. In doing so, the design of the building fully meets with the mission statement of the college, and becomes a genuine creative 'teaching and learning factory'.

FR

Dès le début, le projet de la MAD-faculty a tenu compte du budget limité, de l'obligation de construire au-dessus d'un parking souterrain récent et de la prédominance du patrimoine industriel alentour. Le projet vise à stimuler la créativité et l'innovation: les espaces de circulation font partie d'un campus ouvert, agrémenté d'espaces interactifs propices aux rencontres et aux contacts sociaux. La façade en acier galvanisé perforé établit un dialogue avec la structure des anciens châssis à molettes de la mine, tout en ayant la transparence et la subtilité de la dentelle. Les fenêtres du campus sont les seuls éléments à ne pas être enveloppés par le manteau d'acier. De cette manière, l'espace qui relie les différentes fonctions s'exprime aussi au niveau de la façade. À l'intérieur, la structure en béton et les équipements techniques sont apparents. Des filets et des cloisons translucides en polycarbonate assurent une continuité spatiale maximale. Ainsi, le projet répond au cahier des charges initial, pour faire de la haute école une véritable «usine de cerveaux» créative.

NL

Bij de aanvang van het project van de MAD-faculty werd rekening gehouden met een beperkt budget, de verplichting om te bouwen bovenop een bestaande parkeergarage en de kracht van het omliggende industriële erfgoed. Het ontwerp mikt op creativiteit en innovatie: de circulatieruimtes vormen één open studielandschap met interactieve ruimtes voor ontmoeting en sociaal contact. De gevel in geperforeerd gegalvaniseerd staal treedt in dialoog met de staalstructuur van de schachtbokken van de koolmijn en heeft tegelijk de subtiliteit van doorzichtig kantwerk. Enkel de ramen van het studielandschap zijn niet bedekt door de stalen huid, zodat de ruimte die alles verbindt ook in de gevel tot uitdrukking komt. Binnenin werden de betonnen structuur en alle technieken in het zicht gelaten. Lichte of doorschijnende wanden in polycarbonaat of netten zorgen voor maximale ruimtelijke continuïteit. Op deze manier beantwoordt het ontwerp aan het oorspronkelijke programma en wordt deze hogeschool een echte creatieve 'studiefabriek'.

CULTURAL SITES/EDUCATIONAL SITES

2008
CHILDCARE
BKO'T KADEEKEN

**A2D ARCHITECTS
& FILIP DE MULDER ARCHITECT
BRUNO DELVA / FILIP DE MULDER**
Architects/Architectes/Architecten
www.a2d.be
www.filipdemulder.be

DEXIA nv
Client/Maître d'Ouvrage/Opdrachtgever
www.dexia.be

IRS
Structural Engineer/Ingénieur Stabilité/
Ingenieur Stabiliteit
Mechanical Engineer/Ingénieur Techniques Spéciales/
Ingenieur Technieken
www.irs-depre.be

BOUWONDERNEMING KIEKENS
General Contractor/Entreprise Générale/
Algemene Aannemer

**PARKLAAN 13
9400 NINOVE**
Place/Lieu/Plaats

DRIES VAN DEN BRANDE
Photographer/Photographe/Fotograaf

CULTURAL SITES/EDUCATIONAL SITES

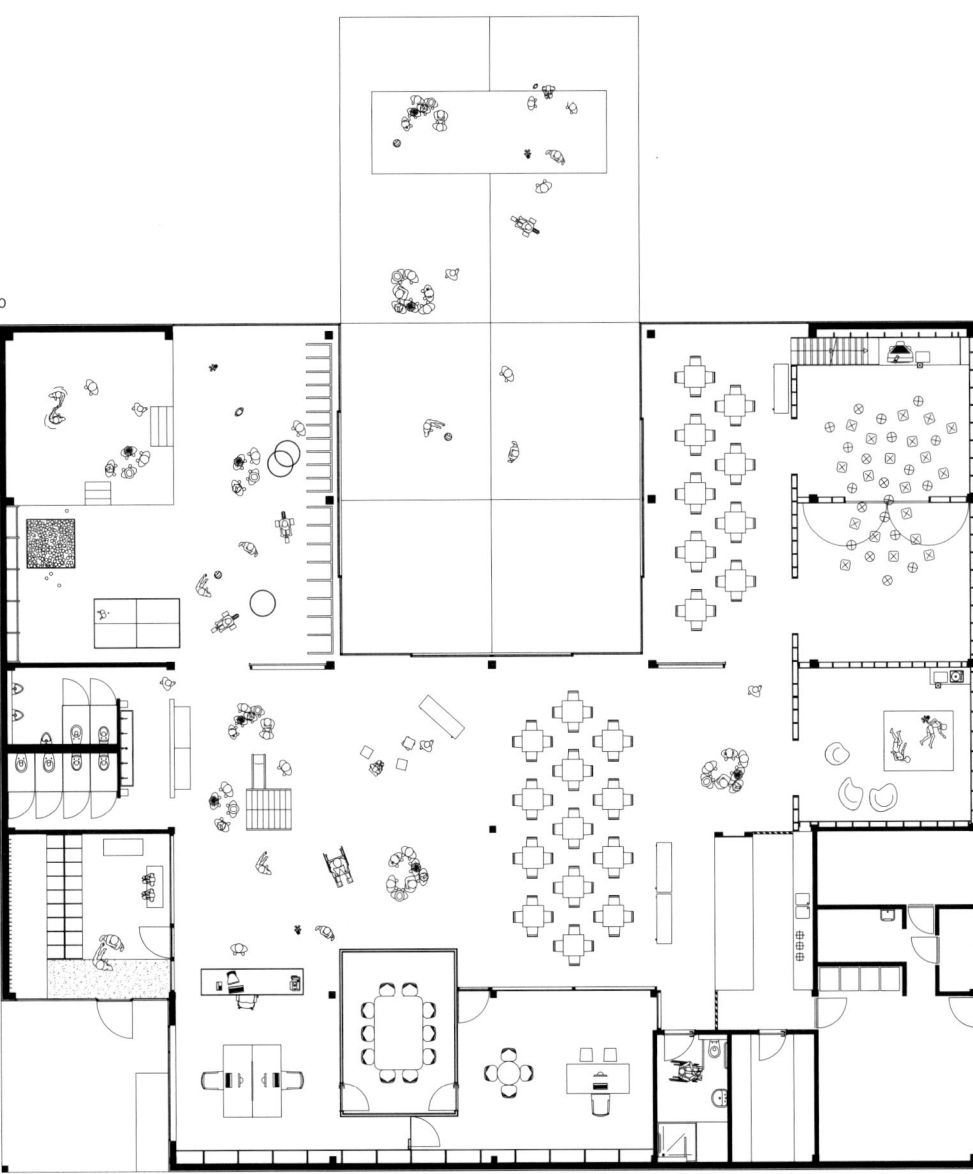

EN
The assignment to erect a building for the after-school care of 106 children on a budget resulted in a new-build project involving the use of industrial prefab materials such as panels made from aerated concrete, concrete columns, laminated girders and insulated roofing panels. The entire building was clad using coloured facade panels, giving the whole a tight sense of rhythm that is very easily recognisable to children. The translation of the programme has resulted in the building's current composition of volumes involving two different storey heights. The double height spaces on the one hand hold a play room and on the other hand a timber volume that can be locked with a mezzanine that is home to the 'silent' spaces including a TV and reading corner, a dormitory and a multi-sensory stimulation room. Centrally located between these two higher spaces sits a roofed terrace.

FR
La nécessité de construire un bâtiment destiné à l'accueil extrascolaire de 106 enfants avec un budget limité a donné lieu à une construction à neuf en matériaux préfabriqués industriels (panneaux en béton cellulaire, colonnes de béton, hourdis stratifiés et panneaux de toitures isolés). Le tout a été habillé de panneaux de façade colorés et s'est vu attribuer un rythme très reconnaissable par les enfants. L'interprétation du programme a donné naissance à la volumétrie actuelle du bâtiment, agencé sur deux niveaux. Les doubles salles à haut plafond abritent d'une part une salle de jeu, d'autre part un volume en bois refermable, avec une mezzanine où sont aménagées les salles d'activités calmes comme un coin TV et contes, une salle de repos et un espace d'éveil à la psychomotricité. Une terrasse couverte occupe le centre, entre ces deux salles hautes.

NL
De opzet om een gebouw voor de naschoolse opvang van 106 kinderen op te trekken met een beperkt budget resulteerde in een nieuwbouw van industriële prefabmaterialen, zoals panelen van cellenbeton, betonkolommen, gelamelleerde liggers en geïsoleerde dakpanelen. Het geheel werd bekleed met gekleurde gevelpanelen en krijgt hierdoor een strak ritme, dat zeer herkenbaar is voor kinderen. De vertaling van het programma resulteert in de huidige volumetrie van het gebouw, met twee verschillende verdiepingshoogtes. De ruimtes van dubbele hoogte herbergen enerzijds een speelruimte en anderzijds een afsluitbaar houten volume met mezzanine, waarin de 'stille' ruimtes zijn ondergebracht, zoals een tv- en voorleeshoek, een slaapruimte en een snoezelruimte. Centraal tussen deze twee hogere ruimtes ligt een overdekt terras.

CULTURAL SITES/EDUCATIONAL SITES

2010
BLUUB CHILDREN'S MOVABLE CENTER FOR ART AND ARCHITECTURE

INES CAMACHO/ISABELLE CORNET
Architects/Architectes/Architecten

ANTOINE ROCCA
Collaborators/Collaborateurs/Medewerkers
www.inescamacho.com

BLUUB asbl
Client/Maître d'Ouvrage/Opdrachtgever
www.bluub.be

LAURENT NEY
Structural Engineer/Ingénieur Stabilité/
Ingenieur Stabiliteit
www.ney.be

BTV
Technical Control/Contrôle Technique/
Technische Controle

PLASTURGIE LAZZERINI sa
General Contractor/Entreprise Générale/
Algemene Aannemer
www.lazzerini.be

REUSE sa
Steel Building/Structure Acier/Staal Gebouw

DIFFERENT LOCATIONS, MOBILE
Place/Lieu/Plaats

BLUUB asbl
Photographer/Photographe/Fotograaf
www.bluub.be

CULTURAL SITES/EDUCATIONAL SITES

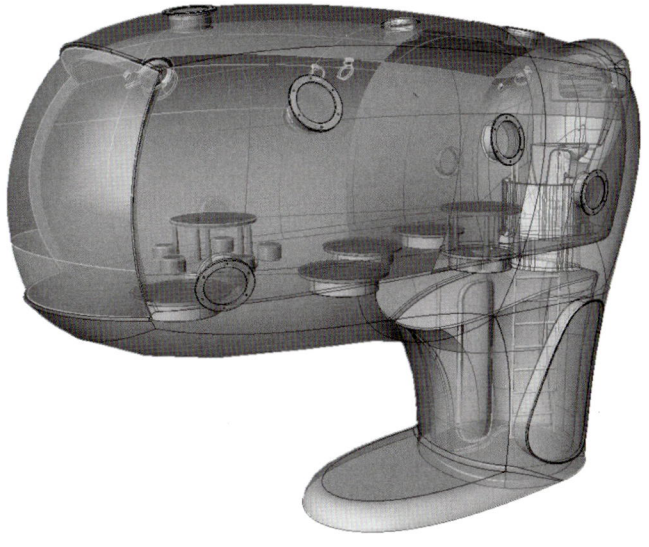

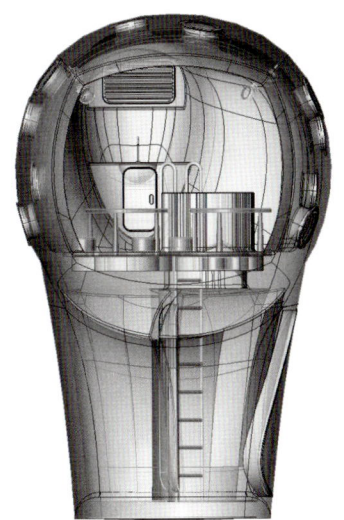

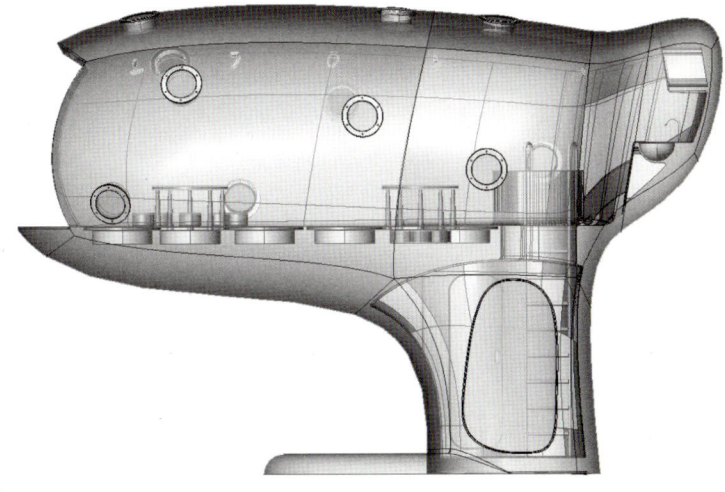

EN

Bluub was designed by two architect-designers: Isabelle Cornet and Ines Camacho. Its aim is to help children understand architecture and the urban space. It can be disassembled, transported and installed in any public space with a view and in proximity of the events it will be associated with. Bluub is intended to be an open and free space, which is emphasised by its shape and colour, which do not refer to conventional architecture. By its intriguing nature it becomes a visual signal in a city landscape. Its interior space has been designed as a functional and compact box specifically adapted to children. It contains all the necessary tools and resources to organise a variety of events and activities. Bluub can become whatever you want it to be. It can be transformed into a projection room, a music lab, a submarine in a utopian city, a painting studio, a telescope,...

FR

Bluub a été créé par Isabelle Cornet et Ines Camacho, architectes designers. Il est destiné aux enfants pour les aider à comprendre l'architecture et la ville. Il est démontable et transportable, s'implante aux endroits remarquables par leur point de vue et à proximité des événements auxquels il est associé. Bluub a comme vocation d'être ouvert et libre. Il affirme une forme et une couleur, qui ne font pas référence aux architectures conventionnelles. Il intrigue et se fait signal dans la cité. Son espace intérieur a été conçu tel un écrin fonctionnel et compact adapté à l'échelle des enfants; il contient tous les accessoires utiles à l'organisation d'ateliers. Bluub se transforme au gré des envies et des besoins, se métamorphose en salle de projection, laboratoire de musique, sous-marin dans une ville utopique, atelier de peinture, télescope,...

NL

Bluub, het werk van twee architecten en designers, Isabelle Cornet en Ines Camacho, is bedoeld om kinderen in te wijden in architectuur en stedenbouw. De module is demonteerbaar en kan vervoerd worden, zodat men ze op strategische plaatsen kan opstellen om het stadsbeeld onder de loep te nemen. Vorm en kleur benadrukken de openheid en vrijheid van Bluub. De onconventionele architectuur van de module intrigeert zich en valt op in het stadsbeeld. Het interieur is een functionele en compacte ruimte op kindermaat, met alle noodzakelijke elementen om allerlei workshops te organiseren. Bluub past zich aan alle wensen en behoeften aan: het wordt een projectiezaal, een muzieklaboratorium, een duikboot in een droomstad, een schildersatelier, een telescoop op de stad,...

PRISME EDITIONS
LILIANE KNOPES – ISABELLE CLAISSE
Publisher/Editeur/Uitgever
AN SWINNEN – SIMON VANDERHASTEN
Collaborators/Collaborateurs/Medewerkers
www.prisme-editions.be

PIERRE LOZE
NICOLAS GILSOUL
Texts/Textes/Teksten

PRODUCTION sa/nv
Translations/Traductions/Vertalingen
www.production.be

COAST
Graphic Designers/Graphistes/Grafici
www.coastdesign.be

DEREUME PRINTING COMPANY sa/nv
Printer/Imprimeur/Drukker
www.dereume.com

LA VILLE FERTILE,
VERS UNE NATURE URBAINE
Hors série paysage
www.citechaillot.fr
www.lemoniteur.fr

A+
www.a-plus.be

JAARBOEK ARCHITECTUUR
VLAANDEREN
www.vai.be

PRICES FOR THE BELGIAN
ARCHITECTURE AND ENERGY
www.fab-arch.be/awards

BELGIAN BUILDING AWARDS
www.belgianbuildingawards.com

GRAND PRIX D'ARCHITECTURE
DE WALLONIE
www.uwa.be

Bibliography/Bibliographie/Bibliografie

PRINTED IN THE EUROPEAN UNION/
IMPRIMÉ DANS L'UNION EUROPÉENNE/
GEDRUKT IN DE EUROPESE UNIE
D/2011/7555/1
ISBN: 978-2-930451-09-1
EAN: 9782930451091

© PRISME EDITIONS
All rights of reproduction, translation
and adaptation (even partial) are reserved
for all countries.
Tous les droits de reproduction, de traduction
et d'adaptation (même partielle) sont réservés
pour tous les pays.
Kopijrechten, vertaalrechten en rechten voor
(zelfs gedeeltelijke) bewerking voorbehouden
voor alle landen.